Burkhard Benecken
Hans Reinhardt

INSIDE STRAFVERTEIDIGUNG

ADVOKATEN DES BÖSEN

Alle in diesem Buch ausführlich geschilderten Fälle stammen aus unserer Kanzlei Benecken & Reinhardt. Sämtliche Geschehnisse sind authentisch, geändert wurden zum Schutz unserer Mandanten im Einzelfall Namen und Orte. Soweit erforderlich, haben uns alle Mandanten von unserer anwaltlichen Verschwiegenheitsverpflichtung für dieses Buchprojekt entbunden. Hierfür möchten wir ihnen danken, ohne diese Mitwirkung unserer Mandanten wäre die Erstellung dieses Werkes nicht möglich gewesen.

Aus Gründen der Lesbarkeit wird in diesem Buch bei Personenbezeichnungen und personenbezogenen Hauptwörtern durchweg auf die gleichzeitige Verwendung der Sprachformen männlich, weiblich und divers (m/w/d) verzichtet und vorzugsweise das generische Maskulinum verwendet. Diese verkürzte Sprachform hat allein redaktionelle Gründe und beinhaltet keinerlei Wertung. Sämtliche Personenbezeichnungen gelten gleichermaßen für alle Geschlechter.

Sämtliche Angaben in diesem Werk erfolgen trotz sorgfältiger Bearbeitung ohne Gewähr. Eine Haftung der Autoren bzw. Herausgeber und des Verlages ist ausgeschlossen.

1. Auflage

Medieninhaber, Verleger und Herausgeber:
Red Bull Media House GmbH
Oberst-Lepperdinger-Straße 11–15
5071 Wals bei Salzburg, Österreich

Satz: MEDIA DESIGN: RIZNER.AT
Gesetzt aus der Palatino, Norwester, Kheops
Umschlaggestaltung: Büro Jorge Schmidt, München,
unter Verwendung von Fotos aus dem Privatbesitz der Autoren
Printed by Finidr, Czech Republic
ISBN 978-3-7109-0136-2

INHALT

VORWORT

»Darf ich den Herren etwas anbieten, einen Aperitif vielleicht. Oder ein Häppchen?« Wir hatten gerade einen Fuß ins Rathaus von Marl gesetzt, wo die Aftershowparty der Grimme-Preisverleihung lief, da hielt uns ein emsiger Kellner schon zwei Tabletts entgegen. »Holunderblüten-Quarkmousse mit Limetten-Crumble?«, sagte er etwas allzu mechanisch, »oder lieber Kalbsrückenröllchen mit Purple-Curry-Schmelze?« Es sollten die angenehmeren Fragen bleiben, die uns an diesem Abend gestellt wurden.

Wir wählten zwei Drinks, griffen einmal auf dem süßen Tablett zu, einmal auf dem herzhaften und gesellten uns dann zu den Gästen, die in Grüppchen beieinanderstanden. Das Marler Rathaus liegt nur wenige Hundert Meter von unserer Kanzlei Benecken & Reinhardt entfernt, die Party sollte den gemütlichen Abschluss eines anstrengenden Tages bilden. Die Empfangshalle war etwas schummrig erleuchtet, im Hintergrund lief seichte Barmusik. Modische Akzente setzten nur die weiblichen Gäste, bei den Herren überwogen klassische Anzüge und Jacketts in Anthrazit und Schwarz. Man gab sich seriös. Wir, in unseren Tagesanzügen, schlenderten mitten hinein ins Geschehen und landeten schließlich bei einem kleinen Grüppchen, wo eine Dame in rotem Kostüm und Rüschenbluse das große Wort führte.

»Was machen Sie denn so beruflich?«, erkundigte sie sich gerade und sah uns reihum prüfend an. Der Herr neben uns antwortete wie aus der Pistole geschossen: »Ich bin gelernter Volljurist und arbeite als Senior Manager in der freien Wirtschaft.« Er wirkte stolz, als hätte er darauf gewartet, nach seinem Beruf gefragt zu werden. »Mein Hauptbereich ist Compliance«, fügte er mit bedeutungsvollem Nicken hinzu. Die Dame im Kostüm wirkte beeindruckt. Dann blickte sie fragend auf das mittelalte Paar gegenüber von uns. »Wir leiten eine orthopädisch-ärztliche Gemeinschaftspraxis«, sagte der Mann und strich sich zufrieden durch den akkurat gestutzten Vollbart. »Wir sind direkt an ein Rehazentrum angeschlossen.« Die Fragestellerin nickte wieder. »Ah«, machte sie. Endlich wandte sie sich an uns. »Und Sie, meine Herren?« Wir sahen einander kurz an. »Wir sind beide Strafverteidiger. Advokaten des Bösen, sozusagen.« Wir grinsten über unseren eigenen Scherz. Die anderen starrten uns bloß an.

Als das Schweigen unangenehm wurde, setzte die Dame im roten Kostüm ein gequältes Lächeln auf, murmelte etwas wie »Ähm, ach so …«, drehte sich dann einfach um und verschwand in der Menge. Der Compliance-Jurist sah ihr wehmütig nach, erinnerte sich dann doch seiner Kinderstube und wandte sich an uns: »Tja, meine Herren Kollegen, so sagt man doch unter uns Juristen, nicht wahr? Also für mich wäre das überhaupt nichts. Diese ungepflegte, schäbige Klientel, die Sie da überwiegend haben.« Er rümpfte die Nase, als hielte ihm jemand einen stinkenden Lappen vors Gesicht. »Fürchterlich. Allein beim Gedanken an dieses Verbrecherpack bekomme ich Pickel.« Das Mediziner-Pärchen stand verloren daneben. »Also wir haben auch viele Patienten, wo der persönliche Kontakt nicht gerade angenehm ist«, sagte die Dame. »Die Nase leidet auch bei uns öfter mal.« Sie lachte künstlich. »Sicherlich hören Sie dafür viele spannende Geschichten und Hintergründe, aber …« Sie sah ihren Mann Hilfe suchend an, der für sie weitersprach. »Wir könnten das, was Sie da machen, mit unserem Gewissen nicht vereinbaren«, erklärte er mit strenger Miene. »Sie müssen ja Leute rauspauken, von denen Sie wissen, dass sie Dreck am Stecken haben.« Seine Augen wurden ganz klein, und mit seinem Mittelfinger stach er in unsere Richtung. »Dann finden Sie listig einen kleinen Formfehler, und ruckzuck ist der Schwerverbrecher draußen.« Wir öffneten beide gleichzeitig den Mund, um etwas zu entgegnen, doch der Herr redete weiter: »Fühlen Sie sich da nicht mitschuldig, wenn der Täter wieder zuschlägt?«

Solche Fragen sind nichts Neues. Auch nicht die negative Haltung, die uns bisweilen entgegenschlägt. Wir kennen solche Reaktionen – aus Gesprächen, aus den Medien, von Kollegen aus anderen Bereichen des Rechts. Den Rest des Abends verbrachten wir zu zweit bei einem Glas Wein abseits vom Trubel damit, Erfahrungen auszutauschen – und daraus entstand schließlich die Idee für dieses Buch.

Das Image des Strafverteidigers scheint überall ähnlich: Als listig und trickreich gilt er, als etwas verschmitzt – und stets auf der Seite des Schlechten. Ein abwechslungsreicher Beruf, aber mit einem Makel behaftet, den man als Otto Normal-Bürger am besten meidet. Mit unserem Buch möchten wir die Tätigkeiten des Strafverteidigers von mehreren Seiten beleuchten und Vorurteile gegen unseren Berufsstand aufbrechen. Wir decken Hintergründe auf, teilen Insiderwissen und setzen dabei auf Transparenz. In den Kapiteln flankieren echte, authentisch geschilderte Fälle aus unserer jahrelangen Praxis das eigentliche Thema. Spannend, faszinierend und lehrreich – so erleben wir selbst unseren Beruf, und das wollen wir auch vermitteln.

In unsere Kanzlei kommen jährlich rund fünftausend neue Mandanten, in der Mehrheit sind sie Beschuldigte in einer Strafsache. Diese Menschen sind aber nicht so, wie sie sich etwa der Juristenkollege auf der Grimme-Preis-Party vorstellt. Verbrecher werden gerne als Monster gezeichnet, als besonders minderwertige oder respektlose Sorte Mensch. Aber Verbrecher sind keine eigene Spezies. Sie sehen nicht anders aus oder verhalten sich anders als »normale« und »rechtschaffene« Bürger. Es sind Menschen wie du und ich, die auf den ersten Blick nicht als Straftäter zu erkennen sind. Sie wirken genauso sympathisch oder unsympathisch wie irgendjemand, der uns im Alltag begegnet, auf der Straße, beim Einkaufen, wo auch immer.

Natürlich gibt es gewisse Klischees, die bedient werden, wenn Mitglieder von arabischen Großfamilien, Hooligans, Zuhälter, Rocker oder andere Personen, die man per se einem bestimmten Milieu zuordnet, bei uns in der Kanzlei aufschlagen: Mal ist es die muskelbepackte Erscheinung mit grimmiger Miene, mal eine markante Tätowierung, mal eine mit einschlägigen Patches versehenen Kutte. Aber wer in unsere Kanzlei kommt, entstammt nicht prinzipiell der »Unterschicht«, um einmal diesen oft gebrauchten, entwertenden Begriff zu zitieren, es sind keinesfalls nur Leute mit Migrationshintergrund oder schweren Sozialisierungsbedingungen. Oft genug sind es Menschen, die mitten im Leben stehen, in Lohn und Brot, Menschen mit Partnern, Familie, Freunden. Und wie für jeden anderen auch gilt für unsere Mandanten zunächst die Unschuldsvermutung. Diese Unschuldsvermutung ist kein hohler Spruch, sie gehört zu den Grundsteinen des Rechtsstaats. Und in einem Strafverfahren ist dann zu klären, ob Beschuldigte tatsächlich schuldig sind oder nicht.

Wir möchten mit diesem Buch nicht nur ein authentisches Bild des Strafverteidigers zeichnen. Wir wollen darüber hinaus darlegen, wie wichtig juristische Grundprinzipien wie die Unschuldsvermutung und die Herstellung von »Waffengleichheit« zwischen Anklage- und Verteidigungsseite in einem Strafverfahren sind. Wir sind schließlich der Überzeugung, dass Strafverteidigung kein gewissenloses Rauspauken von Verbrechern um jeden Preis ist, sondern eine der wichtigsten Aufgaben überhaupt in einem rechtsstaatlichen Strafverfahren darstellt. Wir wollen zeigen, welche Bedeutung es für den Rechtsstaat hat, dass jemand für die Rechte eines Beschuldigten in den Ring zieht. Schließlich braucht die Person, um deren mögliche Strafe es geht und die in der Regel juristisch nicht bewandert ist, einen fairen Beistand. Maßnahmen und Tricks der Staatsanwaltschaft mit ihrem dahinterstehenden Polizeiapparat und einer gut gefüllten Staatskasse müssen von der Gegenseite überprüf- und anfechtbar sein. Außerdem gibt es auch immer wieder Richter, die lieber verurteilen als freisprechen und die eher be- als entlastende Aussagen glauben.

Dieses Buch verschafft dem Leser einen Insiderblick in die Welt der Strafverteidigung, es dringt vor bis zum Kern dieser juristischen Arbeit. Wir verraten, wie wir mit unseren Mandanten agieren, wie wir Strategien entwickeln, um das bestmögliche Ergebnis zu erstreiten – und wie wir es mit unserem Gewissen vereinbaren, auch in schrecklichen Fällen die Schuldigen zu verteidigen. Auch wird es darum gehen, ob die Medien einen besonderen Einfluss auf die Strafjustiz oder gar auf das Ergebnis eines Strafverfahrens haben können.

Die in diesem Buch vertretenen Auffassungen spiegeln unsere gemeinsame Linie in der Strafverteidigung wider. Ohne Frage mag es in einzelnen Fällen auch andere Meinungen geben. Das muss auch so sein: In unserem Feld gibt es keine per se richtige oder falsche Haltung. Vielmehr ist diese eine

Frage der persönlichen Einstellung, der Empathie, der jeweiligen Abwägung im Einzelfall.

Strafverteidiger zu sein ist möglicherweise der kreativste Beruf der Welt, für uns beide jedenfalls der abwechslungsreichste und aufregendste. Wir beschäftigen uns nicht nur mit Fragen des Rechts, sondern auch mit Fragestellungen aus den Bereichen Medizin, Psychiatrie und der Kriminalistik. Es geht nicht nur um irgendwelche Paragrafen, die man auswendig gelernt haben muss, vielmehr kommt im Strafrecht auch ganz anderen Fähigkeiten eine Schlüsselfunktion zu. Psychologisches Fingerspitzengefühl. Diplomatisches Geschick. Die Fähigkeit zum Konflikt im richtigen Moment. Ein guter Strafverteidiger erspürt eine Situation im Gerichtssaal schon im Voraus und handelt in Sekundenschnelle instinktiv. Er muss aber auch genau wissen, wann Schluss ist, sich regelrecht auf die Lippe beißen und zurücknehmen können. Nicht selten muss er im wahrsten Sinne des Wortes auch ein »dreckiger Hund« sein können. Er muss mit unmissverständlicher Durchsetzungskraft für die Rechte seines Mandanten kämpfen, selbst dem bedauernswertesten Zeugen die entscheidende, unangenehme Frage stellen. Ein Strafverteidiger muss sich bis in die kleinste Ritze einer Anklageschrift hineinfressen, jede legitime Chance auf die Nadel im Heuhaufen suchen, um am Ende die Vorwürfe gegen den Beschuldigten in Luft aufzulösen. Kurzum: Ein Strafverteidiger muss beißen wie Salzsäure. Diesen Einsatz muss er für jeden Mandanten bringen, er darf dabei keinen Unterschied machen, sei der Mandant nun ein streng riechender Kleinganove oder ein Wirtschaftsjurist im Anzug, ein Mediziner mit gestutztem Bart oder eine arrogante Dame in Kostüm und Rüschenbluse.

Wir sind jeden Tag mit der Wirklichkeit in all ihren Facetten konfrontiert. Bei uns kehren Menschen ihr Innerstes nach außen. Das vielleicht Schönste an unserem Job ist das Vertrauen, das viele Mandanten uns entgegenbringen – und die Achtung dafür, dass wir in einer für ihr Leben entscheidenden Situation alles für sie geben.

Die beiden Strafverteidiger Burkhard Benecken und Hans Reinhardt im Gerichtssaal.

1

WIE KANN MAN NUR VERBRECHER RETTEN? – TATVERDACHT IST NICHT GLEICH SCHULD

Der Strafverteidiger: Burkhard Benecken

Seit mehr als siebzehn Jahren bin ich Strafverteidiger. Und ganz gleich, ob Freunde, Bekannte, der Barkeeper an der Hotelbar, die nette Verkäuferin an der Tankstelle, der Juristenkollege auf dem Gerichtsflur oder die verschiedenen Journalisten – sie alle haben es schon getan. Nicht selten mit einer leicht angesäuerten Miene haben sie mir die Frage gestellt: »Wie kann man nur Verbrecher retten?« Wie ich es mit meinem Gewissen vereinbaren kann, mich tagtäglich für die Interessen eines verdächtigen Mörders, Terroristen, Vergewaltigers oder pädophilen Triebtäters einzusetzen, stößt bei vielen Mitmenschen auf Unverständnis. Dabei beinhaltet schon die Frage ein grundlegendes Missverständnis. Denn Verteidigung bedeutet ja eben nicht gleichzeitig Rechtfertigung und Beistehen steht ja auch nicht für Gutheißen. Verteidigt wird ein mutmaßlicher Täter – nicht die Tat. Kein Strafverteidiger verteidigt nur Unschuldige, auch wenn das häufiger passiert, als man vielleicht denken mag. Bei fast allen Fragestellern ist aber von vornherein fest verankert, dass meine Mandanten per se schuldig sind. Leider. Denn Tatverdacht ist nicht gleich Schuld.

DER FALL: DER FALSCHE SITTICH

»Was für eine blöde Frage: Verbrecher sind böse!« Auch in Marius, 39 Jahre alt, Familienvater aus Süddeutschland, war bis zu seiner ersten Begegnung mit der Polizei vor einigen Jahren dieser Gedanke fest verankert. Nicht nur ein Mal hatte er sich bei Kantinengesprächen mit Kollegen über Rechtsanwälte, die in Strafprozessen verteidigen, regelrecht in Rage geredet. »Mir will das einfach nicht in die Birne«, hatte Marius dann immer seinen puterrot angelaufenen Kopf geschüttelt und sich dabei mit dem Finger auf die Stirn getippt. »Wie kann man sich als Strafverteidiger nur für solche Kreaturen einsetzen? Die sind für mich alle Abschaum. Punkt. Aus. Ende.«

Marius L. war gelernter Chemikant. Mit sechzehn hatte er nach Abschluss der Mittleren Reife erfolgreich die dreijährige Ausbildung im Chemiewerk absolviert. Mit siebzehn ging er tanzen und lernte Lisa kennen, die ein Jahr jünger war als er. Es war Liebe auf den ersten Blick. Teenager-Liebe. Mit neunzehn zog das Paar zusammen. Beide waren sich so sicher, dass die Beziehung auf ewig halten würde. Auch finanziell lief es prima. Immerhin hatte Marius nach Abschluss seiner Ausbildung sofort eine Festanstellung im Chemiewerk bekommen und verdiente schon stolze 3000 Euro netto. Auch Lisa hatte ihre Lehre als Friseurmeisterin mit Bestnoten absolviert, war danach sofort fest angestellt worden und verdiente 1200 Euro netto im Monat. Mit 25 heirateten beide. Als Lisa 26 und Marius 27 Jahre alt waren, kam Wunschkind Laura zur Welt. Und schon drei Jahre später wurde die junge Familie zum Quartett. Töchterchen Chanel wurde geboren und erweiterte das Familienglück.

Marius arbeitete hart, stieg auf und brachte mittlerweile sogar 4000 Euro netto nach Hause. Also beschloss die Familie, eine schmucke Eigentumswohnung in einem kleinen Dorf am Rande einer süddeutschen Großstadt zu kaufen. Schon bei den Bildern in der Online-Anzeige hatten sich Marius und Lisa regelrecht verliebt in die Eigentumswohnung. Eigentlich hatte Marius immer auch das weitverbreitete Männerideal im Kopf gehabt, irgendwann selbst ein Haus zu bauen. Doch bei dieser Wohnung wurde er einfach schwach. Sie lag in einem topmodernen Wohnhaus im zeitlosen Bauhausstil mit Fahrradkeller und Tiefgarage. »Mindestens so gut wie ein Haus und vor allem mindestens so groß«, dachte er sich. Dritte Etage, 120 Quadratmeter, zwei Kinderzimmer, geräumiges Wohnzimmer, riesengroßer Balkon – in den Augen von Marius ging es einfach nicht besser.

In dem Haus nebenan hatte sich die alleinerziehende Mutter Karin eine Wohnung gekauft. Karins vermögender Ehemann, ein Selfmade-Millionär, hatte ihr bei der Scheidung einiges hinterlassen, und so konnte sie sich mit ihrer Tochter Amanda die Wohnung leisten. Marius' Frau Lisa freundete sich gleich mit Karin an. Auch Marius verstand sich ganz hervorragend mit ihr. Man traf sich zum Kaffeetrinken. Man tauschte sich aus über die Erziehung der Kinder, plauschte über dies und das. Amanda freundete sich mit der gleichaltrigen Laura an, und es dauerte nicht lange und die Mädchen waren beste Freundinnen. Beide gingen dann zunächst in die gleiche Grundschulklasse, später zusammen aufs Gymnasium. Eigentlich lief für Marius und seine Familie alles wie am Schnürchen. Eigentlich.

Als beide Mädchen dreizehn Jahre alt waren und gerade in die siebte Klasse kamen, zogen urplötzlich düstere Wolken auf. Denn die Mädchen entdeckten ihre Leidenschaft für Jungs. Und in der Klasse drüber, der achten Klasse, gab es einen, den fast alle Mädchen aus dem Jahrgang toll fanden: David, dunkelhaarig, Grübchen, sportlich und ein echter Sonnenschein. Sowohl Amanda als auch Laura schwärmten für ihn, schrieben ihm Liebesbriefchen und wie in einem kleinen Wettkampf Chat-Nachrichten via Smartphone. Der umgarnte Teenie entschied sich dann letztlich für Laura, und die beiden kamen fest zusammen. Es war das Ende der Freundschaft zwischen Amanda und Laura. Und was Marius noch nicht ahnen konnte, der Anfang vom Ende der Familienidylle. Die einst unzertrennlichen Freundinnen hatten sich um David sogar eine giftige Streiterei am Rande des Schulhofes geliefert, sich dabei an den Haaren gerissen und im Gesicht gekratzt. Am Ende gab es deswegen sogar eine Klassenkonferenz. Von diesem Tag an sprachen Laura und Amanda kein Wort mehr miteinander. Wenn sie sich sahen, übertrafen sich beide regelrecht in dem Bemühen, die andere eiskalt zu ignorieren.

Nur zwei Monate nach dem Aus der Freundschaft hatte Amanda mal wieder einen turnusmäßigen Termin bei ihrer Psychologin. Sie war dort schon länger in Behandlung, weil sie die Trennung ihrer Eltern einfach unterbewusst nicht gut weggesteckt hatte und ihr die regelmäßigen Gesprächstermine bei der Therapeutin guttaten. Hier konnte sie immer all das rauslassen, was raus musste. Und nun, als es wieder so weit war und Amanda der Psychologin gegenübersaß, fing sie plötzlich an, heftig zu schluchzen. In der Therapiesitzung offenbarte sie eine echte »Bombe«: Sie habe sich die ganze Zeit nicht getraut, es zu sagen, aber es gäbe da noch etwas anderes außer der Trennung ihrer Eltern, was sie belasten würde. Marius, der Vater ihrer ehemals besten Freundin Laura, habe ihr bereits vor zwei Jahren, also mit elf, bei einem gemeinsamen Campingurlaub in Holland schlüpfrige Komplimente gemacht. Sie sei ja eine »echte Granate«, eine »richtige Lady«, und ihre Brüste seien einfach zauberhaft schön; »zehn von zehn Punkten«. Richtig unangenehm, ja sogar ein bisschen ekelhaft sei das gewesen, so Amanda. All diese Lobeshymnen habe Marius natürlich immer nur dann losgelassen, wenn die übrigen Familienmitglieder gerade nicht anwesend waren. Eines Abends, als die anderen Erwachsenen draußen gemütlich am Lagerfeuer bei einem Glas Pinot Grigio saßen, sei Marius zu ihr in den Wohnwagen gekommen, habe sich vorsichtig auf die Bettkante gesetzt, seine Hand erst unter die Decke und dann in ihre Schlafanzughose geschoben. Dann, so berichtete Amanda mit tränenerstickter Stimme, sei sie von Marius sexuell missbraucht worden. Sie habe das Ganze erst gar nicht richtig realisiert und sich schlafend gestellt. Weil es ihr oberpeinlich war, habe sie bis heute auch nie jemandem etwas davon erzählt. Selbst ihrer Mutter nicht. Noch mindestens zehn, wahrscheinlich sogar fünfzehn Mal sei es danach zu ähnlichen Übergriffen gekommen. Einmal sogar bis hin zum Geschlechtsverkehr. Jedes Mal aufs Neue habe es ihr in der Situation selbst und auch danach regelrecht die Sprache verschlagen. Gewehrt habe sie sich nicht, weil sie panische Angst gehabt habe, die ihr regelrecht die Kehle zugeschnürt habe. Außerdem habe Marius sie auch eingeschüchtert und gedroht, wenn sie jemandem etwas von ihrem Geheimnis erzähle, würde etwas Schlimmes passieren. Die Psychologin hatte nach diesem schockierenden Geständnis gar keine andere Wahl: Sie informierte unverzüglich Amandas Mutter. Die wiederum sofort die Polizei.

Zwei Tage später: Marius lag nach einem harten Tag im Chemiewerk entspannt auf seiner Couch, knabberte Erdnussflips und trank, was er immer gerne machte, zwei bis drei Fläschchen Bier dazu. »Feierabend ist doch der schönste Abend.« Diesen Kalauerspruch brachte Marius immer dann, wenn seine Frau bei der dritten Flasche Bier ihre Stirn nach dem Motto »Muss das denn sein?« in Falten legte. Als an diesem Abend im Fernsehen die Nachrichten das Programm unterbrachen, schaltete Serien-Junkie Marius ausnahmsweise nicht um. Als eine Fahndungsmeldung von einem Tatverdächtigen verlesen wurde, der ein Kind sexuell missbraucht haben soll, war es vorbei mit der Ruhe. Marius setzte sich auf, zeigte immer wieder mit dem Zeigefinger in Richtung seines überdimensionalen Flachbildschirms und polterte: »Dieses Schwein, dem muss man sofort den Schwanz abschneiden! Der gehört ein Leben lang eingesperrt. Alles andere bringt doch nichts! Keine Gnade für diese widerlichen Kinderschänder!« Seine Frau Lisa kuschelte sich an ihn und versuchte den wieder mal in Rage geratenen Marius zu beruhigen, als es an der Tür klingelte. Beide guckten sich fragend an. So spät noch Besuch? Wer kann das denn sein? Lisa öffnete und traute ihren Augen nicht: Zwölf Polizeibeamte standen vor der Tür. »Sind Sie Frau L., die Ehefrau von Marius L.?«, fragte eine Polizeibeamtin. Lisa antwortete: »Ja, das bin ich. Aber was zum Himmel wollen Sie hier?« – »Durchsuchungsbeschluss!«, unterbrach sie eine andere Polizeibeamtin. Und im nächsten Moment drängelten sich auch schon ein Dutzend Polizeibeamte an Lisa vorbei. Marius wurde von einem Polizeibeamten im Wohnzimmer erst förmlich belehrt, bekam dann die sogenannte Schließacht angelegt. »Auch noch Handschellen, wie peinlich«, murmelte er vor sich hin. Angesichts des Tatvorwurfs – Kindesmissbrauch – war er so dermaßen überrumpelt, dass er kaum etwas sagen konnte. »Was passiert hier gerade?«, fragte er noch seine Frau, ehe er schließlich zur Wache gebracht wurde.

Alle Nachbarn aus dem Mehrparteienhaus bekamen natürlich mit, wie Marius mit gefesselten Händen auf dem Rücken aus dem Haus zum Streifenwagen geführt wurde. Die Nachricht machte im Dorf sofort die Runde. Schnell wurde auch der Vorwurf zum Gesprächsthema Nummer eins. »Was mit Kindern«, flüsterte man sich in der Nachbarschaft zu. Nach und nach überboten sich die Leute im Dorf auch mit Besserwisser-Kommentaren. »Der war mir schon immer etwas suspekt«, hieß es plötzlich. »Eigentlich ja ein Netter, aber irgendwie auch nicht« oder »Das habe ich vom Gefühl her schon immer vermutet«. Fakt war: Lisa wurde von allen Nachbarn prompt komplett gemieden. Nicht nur Karin, die Mutter von Amanda, sprach kein Wort mehr mit ihr, sondern auch alle anderen im Dorf.

Marius war derweil beim Gericht dem Haftrichter vorgeführt und in die nächste Justizvollzugsanstalt (JVA) gebracht worden. Vorläufige Endstation: Untersuchungshaft. Enge Zelle. Weg von der Familie. Einsamkeit. Der Vorwurf, der ihm gemacht wurde, ließ den zweifachen Vater immer noch konsterniert zurück: sexueller Missbrauch von Kindern in mindestens zehn Fällen. »Ich bin doch kein Kinderschänder«, sagte Marius.

Amanda war nach dem Gespräch bei der Psychologin auf dem Polizeirevier an zwei Tagen hintereinander ausführlich vernommen worden. Protokolliert worden waren Missbrauchsvorwürfe der schlimmsten Sorte. Marius war gerade erst einige Tage im Gefängnis, da sprach schon das Jugendamt bei Lisa vor. Mit Blick auf die massiven Vorwürfe wegen der Nachbarstochter läge es ja nahe, dass Marius auch die beiden eigenen Mädchen angefasst haben könnte. Laura und Chanel wurden angehört und bestritten vehement, dass ihr eigener Vater sich sexuell an ihnen vergriffen habe. Im Gegenteil. »Mein Papa ist der allerallerbeste Papa auf der Welt«, versicherte Laura den Mitarbeiterinnen des Jugendamtes. Auch an Chanel perlten die fast schon gebetsmühlenhaft vorgetragenen Vorstöße der Jugendamtsmitarbeiterinnen ab, sie solle ihren Vater nicht schützen, sondern doch lieber die Wahrheit sagen. »Was ich Ihnen sage, ist die Wahrheit«, wiederholte Chanel jedes Mal aufs Neue.

Ich hatte zwischenzeitlich Marius' Verteidigung übernommen. Schon beim ersten Gespräch in der Justizvollzugsanstalt traf ich auf einen gebrochenen Mann. Einen, der sichtbar am

Rande der Verzweiflung war. Marius schilderte mir glaubhaft, dass alle Vorwürfe jedweder Grundlage entbehrten. Wie in allen Sexualstrafverfahren erklärte ich dem Mandanten, dass wir an einem Punkt arbeiten müssten, der für viele Gerichte der Entscheidende ist: Gibt es ein Motiv für das Kind, zu lügen, und wenn ja, können wir dieses Motiv darlegen? Marius selbst wusste zu diesem Zeitpunkt nichts von dem Streit zwischen seiner Tochter Laura und Amanda. Laura hatte ihm davon keine Silbe erzählt, sie hatte nur gesagt, dass sie mit Amanda nichts mehr groß zu tun habe. Mehr wusste Marius nicht, und er sah deswegen hierin auch kein Problem. Erst als ich mich mit Lisa und Laura später in der Kanzlei ausführlich unterhalten hatte, stellte sich heraus, wo das Motiv für die Falschverdächtigung liegen könnte: Eifersucht des noch so jungen angeblichen Opfers Amanda wegen des umschwärmten David, der sich für Laura entschieden hatte.

Die viereinhalb Monate Untersuchungshaft bis zum Gerichtstermin waren für Marius die absolute Hölle. Im Knast hatte es sich – dies wird teilweise auch durch Gefängniswärter verbreitet – natürlich schnell herumgesprochen, dass Marius sexueller Missbrauch von Kindern vorgeworfen wird. Und damit stand er in der Gefängnishierarchie auf dem untersten Platz. Tiefer geht es nicht. Ob jemand die Taten tatsächlich begangen hat oder nicht, wird nicht gefragt. Es reicht der bloße Vorwurf, und schon gibt es Senge – und zwar ohne Ende. Gern unter der Dusche (das ist kein Klischee). So ist es auch Marius widerfahren. Regelmäßig wurde er brutal zusammengeschlagen. Mehrfach lag er im Sanitätsraum, nie hat er gesagt, wie es zu den Verletzungen gekommen ist. Denn auch Marius wusste, wenn er einen der Mithäftlinge anzeigen würde, würden alle anderen wie Pech und Schwefel zusammenhalten und gegen ihn aussagen. Marius war für alle nur der »Sittich von Zelle 1848« (im Gefängnis werden Kinderschänder »Sittich« genannt). Er konnte es kaum aushalten, hatte Suizidgedanken und stellte sich immer wieder die Fragen: »Warum das Ganze? Und wie lange dauert dieser Albtraum noch?« Auch sein Arbeitgeber war kurz davor, das schon so lange bestehende Arbeitsverhältnis zu kündigen. Wie nichts anderes sehnte Marius den Gerichtstermin herbei.

An einem extrem windigen, ja fast schon stürmischen Tag war es dann endlich so weit. »Wenn sich diese ungeheuerlichen Vorwürfe doch heute auch nur so einfach wegwehen lassen könnten wie die kleinen Äste«, dachte sich Marius beim Blick auf den mit dünnen Birkenästen übersäten Gefängnishof. Wir hatten eine Strategie erarbeitet, wie wir anhand des aus unserer Sicht ersichtlichen Motivs der Lüge Amanda der falschen Verdächtigung überführen wollten. Die Karten waren aber zunächst gegen uns. Gleich nach der Verlesung der Anklageschrift spulte der Vorsitzende Richter an Marius gerichtet eine Art Moralpredigt ab: »Sie haben gehört, was die Staatsanwaltschaft Ihnen vorwirft. Wir können Ihnen nur eins sagen: Wenn auch nur irgendetwas an diesen Vorwürfen dran ist, sollten Sie sich mit Ihrem erfahrenen Verteidiger dazu entschließen, jetzt ein Geständnis zu machen und der Geschädigten die Aussage hier zu ersparen. So etwas ist gerade für ein Kind die Hölle. Sie verringern für den Fall einer Verurteilung ihre Strafe damit um mindestens zweieinhalb Jahre. Wenn Sie sich allerdings streitig verteidigen und am Ende verurteilt werden, kommen Sie auf mindestens siebeneinhalb Jahre. Bei einem Geständnis können wir Ihnen jetzt eine Größenordnung von etwa fünf Jahren Freiheitsstrafe in Aussicht stellen.«

Marius nahm das »Fünf-Jahre-Angebot« des Richters natürlich nicht an. Er ging in die Offensive, erklärte sich selbst umfassend zu den Vorwürfen, wobei es natürlich immer schwierig ist für Angeklagte, zu Taten Stellung zu nehmen, die aus ihrer Sicht gar nicht stattgefunden haben. Marius schilderte, dass die beiden Familien tatsächlich zusammen in Holland im Campingurlaub waren und dass er und Amanda auch tatsächlich mal allein gewesen sind. Dass es ein ausgesprochen harmonisches Verhältnis war. Dann lenkte er seine Einlassung – so nennt man die Erklärung des Angeklagten vor Gericht zur Sache – auf den entscheidenden Punkt: das Motiv für die von uns ausgemachte falsche Verdächtigung. Nämlich der Bruch zwischen Marius' Tochter Laura und Amanda wegen des Jungen David, der sich für Laura entschieden hatte und mit dem diese immer noch zusammen war. »Und deshalb soll sich das junge Mädchen all das ausgedacht haben?«, fragte der Vorsitzende Richter. In diese Frage schwang schon etwas süffisante Verachtung für meinen Mandanten mit. Dass Marius dem vermeintlich geschädigten Kind eine dermaßen perfide Intrige zutraute, stieß zunächst sichtbar auf Unverständnis. Doch dann begann sich das Blatt langsam zu wenden.

Wir konnten beweisen, dass es wegen David den Bruch der beiden besten Freundinnen Amanda und Laura gegeben hatte. Es gelang uns auch der Beweis, dass Laura wahnsinnig auf ihren Vater Marius fixiert war und dies Amanda natürlich wusste. Laura hat ihren Vater angehimmelt, Papa war für sie der Größte, und bei den Urlauben, bei den ganzen Ausflügen, die man auch mit Amanda unternommen hatte, war der Freundin dies natürlich nicht verborgen geblieben. Durchaus naheliegend, dass Amanda aus einem Mix aus Eifersucht und Rache eine Lügengeschichte über Marius auftischt. Zumal Laura mir in der Vorbereitung der Verteidigung geschildert hatte, dass ihre ehemals beste Freundin Amanda schon mit elf Jahren ihr erstes Mal hatte. Auf der Schultoilette. Das Ganze war sogar auf Video aufgenommen und wie ein Lauffeuer viral verbreitet worden. Das mutmaßliche Opfer Amanda war dadurch also zumindest schon mal mit der Last einer kleinen Draufgängerin im sexuellen Bereich versehen worden.

Nachdem der Vorsitzende Marius sehr ungläubig und kritisch zugehört hatte und auch die Staatsanwältin all ihre Fragen gestellt hatte, wurde Amanda in den Zeugenstand gerufen. Was dann passierte, gibt es in dieser Form relativ selten: Amanda hatte gemeinsam mit ihrer Mutter und einer Opferanwältin kaum im Zeugenstand in der Mitte des Gerichtssaals Platz genommen, da rief sie schon lauthals in den Saal: »Ich habe mir das alles ausgedacht.« Dann fing Amanda heftig an zu weinen, bekam minutenlang keinen richtigen Satz mehr heraus. Erst als sie sich nach einer Unterbrechung wieder gesammelt hatte, gelang es ihr zu schildern, dass sie es einfach nicht ertragen habe, dass David sich für Laura entschieden habe. Ihre Eifersucht sei so groß gewesen, und dann sei sie bei der Psychologin auf die Idee gekommen, all das zu erfinden, weil sie so etwas neulich auch bei Netflix gesehen habe. Der ganze Saal war stumm.

Marius L. wurde daraufhin noch am selben Tag freigesprochen. Freispruch erster Klasse heißt es, wenn sich die Unschuld des Angeklagten im Prozess erwiesen hat. Weitere Zeugen wurden nicht mehr gehört. Der Vorsitzende Richter war in seiner Urteilsbegründung plötzlich handzahm. Marius wurde für die zu Unrecht erlittene Untersuchungshaft mit dem damals geltenden Satz 25 Euro pro Tag entschädigt. Er war allerdings psychisch so angeschlagen, dass er trotz einer achtmonatigen Therapie dauerhaft arbeitsunfähig war und sein Arbeitsverhältnis beenden musste. Da die Nachbarn nicht so richtig an den Freispruch glaubten und die Familie weiterhin mieden, verkauften Marius und Lisa schließlich die Wohnung. Sogar weit unter Wert, denn sie wollten nur noch weg. So harmonisch wie früher wäre es im Dorf nie wieder geworden. Die Familie zog in eine andere Stadt. Marius ist seit dem Strafverfahren wie ausgewechselt. Früher war er selbstbewusst, heute ist er voller Selbstzweifel. Seine Frau Lisa hält dennoch zu ihm. Die Liebe zu seinen beiden Töchtern ist das Einzige, was Marius überhaupt noch aufrecht hält. Ob er jemals wieder wird arbeiten können, ist fraglich. All die Erlebnisse rund um den Vorfall, die Rufschädigung, die Demütigungen, die ihm hinter Gittern widerfahren sind, und die Vorstellung, viereinhalb Monate unschuldig hinter Gittern gesessen zu haben, haben Marius zu einem gebrochenen Mann gemacht. Und all das nur, weil er durch die gemeine Intrige einer Dreizehnjährigen, die als strafunmündiges Kind nach dem Gesetz strafrechtlich übrigens nicht belangt werden konnte, völlig zu Unrecht unter Tatverdacht geraten ist.

IST EIN FEHLURTEIL ERST MAL IN DER WELT …

Dass jemand unschuldig unter Verdacht gerät, ein Schwerverbrecher zu sein, so wie Marius, ist leider keine Ausnahme. Und so komisch es auch klingen mag, im soeben geschilderten Fall ist das Ganze ja sogar noch verdammt gut gelaufen. Trotz aller bitteren Nachwehen hat hier jemand durch das Einräumen einer Lüge seinen verdienten Freispruch bekommen. Dass ein vermeintliches Opfer aus freien Stücken umkippt, eine eigene Lüge und damit eine eigene Straftat (falsche Verdächtigung) zugibt, passiert aber im realen Leben nur äußerst selten.

Doch machen wir uns nichts vor: Am Ende hat Marius das letztlich auch »nur« vor weiteren Tagen, Monaten oder gar Jahren im Gefängnis bewahrt. Sein unbeschwertes Leben, viele Freundschaften und sein tadelloser Ruf sind ein für alle Mal ruiniert – er selbst ist auf Lebenszeit stigmatisiert. Zumal in der medialen Berichterstattung nicht selten auch mit dem abgekürzten Klarnamen eines Beschuldigten gearbeitet wird. In einem kleinen Dorf mit wenigen Bewohnern wie im Fall von Marius kann das – trotz unmissverständlicher Vorgaben im Pressekodex zu Veröffentlichungen bei der Kriminalberichterstattung* – schnell auch der gesellschaftliche Todesstoß sein. Weil die Abkürzung die Person letztlich doch identifizierbar macht und dadurch an den Pranger stellt. Und weil trotz des eindeutigen Freispruchs im Umfeld des Betroffenen fast immer Intoleranz und Vorurteile bestehen bleiben. Ganz nach dem Motto »Na, wer weiß schon, was da wirklich war. Dass da gar nichts gewesen sein soll, glaube ich einfach nicht. Irgendwas wird da schon gewesen sein.«

Im übertragenen Sinne könnte man sagen, wirkt ein Freispruch immer nur wie ein Tintenkiller mit Überschreibfunktion. Man sieht auch danach noch die Makelstelle, an der mal etwas anderes (vermutlich Falsches) stand, auch wenn unterm Strich jetzt das Richtige geschrieben steht.

Nicht wenige Beschuldigte, die unschuldig auf der Anklagebank sitzen und nicht das Glück eines Rückziehers durch das vermeintliche Opfer auf ihrer Seite haben, werden am Ende verurteilt, kassieren Geld-, Bewährungs- oder verbüßen im Extremfall sogar mehrjährige Gefängnisstrafen. Denn mut-

---

* Der sogenannte Pressekodex definiert Täter- und Opferschutz in einer Richtlinie. Darin sind unter anderem klare Kriterien für die identifizierende Berichterstattung über Straftäter verankert. In Ziff. 8.1. heißt es etwa: »Die Presse veröffentlicht Namen, Fotos und andere Angaben, durch die Verdächtige oder Täter identifizierbar werden könnten, nur dann, wenn das berechtigte Interesse der Öffentlichkeit im Einzelfall die schutzwürdigen Interessen von Betroffenen überwiegt. Bei der Abwägung sind insbesondere zu berücksichtigen: die Intensität des Tatverdachts, die Schwere des Vorwurfs, der Verfahrensstand, der Bekanntheitsgrad des Verdächtigen oder Täters, das frühere Verhalten des Verdächtigen oder Täters und die Intensität, mit der er die Öffentlichkeit sucht.«

maßliche Opfer genießen nach meinen Erfahrungen bei der Justiz eine Art Bonus. Soll heißen, man geht erst einmal von der Richtigkeit ihrer Aussage aus. Selbst renommierte Aussagepsychologen verweisen im Zweifel eher auf die Annahme, dass das Vorgeworfene wohl auch erlebt worden ist. Eigentlich unfassbar, aber weit verbreitet und bedauerlicher Alltag in unseren Gerichtssälen. Zumal es eigentlich heißt: Im Zweifel für den Angeklagten. In der Rechtswirklichkeit wird daraus häufig: Im Zweifel gegen den Angeklagten.

Der Fall von Marius sollte exemplarisch verdeutlichen, wie wichtig Strafverteidigung vor allem unter dem Blickwinkel der Fairness ist. Einen »Verbrecher« zu retten bedeutete in seinem Fall nämlich nichts anderes, als ein klares Fehlurteil zu vermeiden. Man muss immer davon ausgehen, dass jemand auch unschuldig sein kann. Denn ist ein (Fehl-)Urteil erst einmal in der Welt und rechtskräftig, gibt es nur noch ganz wenige Möglichkeiten der Revidierung. Eine ist das sogenannte Wiederaufnahmeverfahren, wenn beispielsweise nachträglich doch noch eindeutige, entlastende Beweise auftauchen, die vorher nicht bekannt waren. So passiert zuletzt bei einer »geretteten« Mandantin, die trotz Bestreitens als Diebin einer Supermarkt-Geldbombe nach drei Instanzen rechtskräftig verurteilt worden war und erst Jahre später nachträglich freigesprochen wurde, weil die angeblich gestohlene Geldbombe irgendwann per Zufall doch noch in einem Zwischenraum im Tresor wiedergefunden werden konnte.

Längst nicht jedem, der zu Unrecht unter Verdacht geraten ist, gelingt es aber ohne juristisch erfahrenen Beistand, Richter, Staatsanwälte oder polizeiliche Ermittler am Ende von seiner Unschuld zu überzeugen. Dabei ist dies eigentlich nicht Aufgabe des Beschuldigten. Denn nach einer der wohl wichtigsten Prämissen im Strafrecht, der in Art. 6 Abs. 3 Europäische Menschenrechtskommission (EMRK) verankerten

Unschuldsvermutung, gilt jeder bis zu seiner rechtskräftigen Verurteilung als unschuldig. Paradoxerweise geht der Großteil der Bevölkerung genau vom Gegenteil aus: Sobald ein Tatverdacht geäußert wird, gilt man als schuldig. Doch das ist falsch, unfair und gefährlich.

2

WIE KANN MAN NUR VERBRECHER RETTEN? – TEIL II: AUCH DER SCHULDIGSTE VERDIENT VERTEIDIGUNG

Der Strafverteidiger: Hans Reinhardt

Zwanzig Jahre ist es inzwischen her, als ich quasi von null auf hundert mittendrin war in einem der wohl kaltblütigsten und grausamsten Kapitalverbrechen* der deutschen Kriminalgeschichte. Es war im Januar 2001 und ich war gerade unterwegs zu einer Besprechung in der Justizvollzugsanstalt Essen, als mich im Auto ein Anruf aus der Kanzlei erreichte. Ein junger Mann sei in Duisburg vorläufig festgenommen worden, hieß es auf die Schnelle. Er befinde sich auf der Polizeiwache und wünsche meinen anwaltlichen Beistand. In diesem Moment hatte ich noch keinen Schimmer, mit welch schrecklichen

---

* Anders als es der erste Gedanke nahelegt, hat ein Kapitalverbrechen mit dem Kapital im Sinne von Vermögen oder Geld nichts zu tun. Abgeleitet vom lateinischen Begriff *capitalis* (übersetzt: den Kopf oder das Leben betreffend), waren damit ursprünglich Verbrechen gemeint, die einen Täter den Kopf kosten können, sprich bei denen einst die Enthauptung drohte. Heute sind damit vor allem Verbrechen gemeint, die vor dem Schwurgericht eines Landgerichts verhandelt werden. Dies sind nach § 74 Absatz 2 GVG (Gerichtsverfassungsgesetz) insbesondere sämtliche Tötungsdelikte wie beispielsweise Mord, Totschlag oder Raub mit Todesfolge.

Geschehnissen ich kurz danach konfrontiert werden würde. Dass ein neunjähriger Junge sterben musste, weil es der krankhafte Traum seines Mörders war, ein Kind zu zerstückeln, zu sehen, wie es von innen aussieht, und zu fühlen, wie es ist, neben einem Kinderleichnam Sex zu haben, erfuhr ich erst später. Und obwohl auch mir seine erschreckend naiven und kühlen Tatbeschreibungen später fast die Kehle zugeschnürt haben, weil sie so grausam waren, habe ich Oliver S., den unscheinbaren Mann mit kindhaften Gesichtszügen, in den anschließenden Ermittlungen und vor Gericht verteidigt. Und das aus Überzeugung. Denn auch dem vermeintlich Schuldigsten unter den Schuldigen, dem »größten Schwein« unter den Tatverdächtigen, gebührt eine effektive und faire Verteidigung.

DER FALL: DER POKÉMON-MORD

»Wie ein Stück Marmorkuchen.« Dieser Satz von Oliver S. (im weiteren Verlauf der Einfachheit halber nur noch Oli genannt), gefallen in einer der ersten Vernehmungen auf dem Polizeirevier, hat sich bei mir vermutlich für immer ins Gedächtnis eingebrannt. Noch heute habe ich deswegen einen Kloß im Hals, wenn irgendwo Marmorkuchen aufgetischt wird. Es war Olis verstörend nüchterner Vergleich, den Augenblick zu beschreiben, als er am 9. Januar 2001 einem neun Jahre alten, von ihm kurz zuvor zu Tode gewürgten Jungen aus der Nachbarschaft im Bad seiner Wohnung mit einem Küchenmesser den Kopf abgeschnitten hat. Angelockt hatte Oli, damals 23 und gelernter Kindererzieher, sein Opfer mit dem Versprechen, ihm Pokémon-Sammelkarten und -münzen zu zeigen. Die Bluttat war alles andere als spontan. Wie sich später herausstellen sollte, war der Pokémon-Mord ein geplantes Verbrechen, entfacht aus abartigen Trieben und der unseligen Verbundenheit eines jungen Liebespaars.

Schon acht Jahre zuvor, mit fünfzehn, hatte Oli erste Tötungsfantasien erkennen lassen. Auf einem Polaroid-Kindergeburtstagsfoto hatte er den Freundinnen seiner Zwillingschwestern mit einem kleinen Messerchen die Hälse durchgeritzt. Später hatte er immer wieder Mitschülerinnen seiner Geschwister drangsaliert, indem er den Besucherinnen ständig irgendwelche Kleidungsstücke wegnahm. Vor allem Schnürsenkel schnitt Oli regelmäßig von den im Wohnungsflur artig abgestellten Schuhen ab. Auch schrieb Oli schon damals Geschichten, die äußerlich kurz und knapp waren und inhaltlich voller Menschenverachtung und Gewalt. Und in denen er als »Klein Oli« in die Hauptrolle des Ich-Erzählers schlüpfte. Ein gruseliges Drehbuch aus dieser Zeit beschrieb beispielsweise bereits bis ins kleinste Detail, wie Oli eine Frau erst brutal vergewaltigte und anschließend eiskalt tötete.

Am 3. März 2000, knapp zehn Monate vor dem Pokémon-Mord, hatte Oli Nadine (Vorname geändert) kennengelernt. Nadine, damals siebzehn, stammte aus schwierigen Verhältnissen. Ihr leiblicher Vater war achtzehn bei ihrer Geburt und saß seinerzeit im Gefängnis. Ihre leibliche Mutter hatte sie mit fünfzehn zur Welt gebracht und lebte als Drogenabhängige weitgehend obdachlos auf der Straße. Mit acht Monaten wurde Nadine zur Adoption freigegeben und lebte fortan in einer Pflegefamilie.

Oli und seine erste Liebe Nadine verbrachten von Anfang an fast die gesamte Freizeit in Olis Wohnung in Duisburg. Das junge Paar kapselte sich völlig ab, unternahm außerhalb der Wohnung keine Aktivitäten. Pornos, Horrorfilme und hemmungsloser Sex bestimmten den Alltag. Oli und Nadine probierten sexuell alles aus, insbesondere auch sadomasochistische Praktiken. Das Geld wurde mit der Zeit immer knapper,

Olis Wohnung war in einem verwahrlosten Zustand. Bis auf seinen Fernseher und seinen Videorekorder hatte Oli irgendwann sämtliche Wertsachen verkauft. Auch beruflich ließ Oli sich regelrecht gehen. Von Juli 1999 bis Januar 2001 wechselte er immer wieder seine Jobs, zog von Discounter zu Discounter. Zum Schluss arbeitete er als Aushilfskoch bei einer amerikanischen Fast-Food-Kette. Immer häufiger feierte er kurzfristig krank. Gestört hat es ihn nicht. Vor sich hin leben in seiner kleinen Wohnung war alles, was er wollte.

Auf der Straße hatten Oli und Nadine einen Nachbarsjungen kennengelernt. Obwohl kennengelernt eigentlich ein wenig übertrieben ist. Der neunjährige Sedat und seine Freunde hatten das junge Paar beim hemmungslosen Knutschen am offenen Fenster bemerkt und dabei lautstark angefeuert. Später war Oli nicht entgangen, dass der kleine Sedat auch mal auffällig interessiert die Pokémon-Aufkleber an seinem Pkw bewundert hat.

Es war im August 2000, als in Oli ein unbändiges Begehren wuchs, das in der Vorstellung gipfelte, mit den eigenen Händen ein Kind erwürgen zu wollen. Seiner schockierten Freundin Nadine erzählte er damals sinngemäß: »Ich will in das Gesicht eines Kindes sehen, während es stirbt.« Diesen Tötungsgedanken trug Oli erst monatelang mit sich herum, dann begann er seine perversen Fantasien nach und nach aufzuschreiben. So verfasste Oli ab November des Jahres 2000 seinen ersten Roman. Titel: »Ein hoffnungsloser Fall«. Dieser in der Ich-Form erzählte Roman bestand aus 21 Kapiteln – allesamt voller Tötungsfantasien. Opfer waren meistens kleine Jungen aus der Promi-Szene. So plante Oli in einem Kapitel unter anderem, einen Sänger der damals bekannten Boygroup Backstreet Boys nach einem Konzert zu entführen, niederzumetzeln, zu köpfen und den Leichnam anschließend in einem Koffer fortzutragen. Eine in weiten

Teilen erschreckend originalgetreue Vorlage für den späteren Pokémon-Mord.

Im Dezember 2000 verfestigte sich in Oli der Gedanke, ein Kind zu ermorden. Immer häufiger stand er wie paralysiert am Fenster und beobachtete draußen die spielenden Nachbarskinder. Auch träumte er davon, sein Opfer anschließend sexuell zu schänden, sehnte sich regelrecht danach, sich an einem Kinderleichnam vergehen zu können. Einen Kinderleichnam deswegen, weil das Fehlen von Schambehaarung eine für Oli ungemein reizvolle Unschuldigkeit ausstrahlte, wie er später einmal zugab. Um den Jahreswechsel herum traute sich Oli, sein drängendes Tötungsverlangen erneut mit seiner Freundin Nadine zu besprechen. Und war völlig baff, dass die ihn dieses Mal sogar noch regelrecht dazu ermutigte. »Ja, mach mal«, sagte Nadine nur lapidar. Und gestand ihrem Freund diesmal auch, dass auch sie gerne einmal ungestört einen toten Menschen betrachten würde. Sie hatte schon lange gespürt, dass während seiner Grübelphase eine Art geistige Distanz zwischen ihnen entstanden war. Um diese Distanz aufzubrechen, hatte Nadine Oli mehrmals täglich zum Sex verführt. Was sie nicht ahnte: Oli hatte sich bei diesen Liebesspielen mitunter das Gesicht eines Opfers auf das von Nadine projiziert.

Als Opfer der Tat hatte Oli den kleinen Sedat ausgewählt. »Ich nehme den Jungen mit dem Topfhaarschnitt«, sagte er einmal zu Nadine. Lockmittel sollte eine vermeintliche Pokémon-Kartensammlung sein. Weil Oli davon ausging, dass am 9. Januar 2001 alle anderen Hausbewohner für die Beerdigung einer kürzlich verstorbenen Nachbarin ortsabwesend sind, wählte er diesen Tag zu Sedats Todestag aus. Was er nicht wusste: Er hatte sich schlicht vertan, denn tatsächlich war die Beerdigung erst einen Tag später am 10. Januar 2001. Und so kam es dann auch dazu, dass ein Nachbar, der ein Otto-Paket für Oli angenommen hatte, ihn im Treppenhaus im Beisein des kleinen Sedat abfing, um ihm das Paket zu übergeben. Den Neunjährigen hatte Oli kurz zuvor auf der Straße angesprochen, ihm erzählt, dass er in seiner Wohnung jede Menge Pokémon-Karten habe, woraufhin Sedat sofort wortlos seine Hand genommen hatte und mitgekommen war.

Der Neunjährige hatte Olis Wohnung kaum betreten, da setzte dieser seine grausame Mordfantasie in die Tat um. Er ging auf Sedat zu, ergriff seinen Hals mit der rechten Hand, wobei der Daumen auf dem Kehlkopf auflag und die übrigen vier Finger Sedats Hals umschlossen. Dann nahm Oli seine linke Hand hinzu und würgte den kleinen Jungen mit beiden Händen. Eine Minute. Zwei Minuten. Drei Minuten. Vier Minuten. Erbarmungslose fünf Minuten dauerte der Todeskampf, dann war der kleine Sedat tot. Oli legte den Leichnam im Wohnzimmer auf dem Teppich ab, rief seine Freundin Nadine an und kaufte sich dann im nahen Plus-Markt um die Ecke noch auf die Schnelle eine Schachtel Zigaretten und eine Packung Maccaroni. Kaufpreis: 6,44 DM. Nachdem Nadine in der Wohnung eingetroffen war und den toten Jungen auf dem Wohnzimmerteppich still betrachtet hatte, zogen sich beide nackt aus, legten sich neben das tote Kind auf den Teppich und hatten Sex. Und zwar mit einem abartigen Finale: Rechtsmediziner hatten später im Rahmen der Obduktion Olis Sperma in der Mundhöhle des Opfers gefunden.

Nach dem Geschlechtsverkehr zogen beide Sedats Leichnam ins Badezimmer. Dann passierte das, wovon Oli seit Monaten geträumt hatte. In der Duschtasse trennte er mit einem Wellenschliff-Küchenmesser den Kopf des kleinen Sedat ab – »wie ein Stück Marmorkuchen«. Anschließend schnitt er mit dem Messer in die Stirn und zog den Schnitt zurück bis zum Hinterkopf. Oli wollte sehen, wie ein Schädel unter der Haut und ein Auge von innen aussehen. Dann wickelte er den abgetrennten Kopf schließlich in ein Handtuch, legte ihn kurz mit der Schnittfläche nach unten im Wohnzimmer auf dem Teppich ab und ließ ihn dann in einer Plastiktüte verschwinden. Kurz danach hatten Oli und Nadine noch einmal leidenschaftlichen Sex auf dem Wohnzimmerteppich. Anschließend hob das Paar den Torso aus dem Bad und hievte ihn in einen Koffer. Dann setzten sich beide vor den Fernseher. Oli war regelrecht begeistert und schwärmte, dass er die Tat »total geil« gefunden habe. Nadine indes fand es »nicht so klasse«, was aber nur so viel heißen sollte, dass sie sich den Anblick eines toten Körpers aufregender vorgestellt hätte.

Am nächsten Tag schleppte Oli den Leichnam im Koffer auf den Dachboden. Die Tüte mit dem abgeschnittenen Kinderkopf versteckte er zunächst in seinem Keller. Wiederum einen Tag später brachte er Koffer und Tüte zu einem nur 200 Meter entfernt von seiner Wohnung gelegenen Altkleidercontainer, wo der Koffer mit dem Torso des Leichnams wenig später von Passanten entdeckt wurde.

Die erste Spur in Richtung Oliver S. erfolgte dann im Anschluss an eine Lichtbild-Fahndung der Polizei nach dem letzten Besitzer des außergewöhnlichen Koffers, in dem die zerstückelte Leiche von Sedat entdeckt worden war. Nichts Böses ahnend hatte sich tatsächlich Olis Vater daraufhin bei der Polizei gemeldet und mitgeteilt, dass er bei seinem Sohn einen solchen Koffer zuletzt gesehen habe. Wenig später folgten Durchsuchung, Festnahme und DNA-Spurensicherung. Im Rahmen der Vernehmung legte Oli nach anfänglichem Abstreiten dann doch recht schnell ein umfassendes Geständnis ab und belastete auch seine Freundin Nadine. Die Kaltblütigkeit von Oli, dass er weder Reue noch Mitleid zeigte, entsetzte damals selbst hartgesottene Ermittler. Manche konnten nach dem Fund der Leiche nächtelang nicht schlafen, nichts essen und brachen spontan immer wieder in Tränen aus. Zwei langjährig ausgebildete Kriminalbeamte meldeten sich schließlich sogar dienstunfähig.

Im Urteil der Duisburger Jugendstrafkammer wurde Oli am 22. Juni 2001 als vermindert schuldfähig eingestuft und auf unbestimmt Zeit in eine geschlossene psychiatrische Klinik eingewiesen. Gleichzeitig verhängten die Richter vierzehn Jahre Haft wegen Mordes zur Befriedigung des Geschlechtstriebs. Gegen seine Freundin Nadine wurden sechseinhalb Jahre Jugendhaft wegen Beihilfe zum Mord verhängt. Das Gericht hatte am Ende trotz ihrer Unschuldsbeteuerungen keine Zweifel, dass sie nicht nur Mitwisserin, sondern aktive Helferin bei dem Mord gewesen ist. Nadine habe von den Tötungsfantasien ihres Freundes gewusst, ihn darin bestärkt und sei bei der Schändung und Beseitigung der Leiche beteiligt gewesen.

DAS RECHT AUF FAIRE VERTEIDIGUNG

Ich werde häufig gefragt, wie man nach solch Aufsehen erregenden und menschlich abstoßenden Verbrechen tatsächlich die Verteidigung des Beschuldigten übernehmen kann. Auch dass man einem solchen Täter doch praktisch die Eigenschaft als Mensch absprechen müsste, höre ich in diesem Zusammenhang nicht selten. Ebenso die Frage: Warum muss man bei einem derart sonnenklaren Tatgeschehen in einer Gerichtsverhandlung in aufwendiger und kostspieliger Art und Weise auch noch die Justiz bemühen? Das sei doch pure Zeitverschwendung. Für immer weggesperrt gehöre so etwas.

Ich antworte den Leuten dann immer, dass wir glücklicherweise in einem Rechtsstaat leben und ich es als meine Verantwortung als Strafverteidiger sehe, jedem auch noch so abscheulichen Täter sein Recht auf eine faire Verteidigung zukommen zu lassen. Grenzenlose Rachegefühle aufseiten der Opfer sind zwar ohne jeden Zweifel nachvollziehbar. In ihrer praktischen Umsetzung wären sie aber wohl ebenso unmenschlich und unfair wie die ursprüngliche Anschuldigung.

Die wahren Ursachen für Straftaten sind oftmals vielschichtig und komplex. Und auf den ersten Blick gar nicht zu erkennen. Ganz häufig hat man es auch mit psychologischen Extrem- und Ausnahmesituationen zu tun, die oft sogar Krankheitswert besitzen. Dies ist dann sicherlich keine Entschuldigung für derartig abscheuliche Taten wie die von Oli, aber es vermittelt eine gewisse Erklärung dafür. Unstreitig ist: Ein Strafprozess kann das Leid der Opfer, also der hinter Sedat stehenden Familie, nicht ungeschehen machen.

Ein Verteidiger nimmt im Strafprozess eine besondere Rolle ein, weil er die direkte Bezugsperson zum Angeklagten darstellt. Die Frage »Wie kann man nur?« würde in einer Diktatur nicht gestellt. In einer Diktatur steht das Ergebnis in der Regel fest, und ein Angeklagter bedarf keiner Verteidigung. Ich für meinen Teil lebe aber lieber in einem Rechtsstaat. Und ein Rechtsstaat spricht lieber zehn Täter am Ende aus Mangel an Beweisen von ihrer Schuld frei, als einen Unschuldigen voreilig zu verurteilen.

Gar nicht selten kommt es beispielsweise zu notgedrungen vor der Polizei abgelegten – falschen – Geständnissen von Tatverdächtigen. Etwa wenn Ermittler den oftmals enormen Druck der Medien, der Öffentlichkeit einen Täter zu präsentieren, dazu missbrauchen, einen ersten Tatverdächtigen psychisch zu zermürben und zu einem Geständnis zu bringen. Wer an dieser Stelle keinen pflichtbewussten Strafverteidiger an seiner Seite weiß, der ist hoffnungslos verloren.

Mich selbst hat der Pokémon-Fall um Oli, Nadine und den kleinen Sedat bis heute nicht losgelassen. Ich war damals junger Familienvater und hatte drei Kinder etwa im Alter des kleinen Sedat. Es war für mich – das gebe ich heute unumwunden zu – geradezu unerträglich, die Bilder von dem Mord monatelang mit mir herumtragen zu müssen. Insbesondere nachts, wenn Ruhe eintrat, war diese Wahnsinnstat omnipräsent. Dennoch habe ich ein Gefühl nie empfunden: Scham. Scham, der Verteidiger von Oli S. gewesen zu sein. Darüber, dass sich mitunter auch Verteidiger für ihre Mandanten oder die erhobenen Vorwürfe vor Gericht offen schämen, kann ich eigentlich nur mit dem Kopf schütteln. Geht es um Pressefotos vor Prozessbeginn, so dreht sich so mancher Anwalt nämlich urplötzlich weg oder tritt die entscheidenden Meter zur Seite. Bloß keine Rufschädigung durch Bekanntwerden der Vertretung eines stadtbekannten Neonazis, flüsterte ein Kollege kürzlich einem Pressefotografen vor Prozessbeginn fast schon ein wenig flehend zu. Und auch sein Name solle bitte nirgendwo erscheinen. Mein Credo ist: Ganz oder gar nicht. Entweder bin ich Strafverteidiger mit allen Konsequenzen, oder ich lasse es.

Oli S. wurde seinerzeit im Rahmen der Hauptverhandlung in Duisburg auf seinen Geisteszustand begutachtet. So was ist Standard bei Tötungsdelikten. Im Ergebnis bescheinigten die forensischen Psychiater Oli letztlich eine schizoide Persönlichkeitsstörung mit der Folge, dass auch die Richter unterm Strich urteilten, dass seine Schuldfähigkeit erheblich eingeschränkt gewesen ist. Denn nach sachverständiger Einschätzung trug Oli über Jahre hinweg einen krankhaften, in seiner Kindheit begründeten Hass in sich. Das schier Unerträgliche im Prozess gegen Oli war, dass er einem zu jedem Zeitpunkt das Gefühl vermittelte, ihn ginge das alles gar nichts an. Ich erinnere mich noch genau daran, dass er mir in einem Gespräch einmal die Frage stellte: »Ist es eigentlich richtig oder falsch, was ich gemacht habe? Das Abtrennen des Kopfes fühlte sich auch nicht anders an, als ein Stück Marmorkuchen abzuschneiden.« Die Ausführung der Tat war für ihn nichts anderes als die Entladung des aufgestauten krankhaften Hasses.

Im Lauf der Jahre hat Oli S. mehrere Versuche unternommen, die geschlossene Straftäter-Psychiatrie zu verlassen. Seine Vorstöße scheiterten regelmäßig, weil die Wiederholungsgefahr in seinem Fall regelrecht auf der Hand lag. Denn Oli S. hatte sogar in der Psychiatrie immer wieder neue Geschichten mit Tötungsfantasien aufgeschrieben. Letztlich ist diese Art der Unterbringung für Oli und die Allgemeinheit das Beste. Dies sah er am Ende auch selber so und sitzt bis heute in der geschlossenen Psychiatrie. Möglicherweise sogar für immer, da er als nicht therapierbar gilt.

Ich bin überzeugt, dass seine damalige Freundin Nadine eigentlich die treibende Kraft bei der Idee zur Tat war. Olis wirres Gehirn brauchte eine pragmatische Ergänzung, und das war Nadine. Die beiden waren ein unheilvolles Pärchen. In der Kriminalgeschichte gab es bis zu diesem Zeitpunkt wohl noch nie solch eine Konstellation. Zwei psychisch krankhafte Täter begehen im Zusammenspiel eine Wahnsinnstat. Ich selbst wurde aber nur wenige Tage nach dem Urteil im Pokémon-Prozess eines Besseren belehrt, als ich die Verteidigung des Wittener Satanisten Daniel R. übernahm. Er hatte am 6. Juli 2001 zusammen mit seiner damaligen Frau einen Arbeitskollegen bestialisch getötet, um Satan ein Opfer zu machen. Der Getötete starb an den Folgen von 66 rituellen Messerstichen und Hammerschlägen.

Zwischenrufer im Pokémon-Prozess hatten seinerzeit immer wieder zur Lynchjustiz aufgerufen. »Hängt ihn auf« war nur eine von vielen lauthals gerufenen Parolen. Letztendlich bekam auch ich als einer der Verteidiger am Rande des Prozesses mehrfach den Zorn der Opferfamilie zu spüren – nur weil ich meinen Job getan hatte. Wir Anwälte wurden körperlich angegriffen, mussten teils unter Polizeischutz aus dem Gerichtsgebäude eskortiert werden. Die geballte Ladung blinder Wut in Form von Flüchen und fliegenden Gegenständen war damals nach der Urteilsverkündung auf mich eingeprasselt. Kein Gericht auf der Welt kann den Eltern das Kind zurückgeben und den Schmerz nehmen. Aber an dieser Stelle handeln Angehörige oftmals eben nur emotional – und nicht rational. Was ich ja sogar ein Stück weit nachvollziehen kann. Ein Urteil ergeht »im Namen des Volkes«. Aber nicht jeder im Volk wollte dafür mit seinem Namen stehen. Dabei verkennt man, dass sich unser Gesetz bewährt hat. Ein Psychopath lässt sich auch von der Todesstrafe nicht abschrecken. Und im Ergebnis bleibt Oli S. wie sein eigener Roman-Titel: »Ein hoffnungsloser Fall«.

3

STRAFVERTEIDIGUNG – WAS IST DAS EIGENTLICH?

Der Strafverteidiger: Burkhard Benecken

Immer wieder höre ich folgende Aussage: »Ihr Strafverteidiger* macht doch nichts anderes, als die bösen Verbrecher rauszupauken.« Manch einer nennt uns Strafverteidiger in den Gerichten hinter vorgehaltener Hand sogar »Strafvereiteler«. Diejenigen, die so eindimensional ihre Schlüsse ziehen, machen es sich aber viel zu einfach. Im übertragenen Sinne könnte man sagen, dass sie sich bei der Thematik offensichtlich Scheuklappen angelegt haben. Liegt ihnen doch die pauschale Vorstellung zugrunde, dass wir Strafverteidiger unsere einzige Aufgabe allein darin sehen, einen Verdächtigen, von dem wir sicher wissen, dass »er es war«, am Ende trotzdem um jeden Preis mit einem Freispruch herauszuholen. Ich kann nur sagen: Das ist ein Irrglaube.

Natürlich ist Strafverteidigung zunächst einmal eine einseitige Interessenvertretung. Soll heißen, wir Anwälte an der Seite eines Beschuldigten haben immer nur und ausschließlich

---

* Der Strafverteidiger wird in der Strafprozessordnung (StPO) als Verteidiger bezeichnet. In § 137 StPO ist geregelt, dass jeder Beschuldigte zu jedem Zeitpunkt des Strafverfahrens das Recht auf Hinzuziehung eines Verteidigers hat.

für den Mandanten Nützliches herauszufiltern und in das Strafverfahren einzubringen. Und umgekehrt alles, was dem Mandanten schaden könnte, auszusieben. Ziel der Strafverteidigung ist es, in jedem Einzelfall bei einer realistischen Einschätzung der Beweislage das bestmögliche Ergebnis für den Mandanten zu erreichen. Das kann natürlich ein Freispruch sein, kann aber genauso gut eine möglichst schadensbegrenzende und milde Gefängnisstrafe sein. Es kann beispielsweise auch ein sehr guter Rat des Verteidigers an den Mandanten sein, am besten komplett »die Hosen runterzulassen«, sprich alles einzugestehen, da ein Freispruch unmöglich zu erreichen ist.

Ohne Frage braucht man als guter Strafverteidiger sehr passable Rechtskenntnisse. Doch das ist nicht alles. In der Praxis ist es noch viel wichtiger, den Mandanten auch psychologisch zu begleiten und zu unterstützen. Weil ein Strafverfahren für jeden Beschuldigten naturgemäß mit einer gehörigen Portion Stress verbunden ist. Besonders gilt dies, wenn der Beschuldigte sich auch noch in Haft befindet. Gerade dann geht es oftmals nicht nur um den Beschuldigten selbst, sondern auch um die Angehörigen, Eltern oder Freunde, die nicht selten noch viel nervöser und angespannter sind als der Mandant selbst. Quintessenz: Strafverteidigung ist nicht »Rauspauken um jeden Preis«.

DER FALL: ERST GELD HER, DANN HOSEN RUNTER

Es war ein Dienstag, als ich noch spätabends das Ehepaar Müller in meinem Büro empfing. Ich weiß den Wochentag deshalb noch so genau, weil Herr Müller, ein schlanker Endvierziger mit Achtzigerjahre-Hufeisenbart, unter seinem Arm ein in ein dünnes rotes Gummiband gerolltes Sportmagazin geklemmt hatte und das Cover des Magazins, das auch ich mir jeden Dienstag noch spätabends an meiner Stammtankstelle als Pflichtlektüre mit nach Hause nehme, dieses Mal komplett in meinen Lieblingsfarben gelabelt war – Blau und Weiß. Ich habe innerlich schmunzeln müssen, weil ich blitzartig den Gedanken in meinem Kopf hatte: Wenn die schon so spät noch vorbeikommen, sollen sie mir wenigstens nachher das Magazin dalassen. Nicht dass ich es ausgerechnet heute nicht mehr bekomme.

Wie bei den meisten Erstgesprächen mit Angehörigen war auch den Eheleuten Müller aber überhaupt nicht zum Scherzen zumute. »Unser Filius hat offenbar echten Bockmist gebaut«, grummelte Herr Müller beim Händeschütteln mit grimmiger Miene. Und Frau Müller, altrosa Blazer, brünettes Haar, dunkelroter Lippenstift, seufzte: »Ich schäme mich so. Bei unserer Nachbarschaft sind wir jetzt untendurch.« Das Paar nahm Platz, meine Mitarbeiterin brachte zwei Tassen Tee zur Beruhigung, und dann begannen die Müllers abwechselnd zu erzählen. Ihr Sohn Leon, neunzehn Jahre alt, war in der vergangenen Nacht unter dem Verdacht eines bewaffneten Raubüberfalls auf einen Kiosk festgenommen worden. »Leon soll gemeinsam mit einem Kumpel von seinem Berufskolleg die Tat verübt haben«, so Herr Müller. Die Teenager, so habe es ihm jedenfalls die Polizei mitgeteilt, sollen den türkischen Ladeninhaber bei ihrem Coup mit einem sogenannten Taser (Elektroimpulsgerät) bedroht und aufgefordert haben, den gesamten Kasseninhalt herauszugeben. Was dieser dann natürlich auch getan habe. Angebliche Beute: 11 500 Euro in bar.

Das Ehepaar Müller saß damals bei der etwa zwanzig Minuten dauernden Sachverhaltsschilderung vor mir wie ein Häufchen Elend. Die Mutter weinte die ganze Zeit bitterlich und vergrub zwischendurch das Gesicht in ihren Händen.

Der Vater zitterte leicht, immer wenn er redete, behielt aber ansonsten die Fassung. Heute Morgen, stimmte das Paar zeitgleich an, sei plötzlich die Polizei da gewesen, habe geklingelt, einen Durchsuchungsbeschluss vorgezeigt und dann alles auf den Kopf gestellt. »Wie im Sonntagskrimi – nur eben diesmal am Dienstag«, so Herr Müller. Vor allem Leons Dachbodenzimmer hätte es den Ermittlern angetan. Eine geschlagene Stunde hätten sie dort jedes auch noch so kleine Fitzelchen umgedreht. Unter seinem Bett haben sie dann auch tatsächlich einen geöffneten Karton gefunden«, schluchzte Frau Müller. Auf dem Deckel, das habe sie kurz sehen können, standen im Adresslabel Name und Anschrift von Leon. Im weiteren Gesprächsverlauf gab die Mutter dann zu, den Polizeibeamten mit Blick auf den Karton spontan erzählt zu haben, dass Leon ihr kurz zuvor mal etwas von einem Taser berichtet habe, den er sich unbedingt online bestellen wolle. »Ich brauch irgendwann auch so ein Ding«, soll ihr Sohn ihr gesagt haben. »Hierzulande ist es abends einfach zu gefährlich geworden.«

»Machen Sie etwas! Helfen Sie uns bitte!« Die Eheleute Müller baten mich inständig, das Mandat anzunehmen, Leon in der JVA aufzusuchen und ihn zu verteidigen. Nach Klärung der Honorarfrage – gerade bei jungen Mandanten zahlen oft die Eltern das Honorar – erläuterte ich den Müllers meine übliche Vorgehensweise. Erstens eine Besuchserlaubnis bei dem zuständigen Amtsgericht zu beantragen. Und zweitens möglichst schon morgen Leon im Jugendgefängnis zu besuchen. Zudem bat ich die Eheleute Müller darum, fortan tunlichst nicht mehr mit den Polizeibeamten zu sprechen, sondern bei Nachfragen ganz höflich mit immer demselben Satz darauf zu verweisen: »Wir sind die Eltern und wir machen im Verfahren gegen unseren Sohn keinerlei Angaben.«

Was beim Erstgespräch des Weiteren wichtig ist, ist, ein wenig Optimismus zu verbreiten. Das weckt Vertrauen. Natürlich darf man aber keine falschen Hoffnungen wecken. Hier ist psychologisches Fingerspitzengefühl gefragt, denn die Mandanten beziehungsweise Angehörigen sind fast immer emotional schwer betroffen, oft sogar regelrecht verzweifelt. Verlässliche Prognosen abzugeben, wie das Strafverfahren ausgehen könnte, ob Leon tatsächlich am Ende verurteilt werden würde oder nicht, wären zu diesem Zeitpunkt geradezu ein Kardinalfehler. Zumal ich bislang noch nicht einmal mit Leon gesprochen hatte.

Am nächsten Tag war es aber so weit. Ich besuchte Leon in der Justizvollzugsanstalt. Der Neunzehnjährige, Typ Mädchenschwarm vom Schlag Leonardo DiCaprio, erwies sich auf den ersten Blick als ein ausgesprochen sympathischer Junge. Nachdem er mir dann auch förmlich das Mandat erteilt und dazu eine Vollmacht sowie eine Verschwiegenheitsentbindung gegenüber den Eltern (denn Mandant ist nur Leon) unterschrieben hatte, erzählte er mir, was vorgefallen war. Der Bericht sollte kurz und knapp ausfallen. »Ich habe nichts gemacht, ist alles nur Gerede«, behauptete mein Mandant. Ich will nicht sagen, dass ich diese Antwort erwartet habe, aber in der Tat kommt ein solches forsches Abstreiten schon recht häufig vor. Auf der anderen Seite steht aber auch fest: Ich war nicht dabei und ich weiß deshalb auch nicht, was vorgefallen ist oder eben nicht.

Meine Reaktion fiel in diesem Fall ebenso kurz und knapp aus. »Dann ist ja gut. Das wird sich alles aufklären«, sagte ich zu Leon. »Alle Details dazu, wie es jetzt weitergeht, besprechen wir dann, wenn ich Akteneinsicht nehmen konnte. Dann schnüren wir auch unsere Strategie zusammen.« Dazu muss man wissen: Die Akteneinsicht ist für uns Strafverteidiger von zentraler Bedeutung. Geführt wird eine Ermittlungsakte zu einem Geschehen bei der zuständigen Staatsanwaltschaft. Darin finden sich von der Strafanzeige bis zum

Schlussvermerk gebündelt alle zusammengetragenen Ermittlungsergebnisse wie zum Beispiel Zeugenaussagen, Tatortspuren, DNA-Gutachten und so weiter. Macht eine Verteidigung in Richtung Freispruch Sinn oder ist es ratsam, die Tat zuzugeben und sich darum zu kümmern, dass der Mandant möglichst eine milde Strafe bekommt? Erst anhand dieser Akte kann man als Verteidiger die Beweissituation verlässlich einschätzen.

Ehe ich Leon einen Gruß von seiner Freundin Stella ausgerichtet und dann die JVA verlassen habe, gab ich ihm noch einen wichtigen Ratschlag mit auf den Weg zurück in die Zelle: »Bloß nicht mit Mitgefangenen über den eigenen Tatvorwurf sprechen!« Denn oftmals prahlen gerade junge Mandanten im Knast mit ihren Taten und werden dann hinterher von anderen Mitgefangenen »angezinkt« (soll heißen: verraten). Nicht selten – besonders bei größeren Delikten – stellt die Staatsanwaltschaft Verdächtigen sogar gezielte Fallen, verlegt spionagebereite Mithäftlinge auf die Zelle eines Beschuldigten oder spielt Gefangenen ganz bewusst Handys zu, damit sie früher oder später telefonieren und dann (aus Sicht der Staatsanwaltschaft) bestenfalls am Telefon alles gestehen.

Zehn Tage später habe ich Leons Akte von der Staatsanwaltschaft bekommen. Nachdem der rote Aktenband bei uns in der Kanzlei angekommen war, wurde er sofort eingescannt und von meinen Mitarbeiterinnen in Kopie per Post an den Mandanten in die JVA geschickt. Ich schicke allen meinen inhaftierten Mandanten eine Kopie ihrer Akte in die JVA, damit wir beim nächsten Treffen den gleichen Wissensstand haben. Aus der Akte ergab sich ein wahrlich desaströses Bild – die Beweislast war geradezu erdrückend. Im übertragenen Sinne stand es zur Halbzeit bereits 0:4 aus Leons Sicht. Erstes Gegentor: Der türkische Ladeninhaber hatte als Zeuge zu Protokoll gegeben, von zwei maskierten, jünger wirkenden

Männern bedroht worden zu sein. »Wir haben einen Taser und quälen dich damit zu Tode«, sollen die Täter gerufen haben. Deshalb habe er der Drohung Folge geleistet und alle Bargeldeinnahmen in die mitgeführte Tüte gesteckt. Seitdem leide er unter fürchterlichen Panikattacken, habe sich in psychologische Behandlung begeben müssen und könne praktisch kaum noch arbeiten. Zweites Gegentor: In der Akte befand sich ein DNA-Gutachten, wonach »mit an Sicherheit grenzenden Wahrscheinlichkeit« Leons Fingerabdrücke an dem Tresen in dem Kiosk gesichert worden sind. Drittes Gegentor: Das wohl belastendste Blatt Papier war am Ende der Akte eingeheftet: Leons mitbeschuldigter Schulfreund hat in seiner ersten Vernehmung anlässlich seiner Festnahme bereits »gesungen«; sprich: alles gestanden. Ja, er sei mit Leon gemeinsam in den Kiosk rein. Und ja, beide hätten dort mit einem Elektroschocker entsprechend gedroht. Daraufhin habe der Kioskinhaber den gesamten Kasseninhalt von 800 Euro in eine Plastiktüte gepackt. Mit dieser Beute sei man dann verschwunden und habe sie später hälftig aufgeteilt. Viertes Gegentor: ein Aktenvermerk über die Spontanaussage der Mutter in Sachen Taser während der Wohnungsdurchsuchung.

Einige Tage später fuhr ich dann wieder in die JVA. »Und wie sieht es aus? Wann komme ich raus?«, fragte Leon mich beim Betreten des Besprechungszimmers, blickte dabei aber schon auffällig verschämt zu Boden. »Das meinst du nicht ernst, oder?«, antwortete ich und konfrontierte meinen Mandanten dann sofort knallhart damit, dass er nach Aktenlage eindeutig als Täter überführt scheint. »Besonders das Geständnis deines Kumpels bricht dir das Genick. Das wiegt tonnenschwer«, sagte ich. Und verwies auf eine der goldenen Strafverteidiger-Regeln: Wenn ein mutmaßlicher Mittäter den eigenen Mandanten mit in die Pfanne haut, dann ist Schluss mit lustig. Da mache es auch überhaupt nichts aus, erklärte ich Leon, dass die anderen Indizien möglicherweise abgeschwächt werden könnten. Immerhin hatte der Kioskinhaber ihn nicht erkannt, und seine DNA-Spur am Kiosktresen könnte rein theoretisch ja auch von einem normalen Einkauf stammen. »Okay. Ich gebe es zu: Wir waren das«, sagte Leon daraufhin kleinlaut. »Aber wir hatten wirklich keinen Taser dabei, sondern eine Taschenlampe mit Blinkfunktion. Und außerdem will der Kioskmann uns verarschen. Wir haben nämlich nur schlappe 800 Euronen abgeräumt, nicht 11 500.«

Seine Behauptung, es sei kein Taser, sondern eine täuschend ähnlich aussehende Taschenlampe mit Blinkfunktion im Spiel gewesen, nahm ich ihm einfach nicht ab. Für mich roch das viel zu sehr nach einer eingeflüsterten Ausrede von irgendeinem Hobbyjuristen in der Justizvollzugsanstalt. Gerade in den Gefängnissen gibt es nämlich immer irgendeinen Superschlauen, der den Mithäftlingen angeblich wasserdichte Auswege einredet. Sehr häufig handelt es sich dabei um ein angebliches Verlöbnis*, das vermeiden soll oder kann, dass die Freundin vor Gericht plappert beziehungsweise die Wahrheit sagt. Unzählig die (erfundenen) Verlöbnisse, die ich in den Prozessen schon dahinschmelzen habe sehen, weil die beiden Hauptakteure mit den gewieften Nachfragen des Gerichts einfach heillos überfordert waren.

»Das mit der Taschenlampe ist doch abenteuerlicher Quatsch. Damit machen wir uns vor Gericht lächerlich«, sagte ich zu Leon. Selbst der Mittäter hatte von einem Taser gespro-

* Grundsätzlich ist im Ermittlungs- und Strafverfahren jeder Zeuge zur wahrheitsgemäßen und vollständigen Aussage vor Gericht und vor der Staatsanwaltschaft verpflichtet. In bestimmten Ausnahmefällen gilt jedoch ein Zeugnisverweigerungsrecht, unter anderem bei Vorliegen eines gültigen Verlöbnisses, das als das gegenseitige und ernsthafte Versprechen definiert ist, die Ehe miteinander einzugehen. Es genügt unter Umständen auch ein erst im Gerichtssaal abgeschlossenes Verlöbnis. Des Austauschens von Ringen bedarf es nicht.

chen, und außerdem war ja auch die Verpackung in seinem Zimmer gefunden worden. Und auch wenn man die belastende Spontanaussage der Mutter prozessual erschüttern könnte (weil sie von den Polizisten womöglich überrumpelt und mit Blick auf das ihr als Mutter zustehende Zeugnisverweigerungsrecht nicht ausreichend belehrt worden ist): Welches Motiv sollte denn der mutmaßliche Mittäter haben, sich selbst und auch noch seinen Schulkumpel zu Unrecht in die Pfanne zu hauen? An dieser Stelle den Mandanten irgendetwas Lebensfremdes konstruieren zu lassen, dulden nur Anwälte, die keine Erfahrung oder kein entsprechendes Standing haben. Dieses Standing vor dem Mandanten ist eine der wichtigsten Eigenschaften, die man haben muss, um als Verteidiger wirklich helfen zu können. Wenn die Lage offensichtlich ist, muss man jedem Mandanten – egal ob Clan-Boss, Promi oder Schüler – reinen Wein einschenken. Heißt: im Fall der Fälle ihm auch ehrlich und offen sagen, dass es keinerlei Möglichkeit gibt, ihn komplett rauszupauken.

Nachdem mein Mandant auch sein Taschenlampen-Märchen zurückgenommen hatte, verständigten wir uns auf folgende Strategie: Leon legt ein reuiges Geständnis ab, das wir zusätzlich durch ein ehrlich gemeintes Entschuldigungsschreiben an den überfallenen Kioskbesitzer aufpolieren wollten. Weil Leon in Sachen Beutesumme aber schwor, dass es nicht 11 500 Euro waren, sondern nur 800 Euro (was ja auch der Mittäter in seinem frühen Geständnis angegeben hat), sagte ich ihm meine Hilfe zu. Es kommt nämlich tatsächlich gar nicht so selten vor, dass Opfer eine erlittene Straftat zu ihrem Vorteil missbrauchen, beispielsweise Verletzungen erfinden oder angebliche Schadenssummen aufblähen.

So geschah es dann auch. Ich fuhr vom Jugendknast direkt in die Kanzlei und schrieb den türkischen Ladeninhaber an. Mit den Eltern hatte ich zwischenzeitlich geklärt, dass ein

Schmerzensgeld von 3000 Euro auf das Kanzleikonto eingezahlt wird zur Weiterleitung an den geschädigten Kioskbesitzer. Das Schreiben sah wie folgt aus:

Sehr geehrter Herr XY,

mein Mandant, Leon Müller, hat Sie gemeinsam mit seinem Kollegen in Ihrem Kiosk überfallen.
Mein Mandant möchte sich über mich an dieser Stelle bei Ihnen ausdrücklich für das Vorgefallene entschuldigen, und er erkennt die Haftung für das vorliegende Ereignis ausdrücklich dem Grunde nach an. Er möchte mit Ihnen auch noch in einen unmittelbaren Kommunikationsprozess eintreten und würde Ihnen gegenüber gerne seine persönliche Entschuldigung aussprechen. Zudem hat mein Mandant ein Schmerzensgeld von 3000,00 € bereitgestellt, das er Ihnen kurzfristig zuleiten möchte. Für den Fall Ihrer Bereitschaft möchten wir Sie bitten, uns nach hier ihre Bankverbindung mitzuteilen.
Mein Mandant hofft, dass Sie seine Entschuldigung annehmen. Ich weise nur vorsorglich darauf hin, dass ich als Verteidiger ausdrücklich befugt bin, mit dem Geschädigten einer Straftat in Kontakt zu treten, insbesondere wenn dies – wie hier – zur Herbeiführung eines Täter-Opfer-Ausgleichs dient.

Mit freundlichen Grüßen
Rechtsanwälte

Bei dem Schreiben geht es allein um Schadensbegrenzung und -wiedergutmachung. Wenn ich erkenne, dass mein Mandant »geliefert« ist, muss ich die Flucht nach vorn antreten und alles dafür tun, um ein möglichst mildes Strafmaß zu bekommen. Ein solches Auf-das-Opfer-Zugehen mit entsprechendem Ausgleich ist kein Freikaufen, wie es oftmals in der Öffentlichkeit dargestellt wird, sondern eine ausdrücklich im

Gesetz vorgesehene Möglichkeit, um einen Konflikt beizulegen. Man spricht juristisch von einem Täter-Opfer-Ausgleich*, eine Strafe kann hierdurch ganz beträchtlich nach unten abgesenkt werden. Dabei ist es immer eine taktische Überlegung, ob man ein reines Anwaltsschreiben aufsetzt oder – was oft auch den richtigen Effekt erzielen kann – noch ein persönlich vom Mandanten verfasstes Schreiben anhängt. Letztlich eine Frage des Einzelfalles. Etliche Geschädigte wollen persönlich nichts mit dem Täter zu tun haben, als Verteidiger muss man dann aufpassen, dass man dann dem jeweiligen Opfer nicht zu nahe tritt.

Die Eheleute Müller waren zudem bereit, eine höhere Summe für einen Privatdetektiv bereitzustellen, um Licht in die undurchsichtige Beute-Situation zu bringen. Uns Strafverteidigern ist es zwar auch erlaubt, eigene Ermittlungen anzustellen. Ich persönlich finde es allerdings unpassend und überlasse es gerne einem Fachmann. Ich arbeite seit siebzehn Jahren mit einem absolut erfahrenen Privatdetektiv zusammen, der schon reihenweise positive Ergebnisse für meine Mandanten zusammengetragen hat. Auch im Fall Leon konnte er punkten: In seinen Ermittlungen hatte er herausgefunden, dass der Kioskinhaber unter anderem wegen Versicherungsbetrugs vorbestraft ist. Außerdem hatte der Detektiv von einem ehemaligen Mitarbeiter des Kiosks erfahren, dass die maximalen Tageseinnahmen bei 2000 Euro lagen.

Vor Gericht lief es dann letztlich wie geschmiert für uns. Die Jugendkammer des Landgerichts honorierte zugunsten meines Mandanten die frühe Einsicht, das von Reue getragene

* Der Täter-Opfer-Ausgleich ist geregelt in § 46a des Strafgesetzbuches (StGB). Das Gericht kann bei einem Täter-Opfer-Ausgleich die Strafe mildern oder in bestimmten Fällen sogar von Strafe absehen. Bei dem zu zahlenden Schmerzensgeld gibt es keine gesetzlich festgelegten Fixbeträge, sondern der Betrag ist jeweils eine Frage des Einzelfalls.

Geständnis und das Bemühen um den Täter-Opfer-Ausgleich. Leon kam mit einer Bewährungshaftstrafe von zwei Jahren glimpflich davon, die Bewährungszeit wurde auf drei Jahre festgesetzt. Heißt: Mein Mandant musste nicht zwei Jahre ins Gefängnis, wenn er drei Jahre lang sauber blieb. Blieb er das aber nicht, sollte es für ihn heißen: zwei Jahre Gefängnis abzüglich der bereits abgesessenen Untersuchungshaft. Leon wurde mit dem Tag der Urteilsverkündung aus der Untersuchungshaft entlassen. Im Nachhinein muss man sagen, dass die Beute-Lüge des Opfers (angeblich 11 500 Euro statt der tatsächlich erbeuteten 800 Euro), die wir durch die ausgezeichnete Arbeit des Detektivs ans Licht bringen konnten, für uns natürlich glücklich war. Leon und mir gab das noch mal entscheidenden Aufschwung für die Verteidigung, weil die Sympathien jetzt nicht mehr beim Opfer lagen, das so dreist war und auch noch im Gerichtssaal log, sondern dann tatsächlich eher bei den beiden reuigen Angeklagten, obwohl die ja an sich die viel schlimmere Tat begangen hatten. Gerade Falschaussagen kommen bei den Richtern gar nicht gut an, zumal sie alle Zeugen vorher belehren, dass nur eine wahre Aussage ein richtiges Urteil ermöglicht. Auch die 8000 Euro Honorar für den Privatdetektiv waren am Ende gut investiertes Geld, wenn man bedenkt, dass andernfalls auch eine Gefängnisstrafe von drei Jahren möglich gewesen wäre. Leon war mehr als zufrieden, ebenso seine Eltern und auch seine Freundin, die er ein Jahr später tatsächlich heiratete. Am Rande der Feier hat er mir in einem stillen Moment dann auch anvertraut: Dass er damals vor Gericht auf meinen Rat gehört hat, keine abenteuerliche Geschichte konstruiert hat, sondern die Flucht nach vorn angetreten ist, war für ihn nach dem Jawort für Stella die beste Entscheidung seines Lebens. Derartiger Zuspruch beschert auch mir jedes Mal aufs Neue echte Gänsehaut.

RAUSPAUKEN IST NICHT ALLES

Der Kiosk-Fall zeigt sehr schön: Es kann oftmals ein guter Rat sein, einen Mandanten nicht im klassischen Sinne »rauszupauken«, sondern als Strafverteidiger sein Vorgehen den tatsächlichen Gegebenheiten des Verfahrens anzupassen, an der einen oder anderen Stelle geschickt zu justieren – und so am Ende die Weichen auf bestmögliche Weise zu stellen. Denn nur dann fährt der Zug im übertragenen Sinne am Ende auch in den gewünschten Zielbahnhof ein. Ganz wichtig ist es, als Strafverteidiger dem Mandanten gegenüber genügend Überzeugungskraft zu entfalten, dass mit einem Unschuldsmärchen bei erdrückender Beweislage am Ende kein Blumentopf zu gewinnen ist.

Hätten wir im Kiosk-Fall alles auf die Karte Freispruch um jeden Preis gesetzt, wäre Leon mit an Sicherheit grenzender Wahrscheinlichkeit nicht auf freien Fuß gekommen und zu einer mindestens dreijährigen Gefängnisstrafe verurteilt worden. Fazit: Manchmal ist es besser, sich einzugestehen, dass man keine Chance hat – keine Chance auf einen Freispruch.

4

ANWALT, MANDANT UND CO. – WER IST AM STRAFVERFAHREN BETEILIGT?

Die Strafverteidiger:
Burkhard Benecken und Hans Reinhardt

Strafverteidiger haben im Verlauf eines Strafverfahrens mit ganz unterschiedlichen Personen zu tun, auf die sie mehr oder weniger tagtäglich treffen. Die wichtigsten Akteure sind in der Regel Richter, Schöffen, Staatsanwälte, Nebenkläger und Nebenklägervertreter, Sachverständige und Zeugen. In vielen Fällen gibt es aber auch Berührungspunkte zu anderen Verteidigern, Justizwachtmeistern und Polizeibeamten. Je nach konkretem Fall ändert sich mitunter auch die Art des Umgangs mit dem einen oder anderen. Mal wird mehr die Klinge gekreuzt, mal weniger. Mal bietet sich ein Dialog an, mal nicht.

Auch wenn der Begriff »Spiel« sicher nicht in allen Bereichen passend erscheinen mag: Ein Gerichtsverfahren ist im übertragenen Sinne in vielen Teilen durchaus mit der Mutter aller Strategiespiele zu vergleichen: mit dem Schachspiel. Ziel des taktikgeprägten »Spiels« ist es, den Gegner auf der anderen Seite schachmatt zu setzen, das heißt, dessen König so anzugreifen, dass diesem weder Abwehr noch Flucht möglich sind. Hierfür gibt es auf jeder Seite verschiedene Figuren mit unterschiedlichen Rollen, unterschiedlichen Stärken und unterschiedlichen Schwächen. Wer auf der jeweiligen Seite, wann, mit welcher Figur, welchen Zug macht, will stets wohlüberlegt sein.

In einem strafrechtlichen Gerichtsverfahren gibt es zahlreiche sogenannte »Verfahrensbeteiligte«. Das sind all diejenigen, die die Amtstracht der Juristen tragen, ein weit geschnittenes, schwarzes, mantelartiges Gewand, genannt Robe. Konkret sind das der oder die Richter, die Vertreter der Staatsanwaltschaft, etwaige Nebenklagevertreter und wir Strafverteidiger.

Der Vorsitzende Richter leitet die Verhandlung. Er verkündet am Ende das Urteil und entscheidet damit über den Ausgang des Verfahrens. Er sitzt stets in der Mitte der Richterbank. Bei schwerwiegenden Delikten wird er flankiert von weiteren Berufsrichtern.

Der Vertreter der Staatsanwaltschaft tritt im Strafprozess als Ankläger auf. Zu Beginn der Verhandlung verliest er die Anklageschrift. Kommt es zu einer Verurteilung, ist die Staatsanwaltschaft für die Vollstreckung der Strafe zuständig. Der Platz der Staatsanwaltschaft ist im Saal zumeist auf der Fensterseite. Das hat einen Grund: In einigen Fällen haben inhaftierte Angeklagte, die nahe am Fenster gesessen sind, mitten im Prozess die Chance genutzt und sind durch das Fenster geflüchtet.

Neben der Staatsanwaltschaft sitzt, falls vorhanden, eine Nebenklagevertretung. Ein Opfervertreter ist in der Regel dann beteiligt, wenn es in dem verhandelten Fall Opfer von schweren Gewalt- und/oder Sexualstraftaten gibt. Die Nebenklagevertretung dient dann dazu, eine Verbesserung der Rechte der Geschädigten im Strafverfahren zu erlangen.

Richter, Staatsanwälte und Nebenklagevertreter teilen mit uns Strafverteidigern – wir sitzen an der Seite unserer Mandanten im Gerichtssaal der Staatsanwaltschaft gegenüber – eine Gemeinsamkeit: Alle sind Volljuristen, alle haben die gleiche Ausbildung. Das heißt, jeder hat den Studiengang der Rechtswissenschaften an der Universität hinter sich gebracht mit einem Ersten Staatsexamen, danach ein Referendariat absolviert und dann das Zweite Staatsexamen erlangt. Dabei ist zu beachten, dass hierzulande nicht nur die Richter die Befähigung zum Richteramt haben, sondern dass dies theoretisch auch von einem Staatsanwalt oder einem Strafverteidiger ausgeübt werden kann.

Für die Befähigung zum Richteramt oder auch für den Dienst des Staatsanwaltes ist meistens eine gehobene Examensnote Voraussetzung, die offen gestanden viele Anwälte nicht mitbringen, weshalb diese notgedrungen in der Anwaltschaft landen. Andererseits sagt man, dass gerade die herausragenden Juristen wiederum Strafverteidiger werden, und das nicht immer nur aus rein ideellen Gründen. Denn seien wir ehrlich: Ein renommierter Strafverteidiger kann unterm Strich beträchtlich mehr Geld verdienen als ein Staatsanwalt oder ein Richter. Richter und Staatsanwälte werden in Deutschland nach der Besoldungsordnung R bezahlt. Das Monatsgehalt in der Gruppe R1 schwankt je nach Erfahrungsgrad zwischen rund 4500 und fast 7000 Euro brutto. Auf ein Bruttomonatsgehalt von über 14 000 Euro kommen nur die Präsidenten der obersten Gerichte Deutschlands, also von Bundesgerichtshof, Bundesarbeits-, Bundessozial- und Bundesfinanzgericht.

Für die Monatsgehälter in der Besoldungsgruppe R1 würden, und das soll beileibe nicht arrogant klingen, viele Strafverteidiger allerdings gar nicht arbeiten. Denn natürlich ist im Bereich der freien Wirtschaft viel mehr Geld zu verdienen, wenn man sich ein entsprechendes Renommee erarbeitet hat – wobei das zugegebenermaßen auch nur einem kleinen Prozentsatz der Strafverteidiger gelingt.

Wir haben als Strafverteidiger aber nicht nur mit anderen Volljuristen zu tun, sondern oft auch mit Polizeibeamten.

Polizeibeamte sind gewissermaßen die Helfer der Staatsanwaltschaft, diejenigen, die zu Beginn eines Verfahrens die Ermittlungen führen, sozusagen am Ort des Geschehens. Die Staatsanwälte sitzen überwiegend drinnen in Büroräumlichkeiten und tragen die Ergebnisse zusammen, die die Polizeibeamten »draußen« ermittelt haben, und fertigen daraus dann Anklageschriften, ehe sie die Anklagen im Strafprozess vor Gericht vertreten.

In einem Strafverfahren bekommt man es als Strafverteidiger darüber hinaus auch regelmäßig mit Sachverständigen zu tun, und es ist kein Geheimnis, dass viele Prozesse durch das Ergebnis von Sachverständigen-Gutachten entschieden werden. Zu den Gutachtern zählen häufig Rechtsmediziner, die beispielsweise den Grad der Gefährlichkeit einer Körperverletzungshandlung zu bewerten haben. Sehr oft geht es in einem Strafprozess auch um psychiatrische Sachverständigen-Gutachten im Rahmen der Frage der Schuldfähigkeit, Therapiegeeignetheit oder nachhaltigen Gefährlichkeit eines Beschuldigten.

Außerdem treffen wir Strafverteidiger in Gerichtsverfahren oft auch auf unseresgleichen – gemeint sind andere Strafverteidiger. Ferner auf die, wie wir sagen, »angeblich Geschädigten«, also auf die mutmaßlichen Opfer einer Straftat. Schlussendlich gibt es noch Verfahrensbeteiligte, die wir Strafverteidiger besonders mögen, weil sie oft freiheraus und erfrischend normal sind: die Justizwachtmeister. Nicht nur vor Gericht sorgen sie für die Sicherheit, sie sitzen auch in den Justizvollzugsanstalten, gewähren einem dort Einlass oder begleiten einen zum Mandanten in die Besucherzelle. Dann gibt es noch die engste Bezugsperson des Strafverteidigers, nämlich den eigenen Mandanten. Er ist der Hauptansprechpartner, er ist der »Verbündete«. Zuletzt noch die Angehörigen des Mandanten, die oftmals erheblich schwieriger zu händeln sind als der eigentliche Mandant selbst.

INSIDE 1: ANWALT, MANDANT UND ANGEHÖRIGE

Der Strafverteidiger: Burkhard Benecken

Das Verhältnis zwischen einem Strafverteidiger und einem Mandanten ist ein besonderes – ähnlich wie bei Psychologen, Therapeuten oder Ärzten und ihren Patienten. Im Optimalfall passt zwischen beide kein Blatt Papier. Vertrauen, Loyalität und Ehrlichkeit sind das A und O. Nicht wenige Mandanten legen sprichwörtlich ihre Zukunft ein Stück weit in die Hände ihres Verteidigers und vertrauen auf ein »gutes Ende« des Verfahrens. Der rasche Aufbau eines Vertrauensverhältnisses ist dafür das essentielle Fundament. Ehrlicherweise klappt das aber mal mehr, mal weniger – und manchmal auch gar nicht. Bei allem Streben nach einem vertrauensvollen Austausch ist es als Strafverteidiger aber fast immer ratsam, sich letztlich einen gewissen Grad an kritischer Distanz zu erhalten. Wie heißt es so treffend: Vertrauen ist gut, Kontrolle ist besser.

Wenn ein Mandant aus freien Stücken zu einem Strafverteidiger kommt, damit dieser ihn in einer strafrechtlichen Angelegenheit vertritt, kommt bei entsprechender finanzieller Einigkeit am Ende immer ein privatrechtlicher Vertrag zustande, wonach der Anwalt als Wahlverteidiger eine Geschäftsbesorgung für den Mandanten zu unternehmen hat. Der Mandant hat im Gegenzug den Anwalt zu bezahlen. Dabei ist der Verteidiger stets vom Mandanten unabhängig, muss also nicht das tun, was der Mandant ihm vorgibt.

Ich selbst handhabe es stets so, dass ich meinen Mandanten die Richtung klarmache, wie die Verteidigung im Einzelnen aufgebaut wird, ganz einfach weil der Mandant mangels Rechtskenntnissen und natürlich wegen persönlicher Betroffenheit oft den Wald vor lauter Bäumen nicht sieht und weil man in eigenen Angelegenheiten auch oft ein schlechter Ratgeber ist.

Oberstes Gebot ist es meines Erachtens, fair und ehrlich gegenüber dem Mandanten aufzutreten, in ihm keine unnötigen Ängste zu wecken, ihn letztlich objektiv zu beraten und zu sagen, was das Richtige ist. Lässt er sich darauf ein, läuft die Verteidigung. Stellt er sich quer, ist man als Strafverteidiger gut beraten, das Mandat niederzulegen. Auch dies sollte man in aller Gelassenheit mit dem Mandanten erörtern und ihm klarmachen, dass die Chemie zwischen Anwalt und Mandant durchweg stimmen muss und man von der gleichen Strategie beziehungsweise Marschrichtung der Verteidigung in dem Strafverfahren überzeugt sein muss.

Oft werde ich gefragt, ob ich bestimmte Mandate prinzipiell nicht annehme. Viele denken dabei an Mandaten, denen Kindesmissbrauch oder ähnlich Schwerwiegendes vorgeworfen wird. Dies ist für mich aber überhaupt kein Grund, Nein zu sagen. Im Gegenteil: Ich erachte jeden Mandanten erst einmal als unschuldig, bis zu seiner rechtskräftigen Verurteilung spricht für ihn die Unschuldsvermutung, auch wenn es oftmals genügend Stimmung gegen den Mandanten gibt, sei es von Staatsanwaltschaft, den Medien und/oder auch den Gerichten, die ihn schlicht vorverurteilen. An dieser Stelle bedarf es dann einer starken Schulter, eines starken Beistands, der dem Mandanten gerade keine Vorwürfe macht, sondern sachlich, aufgeschlossen und professionell die Situation bewertet. Als ich vor Kurzem einen Anwalt in einer Fernsehtalkshow sah, der vorgab, Strafverteidiger zu sein, und großspurig ausführte, dass er niemals einen Mandanten mit dem Vorwurf des sexuellen Missbrauchs annehmen würde, habe ich mir nur gedacht: Ein solch kategorischer Ausschluss wäre für einen Vollblut-Strafverteidiger absolut tabu.

Aber gleichwohl lehne auch ich gelegentlich Mandate ab. Das sind zum einen die Fälle, in denen die Chemie zwischen mir und dem Mandanten nicht stimmt. Teilweise gibt es auch Mandanten und Angehörige, nicht selten aus anderen Kulturkreisen, die an mich als Strafverteidiger herantreten nach dem Motto: »Herr Anwalt, wie viel Geld brauchen Sie denn, um den Richter zu bestechen?« Fragen dieser Art höre ich in aller Regelmäßigkeit, und meine Antwort ist immer dieselbe: »Lieber Mandant, liebe Angehörige, ich kenne in Deutschland keinen einzigen Richter, der bestechlich ist, und wenn es einen gäbe, würde ich mich daran nicht beteiligen.« Ein für die Strafverteidigung essentieller Punkt: Man darf sich nie zum Komplizen des Mandanten oder der Angehörigen machen. Wenn ich merke, dass meine in aller Deutlichkeit ausgesprochenen Worte bei dem Mandanten nicht fruchten, ist dies ein weiterer Grund, ein Mandat mitunter von vornherein gar nicht erst anzunehmen beziehungsweise es wieder niederzulegen. Nicht selten sitzen uns beispielsweise Mandanten oder ihre Angehörigen gegenüber – und zwar nicht nur aus dem sogenannten Clan-Milieu –, die uns fragen: »Was soll der Belastungszeuge denn aussagen? Wir haben ihn bedroht, unter Druck gesetzt, und lieber Anwalt, sagen Sie uns doch einmal, was der Zeuge bekunden soll.« In solchen Situationen muss man ein gutes Standing haben und dem Mandanten beziehungsweise den Angehörigen in aller Deutlichkeit klarmachen, dass das, was sie tun, das Schlimmste ist, was sie für den Mandanten tun können. Sie schaffen zu einer möglicherweise bereits begangenen Straftat weiteres strafrechtliches Unrecht durch Anstiftung von Personen zur Falschaussage, durch Bedrohung und so weiter. In solchen Fällen muss man als Strafverteidiger deutliche Worte sprechen und wenn nötig eine rigorose Ablehnungslinie fahren.

Das Allerwichtigste im Verhältnis zum Mandanten ist wie bereits erwähnt ein enges Vertrauensverhältnis. Der Mandant muss mir alles erzählen können, was ihn belastet. Aus diesem Grund gibt es auch die anwaltliche Verschwiegenheitsverpflichtung. Sie ist zentral für jeden Strafverteidiger. Das, was mir der Mandant sagt, bleibt erst einmal ausschließlich unter uns, und nur wenn es dem Mandanten nützt, trage ich Informationen, die er mir anvertraut hat, nach außen.

Die Verschwiegenheitsverpflichtung geht so weit, dass der Mandant mir alles erzählen kann, was in der Vergangenheit passiert ist. Ein extremes Beispiel: Hat der Mandant nicht nur eine Person (wie angenommen), sondern zwei oder drei umgebracht, kann er mir dies ohne jedwedes Problem berichten. Die Verschwiegenheitsverpflichtung findet erst dort eine Grenze, wo es darum geht, zukünftig Straftaten zu begehen. Versichert der Mandant mir etwa glaubhaft, dass er im Gefängnis seinen Zellennachbarn in den nächsten Tagen umbringen werde, dann müsste ich meine Schweigepflicht durchbrechen und den Strafverfolgungsbehörden Mitteilung machen. Für alles, was in der Vergangenheit liegt, gilt die Schweigepflicht aber ausnahmslos. Um einen vertrauensvollen Austausch weiter zu gewährleisten, genießt das Anwalt-Mandant-Verhältnis sogar staatlichen Schutz. Im Strafverfahren ist es vor allem die Strafprozessordnung (StPO), die Strafverteidigern Zeugnisverweigerungsrechte zugesteht, darüber hinaus Beschlagnahmeprivilegien und Ermittlungsverbote zubilligt. Konkret: Anwälte müssen als Zeugen nicht darüber aussagen, welche Angaben ihnen ihre Mandanten gemacht haben, und die Beschlagnahme ihrer Unterlagen oder das Abhören von Telefongesprächen zwischen Anwälten und Mandanten ist den Ermittlungsbehörden per se untersagt.

So weit die Theorie. Aber wie stelle ich das Vertrauen zu einem Mandanten nun konkret her? Mein Ratschlag ist:

authentisch sein. Wenn man meint, als Strafverteidiger vor dem Mandanten eine Show abziehen zu müssen, merken gerade erfahrene Verbrecher das sofort. Sie stehen auch nicht auf markige Sprüche, die oftmals nur nicht vorhandene Kompetenz überdecken sollen. Eine sachliche Information, getragen von dem unbändigen Willen, alles für den Mandanten Zulässige zu tun, schafft in meinen Augen das beste Vertrauen.

Duze oder sieze ich meine Auftraggeber? Im Jugendstrafrecht duze ich durchgehend alle Mandanten. Umgekehrt lasse ich mich von den jugendlichen oder heranwachsenden Klienten aber siezen, um eine gewisse hierarchische Ordnung gerade in diesem Bereich zu betonen. Denn die jungen Menschen sollen mich nicht als ihren Kumpel wahrnehmen, sondern eher als vernünftigen großen Bruder, der ihnen zur Seite steht, ihnen aber trotzdem deutlich die Grenzen aufzeigt. Von Erwachsenen lasse ich mich ganz überwiegend siezen. Wenn ich mit Mandanten jedoch länger zusammenarbeite, gehen wir auch zum Du über, was ich keinesfalls unseriös finde. Es handelt sich um eine sehr enge Beziehung, und das Duzen schafft im Einzelfall noch mehr Vertrauen.

Dies ist übrigens ein weiterer Grundsatz, den ich verfolge: Ich würde niemals einen Freund oder guten Bekannten verteidigen. Als aus meinem Tennis-Club ein regelmäßiger Spielpartner von mir in Verdacht geriet, mit Marihuana gedealt zu haben, habe ich das Mandat abgelehnt und an einen anderen renommierten Strafverteidiger weitergereicht. Wenn man jemanden gut kennt, ist man nicht neutral, nicht unabhängig und daher sicherlich auch nicht so professionell wie erforderlich.

Was ist im Verhältnis Anwalt-Mandant noch von entscheidender Bedeutung? Der Mandant sollte im eigenen Interesse ehrlich sein. Lügt der Mandant mich an, kann ihm dies zum Verhängnis werden. Trotz aller Warnungen passiert das allerdings immer wieder. Ich denke beispielsweise an einen Mandanten, der unter falschem Namen für über 10 000 Euro Champions-League-Karten für Spiele von Bayern München bestellt haben soll. Unter der Empfängeradresse soll er ebenfalls unter falschem Namen eine Wohnung angemietet haben, wo seine Freundin die Karten vom Postboten entgegengenommen haben soll. Im Prozess lief es nicht gut für uns. Als es um das Klingelschild mit dem falschen Namen ging, fragte ich meinen Mandanten: »Haben Sie das geschrieben?« Er verneinte, und ich stellte den Antrag, ein graphologisches Sachverständigen-Gutachten einzuholen. Der Richter folgte dem Antrag, und es stellte sich heraus, dass es sich nicht nur um die Handschrift meines Mandanten handelte, sondern dass darauf auch noch seine Fingerabdrücke zu finden waren. Damit war er endgültig geliefert.

Warum einige Mandanten ihrem Verteidiger Lügengeschichten auftischen, habe ich ehrlich gesagt nie verstanden. Vielleicht denken manche: »Ach, der ist dann wahrscheinlich nicht mehr neutral, wenn der weiß, dass ich das war.« Andere mögen denken, dass wir mit den Richtern unter einer Decke stecken. Auch einen solchen Unsinn habe ich schon gehört.

Wenn der Klient zu mir in die Kanzlei kommt oder ich ihn in der Justizvollzugsanstalt zum ersten Mal besuche, geht es zudem in der Regel darum, zwei weiße DIN-A4-Blätter zu unterschreiben: Zum einen handelt es sich um eine Vollmacht, die bei uns in der Kanzlei überschrieben ist mit »Spezial- und Prozessvollmacht« und mich unter anderem bevollmächtigt, für ihn Schriftstücke vom Gericht entgegenzunehmen, Strafanträge zu stellen gegen andere Personen und Gelder für den Mandanten auf meinem Konto in Empfang zu nehmen. Zwar hängt das Mandat selbst nicht davon ab, dass ich eine schriftliche Vollmacht habe, diese macht allerdings vieles leichter. So hinterlege ich ein unterschriebenes Exemplar gleich in der

Justizvollzugsanstalt, damit ich meinem Mandanten jederzeit mit sogenannter Verteidigerpost Schriftstücke zukommen lassen kann, die nicht von Dritten gelesen werden dürfen.

Das zweite Schriftstück, das ich unterschreiben lasse, ist die sogenannte Honorarvereinbarung. In Strafsachen darf der Anwalt mit dem Mandanten in einem gewissen Rahmen das Honorar völlig frei vereinbaren. Es gibt zwei grundlegende Möglichkeiten: Zum einen kann man je nach Verfahrensabschnitt Pauschalsätze vereinbaren, zum anderen einen Stundensatz. Es ist wichtig, dass man als Verteidiger seinen Mandanten hierüber zu Beginn ausführlich belehrt und aufklärt, damit keine Missverständnisse aufkommen. Denn natürlich gibt es auch die Möglichkeit, nach dem sogenannten Rechtsanwaltsvergütungsgesetz (RVG) abzurechnen, wobei das renommierte Strafverteidiger offen gestanden so gut wie gar nicht machen, weil die danach festgelegten gesetzlichen Gebühren so gering sind, dass man auf dieser Basis nicht ernsthaft adäquat verteidigen kann. In den meisten Fällen wäre das Ganze wohl ein Minusgeschäft, weshalb man den Mandanten darauf hinweisen muss, dass man nicht nach den gesetzlichen Gebühren abrechnet und die vereinbarten Honorarsätze höher liegen. So ähnlich wie ein Mediziner, der bestimmte Posten »privat« mit höheren Faktoren als den gesetzlich vorgegebenen abrechnet.

Wenn man über das Vertrauensverhältnis spricht, muss man auch über die andere Seite sprechen. Ein geflügeltes Wort lautet: »Anwalts größter Feind ist der eigene Mandant«? Das ist meines Erachtens mehr als zutreffend. Daran anschließend muss man auch die Frage stellen: Lebt man als Strafverteidiger eigentlich gefährlich? Meine Antwort: Nein. Man lebt jedenfalls dann als Strafverteidiger nicht gefährlich, wenn man dem Mandanten keine falschen Versprechungen macht. Es verbietet sich, dem Mandanten irgendetwas im Vorhinein zuzusichern oder gar zu »garantieren«, insbesondere ein bestimmtes Strafmaß. Es bietet sich an, das hierzu Besprochene dem Mandanten nicht nur mündlich, sondern auch schriftlich mitzuteilen, da sich viele an die ursprünglichen Ausführungen später nicht mehr »erinnern« können. Natürlich nennt man den Mandanten realistische Einschätzungen einer möglichen Strafhöhe. Man sollte hier allerdings als Verteidiger äußerst vorsichtig sein, und es ist wichtig, dem Mandanten immer zu sagen, dass es sich nur um vorläufige Einschätzungen handelt und sich das Ganze im Lauf eines Strafverfahrens auch noch ändern kann.

Wenn ich als Verteidiger zwei Jahre mit Bewährung »verspreche« und mir gleichzeitig eine fette Honorarvereinbarung unterzeichnen lasse, kann ich bei einem abweichenden Ergebnis durchaus ein Problem bekommen, nicht nur mit Mitgliedern von arabischen Clans oder Angehörigen von Rocker-Clubs, sondern im Prinzip mit jedem Mandanten. Im Extremfall kann es dann auch mal zu körperlicher Gewalt gegen Anwälte kommen, dies habe ich von mehreren Kollegen bereits gehört. Natürlich kann sich niemand davor hundertprozentig schützen, und gerade wenn man tagtäglich mit Gewaltverbrechern zu tun hat, ist eine solche Gefahr theoretisch immer denkbar. Man kann allerdings einiges dafür tun, um sich selbst zu schützen.

Oberstes Strafverteidiger-Gebot: Ehrlichkeit. Wenn man diesen Grundsatz befolgt, lebt man auch als Strafverteidiger von Schwerverbrechern nach meiner Auffassung weitestgehend sicher. Trotzdem kann einem natürlich immer wieder etwas widerfahren, so wie es bei mir vor über zehn Jahren war, als ich mitbekam, dass ein von mir verteidigter Gewaltverbrecher aus dem Betäubungsmittelbereich mit einem an sich sehr günstigen Ergebnis dann doch nicht mehr einverstanden war und dann gegen das landgerichtliche Urteil Revision mit einem anderen Anwalt einlegen wollte. Er konsumierte auch in Untersuchungshaft munter weiter Kokain, was bei einer Durchsuchung durch JVA-Beamte zum Vorschein kam. Und was tat der Mandant: Er behauptete, ich als sein Strafverteidiger hätte ihm bei meinem letzten Besuch mehrere Gramm Kokain mitgebracht. Da es sich um ein Gefängnis handelte, in dem ich sozusagen ein und aus ging, reagierte die Anstaltsleitung, der der Vorfall zugänglich gemacht wurde, recht gelassen. Sie sprach direkt mit dem Mandanten und sagte: »Wir kennen Ihren Anwalt hier seit Jahren, und Herr Benecken schmuggelt kein Kokain in die Zelle, das halten wir für ausgeschlossen.« Diese wirklich coole Aktion der Anstaltsleitung führte dazu, dass der Mandant beschämt zu Boden schaute und dann einräumte: »Stimmt, Sie haben recht, ich habe das nur erfunden, weil ich mit dem Urteil unzufrieden war, und ich wollte so meinem ehemaligen Verteidiger eins mitgeben.« Tatsächlich kann also der eigene Mandant schnell zum größten Feind des Anwalts werden.

Kommen wir zuletzt zum Verhältnis von Strafverteidigern zu Angehörigen. Diese machen sich oft große Sorgen, und nicht selten passiert es, dass weinende Mütter oder wütende Brüder – bei Familien aus dem arabischsprachigen Raum sind es oft mehrere Angehörige – vor einem am Schreibtisch sitzen und irgendetwas Hoffnungsvolles aus meinem Munde hören möchten. In solchen Situationen ist mehr der Psychologe als der Jurist gefragt, und vorwiegend gilt es, etwas Druck aus dem Kessel zu nehmen. Zunächst muss man klare Angaben machen in Sachen Vorgehen und Zeitplan, da die »Belagerung« sonst schnell ins Uferlose abdriftet. Man muss den Angehörigen die Augen öffnen und Klartext reden, ihnen empathisch vermitteln, wie es strafrechtlich aussieht. Jede unrealistische Vorstellung – und die haben Angehörige oft – sollte von vornherein ausgeräumt werden. Wenn eine Verurteilung etwa wegen schweren Raubes im Gesetz eine Mindeststrafe von fünf Jahren vorsieht, kann keine Bewährungsstrafe von zwei Jahren rauskommen. Wenn man den Angehörigen hingegen die Optionen nennt, die im Bereich des Möglichen liegen – etwa eine Verbüßung der Strafe im offenen Vollzug –, gibt man ihnen das Gefühl, es mit einem ehrlichen Verteidiger zu tun zu haben.

Natürlich gibt es auch gewisse Verhaltensmuster bei den Angehörigen, wo wir als Strafverteidiger eindeutig Grenzen ziehen und gegebenenfalls Mandate zurückweisen. Dazu zählen jedwede Form von Beeinflussung von Zeugen durch Bestechung oder Bedrohung sowie wiederholte Beleidigungen und andere Respektlosigkeiten gegenüber unseren Mitarbeiterinnen in der Kanzlei. Generell muss man aber sagen: Die allermeisten Angehörigen von Mandanten sind angenehm, freundlich und problemlos im Umgang. Sie zahlen oft das Honorar des Verteidigers, gerade in Haftsachen. Und in einer Vielzahl an Fällen sind sie dem Anwalt äußerst dankbar, dass er ihnen in einer auch für sie schwierigen Lebenslage beigestanden hat.

INSIDE 2: STRAFVERTEIDIGER UND POLIZEIBEAMTE

Der Strafverteidiger: Hans Reinhardt

Polizeibeamte und Strafverteidiger treffen in einem Strafprozess regelmäßig aufeinander. Der Polizist in der Rolle als Zeuge, der Strafverteidiger in der eines Prozessbeteiligten. In Fernsehfilmen oder Gerichtssendungen werden speziell diese Begegnungen häufig völlig überspitzt dargestellt – ein bissiger Strafverteidiger und ein verbohrter Polizeibeamter stehen sich als fast schon »verfeindete« Kontrahenten gegenüber. In der täglichen Gerichtspraxis ist dagegen ein ausgeglichenes und sachliches Verhältnis zwischen Strafverteidiger und Polizeibeamten viel häufiger der Fall. In Einzelfällen kann es allerdings auch zu teils erheblichen Spannungen kommen. Denn manchmal ist an dem dargestellten Klischee dann schon ein Fünkchen Wahrheit dran.

Gar nicht wenige Polizeibeamte sehen einen Erfolg ihrer Arbeit nämlich nur dann als erfüllt an, wenn dies auch zu einer Verurteilung des Beschuldigten führt. Und in der Regel auch nur dann, wenn der Täter inhaftiert wird beziehungsweise eingesperrt bleibt. Zahlreiche Polizeibeamte nehmen bestimmte Fälle persönlich und steigern sich in einen regelrechten Überführungswahn hinein. Ein Freispruch kommt oft einer persönlichen Niederlage gleich. Manche Beamte sehen einen Verteidiger beispielsweise per se als eine Art Wolf im Schafspelz an, bewerten kritische Nachfragen sofort als Angriff oder gar Prozesssabotage – und sind mitunter sogar persönlich beleidigt.

Der Verteidiger ist in einem Strafprozess zwar Organ der Rechtspflege (wie auch Richter und Staatsanwalt), aber gleichzeitig auch einseitiger Parteivertreter. Es muss zwar alles wahr sein, was der Verteidiger vorträgt. Er kann aber die Wahrheit beispielsweise durch geschickte Weglassungen ein bisschen dehnen. Denn wenn er Dinge vorträgt, die zum Nachteil des Mandanten gereichen, kann er sich sogar des Parteiverrates strafbar machen.

Aus meiner beruflichen Erfahrung ist leider vielfach festzustellen, dass Polizeibeamte von Gericht und Staatsanwaltschaft vor einer Zeugenbefragung von vornherein eine Art Heiligenschein aufgesetzt beziehungsweise einen Sonderstatus zugesprochen bekommen. Ein Extra, das sich nach meinem Empfinden nicht rechtfertigen lässt, denn tatsächlich müssten in der Praxis polizeiliche Zeugenaussagen viel häufiger einer besonders kritischen Würdigung unterzogen werden. Das Dilemma des sogenannten Berufszeugen ist folgendes: Einerseits sind Polizisten mit dem Bonus »große Erfahrung« und »hohe Aufmerksamkeit« versehen. Dies geht allerdings einher mit dem Malus der »routinemäßigen Behandlung der Sachverhalte«, der »Berufsehre« und der »Gruppenkonformität«. Angetrieben vom unbedingten Schulterschluss mit den Kollegen, vom eigenen Ego und von Geltungsgier, wie man meinen könnte, begehen Polizeibeamte nicht selten auch Straftaten, wie etwa eine Falschaussage vor Gericht. Dementsprechend steht der Strafverteidiger zum Polizeibeamten auch oft in einem Spannungsverhältnis. Der Rechtsanwalt ist Unternehmer. Er betrachtet seine Rechtsberatung als Ware und wirbt mit erfolgreichen Freisprüchen, die vom ermittelnden Polizeibeamten als Schmach empfunden werden – monatelange Arbeit war damit umsonst.

Im Rahmen der Hauptverhandlung muss der Polizeibeamte unter Umständen damit rechnen, dass der Verteidiger einen Protokollierungsantrag stellt, wenn es nämlich auf den Wortlaut der entsprechenden Aussage ankommt. Man muss wissen, dass ansonsten bei den Landgerichten, also bei größeren umfangreicheren Strafverfahren, keinerlei Wortprotokoll geführt wird.

Strafverteidigung ist schon per Definition ein Konflikt. Aus diesem Grunde ist der schillernde Begriff der sogenannten Konfliktverteidigung zu unterscheiden von Klamauk und Chaos. Oft führt eine ausführliche Befragung eines Zeugen, speziell die eines Polizeibeamten, zu seinem beruflichen Werdegang und seinem persönlichen Lebensbereich zu einer regelrechten Verunsicherung. Der nicht selten empörte Beamte fragt sich, warum diese Fragen überhaupt der Erforschung der Wahrheit dienlich sein sollen. Indessen ist der Zeuge kein Sachverständiger und muss sich verstärkte Hinweise auf die

Wahrheitspflicht und Strafbarkeit von Falschaussagen gefallen lassen. Eine intensive, quasi inquisitorische Befragung dient letztlich der Fehlersuche in der polizeilichen Arbeit. In der Regel läuft aber alles völlig konfliktfrei und gelassen ab. Der Zeuge muss nur deutlich machen, ob seine Angaben auf eigenem Wahrnehmen beruhen oder aufgrund des Nachlesens in der Akte. Letzteres ist zwar nicht unzulässig, sondern sogar der absolute Regelfall. Es macht aber deutlich, wie unpräzise die menschliche Wahrnehmung und Erinnerung teilweise ist.

Auch kann der Beamte in eine Situation kommen, wo es um vertrauliche Informationen geht. Die entsprechende Vertraulichkeitszusage nach § 96 StPO bildet dann die Grenze zur Aussagegenehmigung, die ansonsten umfassend ist. Offenkundige Tatsachen unterliegen indessen keiner Genehmigungspflicht, zum Beispiel Vorabinformationen über die Pressestelle. Treten Unsicherheiten auf, dann reicht die einfache Bitte, eine Frage zurückzustellen, aus, um dann später eine angemessene Klärung herbeizuführen. Dem Strafverteidiger kommt hier eine Wächterfunktion zu. Er muss die polizeiliche Arbeit hinsichtlich Belehrungsverstößen, Verwertungsverboten oder sonstigem Fehlverhalten untersuchen und bei Erkennen auch sofort den Finger in die Wunde legen.

Insgesamt ist die Arbeit der Polizei ohne Frage unheimlich wichtig und respektabel. Sie ist erforderlich, um unseren Rechtsstaat zu verteidigen. Der Polizeibeamte hat im Strafverfahren allerdings die klare Aufgabe, nicht nur die belastenden, sondern auch die entlastenden Momente sorgfältig auszuarbeiten und zu ermitteln. Wenn sich jeder Polizeibeamte daran halten und im Zuge der Ermittlungen indirekt auch die Aufgabe eines Strafverteidigers vor Augen führen würde, könnte er regelmäßig Schwachstellen bereits im Vorfeld vermeiden, die ein Strafverteidiger ansonsten im späteren Prozess zwangsläufig moniert.

Nicht zuletzt gilt auch das Motto: »Wie man in den Wald hineinruft, so schallt es heraus.« Ein guter Polizeibeamter akzeptiert die unterschiedliche Rollenverteilung in einem kontradiktorischen Verfahren. Die Wahrnehmung des Schweigerechtes oder eine umfassende Kooperationsbereitschaft beziehungsweise die Darstellung einer eigenständigen Gegenposition führen im Ergebnis nur zu einer richtigen Sachbehandlung.

INSIDE 3: STRAFVERTEIDIGER UND STAATSANWÄLTE

Der Strafverteidiger: Burkhard Benecken

Staatsanwälte küsst man nicht lautet der Titel einer legendären amerikanischen Kriminalkomödie aus den 1980er-Jahren. Gerade für uns Strafverteidiger steckt in diesem Satz viel Wahres: Denn gar nicht wenige Staatsanwälte umrankt bei ihrer Tätigkeit als Verfolger des staatlichen Strafanspruchs tatsächlich die Aura der Unnahbarkeit. Man hat durchaus das Gefühl, einige Ankläger schweben gewissermaßen als moralische Überinstanz hoch oben über dem Strafverfahren, sehen in sich fest verankert den Auftrag, für die Allgemeinheit das Böse unerbittlich zu erlegen. Damit nehmen Staatsanwälte – die übrigens Beamte sind – im Prinzip stets die Rolle des direkten Kontrahenten und Gegenspielers zu uns Strafverteidigern ein. Etwas überspitzt könnte man sagen: Auf der einen Seite wird alles Negative, alles Belastende über einen mutmaßlichen Verbrecher zusammengetragen und auf der anderen alles Positive, alles Entlastende. Und tatsächlich läuft es in der Realität überwiegend genauso schwarz-weiß ab. Auch wenn das Gesetz es vorsieht, dass Staatsanwälte im Rahmen ihrer Pflicht zur Sachverhaltsaufklärung auch das

Gute im vermeintlich Bösen sehen sollen. Denn in § 160 Absatz 2 StPO ist Folgendes fest verankert: »Die Staatsanwaltschaft hat nicht nur die zur Belastung, sondern auch die zur Entlastung dienenden Umstände zu ermitteln und für die Erhebung der Beweise Sorge zu tragen, deren Verlust zu besorgen ist.«

Selbstverständlich gibt es zahlreiche Staatsanwälte – meiner Erfahrung nach etwa ein Drittel –, die diese Vorschrift voll in ihr Berufsbild integriert haben, absolut fair ermitteln und sich auch im Prozess ausgewogen für beide Seiten einsetzen. Der überwiegende Teil der Strafverfolger in Robe ist tendenziell aber eher »gegen Beschuldigte« eingestellt. Soll heißen: Sie sind auf dem entlastenden Auge etwas blind, erstaunlicherweise aber auf dem belastenden Auge sehend wie ein Luchs. Das betrifft insbesondere den Punkt, dass man Entlastungszeugen oft kein Wort glaubt, bei Belastungszeugen hingegen auch gröbste Widersprüche als gottgegeben hinnimmt.

Gerade weil viele Staatsanwälte ganz hervorragende Juristen sind, muss diesen absoluten Könnern im Überführen ein extrem starker Verteidigungspol im Strafverfahren gegenüberstehen, damit (unschuldige) Beschuldigte nicht förmlich an die Wand genagelt werden und sang und klanglos untergehen. Viele Staatsanwälte sind bissig, sehr geschickt in der Argumentation und starke Rhetoriker, da braucht ein faires rechtsstaatliches Strafverfahren einen mindestens genauso starken, kampfbereiten und redegewandten Strafverteidiger.

Wie oft habe ich es erlebt, dass Staatsanwälte während des Prozesses erkennen, dass ihre Anklageschrift im Strafprozess buchstäblich wie ein Kartenhaus zusammengebrochen ist – und sie am Ende dennoch eine Verurteilung beantragt haben. Wie Polizeibeamte nehmen es nicht wenige von ihnen persönlich, wenn ihre Ermittlungen nicht zum Erfolg im Sinne eines Überführens des Beschuldigten führen. Da muss der Strafverteidiger standhaft dagegenhalten und alles Entlastende detailliert herausarbeiten, was die Staatsanwaltschaft eigentlich auch hätte erwähnen müssen. Eigentlich. Die Praxis des Strafverfahrens läuft in vielen Punkten leider anders ab als die theoretischen Vorgaben des Gesetzgebers.

Was tut man, wenn ein Staatsanwalt erkennbar ein persönliches Problem mit einer bestimmten Person hat und einen übermäßigen Jagdeifer an den Tag legt, was zum Beispiel bei Prominenten sehr häufig vorkommt? Anders als bei Richtern und Schöffen kennt die deutsche Strafprozessordnung den »befangenen« Staatsanwalt nicht – weil wohl der Gesetzgeber im tiefsten Innern auch davon ausgeht, dass Staatsanwälte allein durch ihre Rolle mehr oder weniger »befangen zum Nachteil des Beschuldigten« sein dürfen. In der Praxis bedeutet das: Auch bei einem Staatsanwalt, der aus seiner Abneigung gegenüber der von ihm verfolgten Person gar keinen Hehl macht, kann der Beschuldigte nicht wegen einer möglichen Befangenheit eine Ablösung verlangen. Es gibt nur die Option, dass ein Beschuldigter – sinnvollerweise über seinen Verteidiger – bei dem Dienstvorgesetzten des ermittelnden Staatsanwalts unter Darlegung der Situation und unter Verweis auf die Fairness darauf drängt, dass dieser den bisher tätigen Staatsanwalt abzieht und einen neuen mit den Ermittlungen betraut.

Aus meiner Erfahrung hat es sich bewährt, im Fall der Fälle keinerlei Voreingenommenheit gegenüber dem Mandanten zu akzeptieren, sondern vielmehr das Gespräch mit dem Staatsanwalt suchen. Eine offen geführte Diskussion unter vier Augen kann viel mehr bewirken als irgendwelche seitenlangen schriftlichen »Beschwerden«, die oft die Fronten nur zusätzlich verhärten. Gute Strafverteidiger lösen solche Situationen oft »geräuschlos«, schlechte Advokaten machen lautes Theater, um ihren Mandanten zu gefallen und am Ende alles zu verschlimmern.

Nun könnte man meinen, dass aus der gegensätzlichen Rolle, die Staatsanwalt und Verteidiger im Strafverfahren einnehmen, eine gewisse Abneigung untereinander besteht. Im Wesentlichen ist nach meiner Erfahrung aber das Gegenteil der Fall. Fast alle Staatsanwälte, mit denen Strafverteidiger aus unserer Kanzlei tagtäglich zu tun haben, pflegen zu uns einen angenehmen Umgang. Man nimmt es fast immer »sportlich«, dass jeder seine Rolle hat und diese bestmöglich ausfüllt. Auch wenn man im Gerichtssaal im spontanen, heftig geführten Schlagabtausch aneinandergeraten ist, trinkt man dennoch in der Kantine regelmäßig einen Kaffee zusammen. Ich finde solch gegenseitige Wertschätzung, die dem ein oder anderen Strafverteidiger leider abgeht, wichtig. Man kann sehr wohl gegensätzliche Aufträge in einem rechtsstaatlichen Verfahren haben, völlig unterschiedlicher Auffassung in einer juristischen Frage sein, aber man sollte dennoch höflich und respektvoll miteinander umgehen.

Macht man das nicht, kann das auch bei weiteren Verteidigungen abträglich sein und zukünftigen Mandanten schaden. Denn: Man sieht sich immer zwei Mal im Leben, und viele Strafprozesse können durch Einstellungen zugunsten des Mandanten beendet werden, vorausgesetzt, nicht nur das Gericht, sondern auch die Staatsanwaltschaft stimmt einer solchen Vorgehensweise zu. Hat ein Verteidiger aber alles darangesetzt, einen Staatsanwalt in einem vorherigen Verfahren zu verärgern, wird dieser – zumindest unbewusst – bei anderer Gelegenheit hinsichtlich einer Einstellung des Verfahrens sein Veto einlegen. Ausbaden muss es dann in einem solchen Fall der Mandant.

Dieses beschriebene »korrekte Miteinander« hat keinesfalls etwas Anbiederndes an sich. Professionelle Strafverteidiger würden ein solches Verhalten nicht nur nie an den Tag, es käme auch bei den mit viel Menschenkenntnis ausgestatteten Staatsanwälten nicht gut an. Gefragt ist ein selbstbewusster, entschieden eleganter und fairer Umgang mit unseren »Gegenspielern«.

Ob ich mir vorstellen könnte, die Rolle des Staatsanwalts einzunehmen? Völlig ausgeschlossen. Mit meiner Grundeinstellung, für Menschen ausschließlich Gutes und Entlastendes herauszuarbeiten, würde ich in der Rolle des Staatsanwalts wahrscheinlich so gut wie jedes Strafverfahren einstellen. Ich sehe meine Berufung, meine Passion einzig im Kampf für die Unschuld, schätze aber sehr, dass es in unserem rechtsstaatlichen System zahlreiche Personen gibt, die die Rolle des Staatsanwalts mit ähnlichem Eifer und Einsatz ausfüllen wie ich die Rolle des Strafverteidigers.

INSIDE 4: STRAFVERTEIDIGER UND RICHTER

Der Strafverteidiger: Hans Reinhardt

Um das Spannungsfeld zwischen Strafverteidigern und Richtern zu beleuchten, bietet es sich an, zunächst die unterschiedlichen Wahrheiten im Strafprozess zu skizzieren. Die reine Wahrheit im engsten Sinne gibt es im Strafprozessrecht eigentlich gar nicht. Es gibt lediglich eine strafprozessuale Wahrheit. Diese Wahrheit unterscheidet sich von der objektiven und der subjektiven Wahrheit. Gemeint ist damit, dass ein Gericht die Aufgabe hat, einen Sachverhalt nach den Vorgaben der Strafprozessordnung mit allen zur Verfügung stehenden Hilfsmitteln, zum Beispiel Zeugen, Sachverständigen und Urkunden, zu erforschen, zu rekonstruieren und festzustellen. Viele Richter betonen das im Prozess meistens im Vorfeld einer

Zeugenvernehmung, wenn es bei der Belehrung heißt: »Wir müssen hier einen Sachverhalt aufklären, bei dem wir alle nicht dabei gewesen sind. Wenn Sie (Frau Zeugin oder Herr Zeuge) uns wahrheitsgemäß berichten, was Sie aus eigener Erinnerung gesehen oder gehört haben, helfen Sie uns enorm dabei, am Ende ein Geschehen feststellen zu können, von dem wir überzeugt sind, dass es sich so auch zugetragen hat. Wenn Sie uns aber anlügen oder etwas weglassen, was Sie in Wirklichkeit gesehen haben, dann werden wir womöglich deswegen einen Sachverhalt feststellen können, der mit dem wirklichen Geschehen nicht oder nur in Teilen übereinstimmt.« Wobei auch eines völlig klar ist: Der Versuch, in einem Strafprozess die Wahrheit nachträglich wirklich eins zu eins und bis ins kleinste Detail rekonstruieren zu wollen, ist im Prinzip von vornherein zum Scheitern verurteilt. Das ist eine Idealvorstellung, die nicht zu erreichen ist.

Die Frage, was Wahrheit denn überhaupt ist, ist ohnehin mehr eine philosophische. Gleiches gilt für Gerechtigkeit. Was als gerecht empfunden wird, ist eine rein subjektive Wahrnehmung, die durch unterschiedliche Betrachtungswinkel in einem Strafverfahren ja niemals absolut sein kann.

Ein Strafverteidiger ist oft gar nicht an der objektiven Wahrheit interessiert, da die prozessuale Wahrheit vielfach einen rettenden Anker für seinen Mandanten bereithält. Ein Strafverteidiger wird daher stets das Ziel verfolgen: weg von der objektiven Wahrheit und hin zur prozessualen Wahrheit. An dieser Stelle erzielt ein Verteidiger »seine Wahrheit«.

Zunächst einmal ist akribisches Aktenstudium erforderlich, um nach Möglichkeit dem Gericht eine materiell-rechtliche Einlassung zu präsentieren, also eine Aussage zu den Tatvorwürfen zu machen, die das Gericht überzeugt und die nicht lebensfremd ist. Durch eine geschickte, nicht widerlegbare

Einlassung, die genau der Aktenlage entspricht, kann ein Gericht davon überzeugt (mitunter auch ein Stück weit dazu »gezwungen«) werden, entscheidend anders zu urteilen, als es sich von vornherein durch die Anklageschrift aufgedrängt hat. Akribisches Aktenstudium, sozusagen das Suchen nach der Nadel im Heuhaufen, ist für einen professionellen Strafverteidiger daher unerlässlich.

Der zweite Weg, als Verteidiger für den Mandanten eine eigene, günstigere Wahrheit zu erreichen, kann darin liegen, dem Mandanten einfach zum Schweigen zu raten. Bei unausgegorener Beweislage ist es dann für das Gericht oft schwer, einen lückenlosen Tatnachweis zu führen. Eine Verurteilung, die später auch einer Überprüfung durch die Revisionsgerichte standhalten soll, muss auf mehreren Füßen stehen – auf einzelne Indizien lässt sich eine rechtssichere Verurteilung nicht stützen. In diesem Fall muss dann der Grundsatz greifen: in dubio pro reo – im Zweifel für den Angeklagten.

Eine weitere Alternative, den Sachverhalt eines Falls entsprechend zu steuern, kann in der Bildung einer sogenannten Sockelverteidigung liegen. Wenn die Angeklagten auf einem gemeinsamen Sockel stehen, wie beispielsweise Bandenmitglieder einer Betäubungsmittelstraftat, dann kann durchaus eine kollektive, in sich abgestimmte Verteidigung das probate Mittel sein.

Aber auch die Abgabe eines Opening-Statements, die kritische Beanstandung von bestimmten Fragen, die begründete Ablehnung von Richtern wegen Befangenheit können zu einer Begrenzung des Sachverhalts führen dergestalt, dass bestimmte Teilbereiche im Rahmen einer Beweisaufnahme aus dem Protokoll gestrichen werden oder nach einem erfolgreichen Widerspruch nicht verwertet werden dürfen. Klassiker ist in diesem Falle die unterbliebene richterliche Vernehmung eines oder einer nahen Angehörigen, der oder die im Ermittlungsverfahren noch belastend ausgesagt hat. Gängiges Beispiel: eine Ehefrau, die ursprünglich ein Körperverletzungsdelikt zum Nachteil ihres Ehemannes angezeigt hat. Wenn diese Frau es sich später anders überlegt und im Prozess von ihrem Zeugnisverweigerungsrecht Gebrauch macht, sind alle daran geknüpften Ermittlungen unverwertbar, und die Anklage fällt wie ein Kartenhaus zusammen. Mit der Folge eines in der Regel sicheren Freispruchs.

Richter sind unabhängig und nur dem Gesetz unterworfen (Art. 97 Abs. 1 Grundgesetz). Ein Richter ist grundsätzlich frei von politischem Druck und nur an Recht und Gesetz gebunden. Dies kann für einen Angeklagten mal Fluch und mal Segen sein. Einerseits muss ein Angeklagter, beispielsweise wenn er einer politischen Straftat beschuldigt wird, keine Einmischung der Politik fürchten. Anderseits ist er häufig der breiten Macht und mitunter auch möglichen Willkür des Richters ausgesetzt. Aus diesem Grund kennt das Strafrecht die sogenannte Rechtsbeugung im Sinne des § 339 Strafgesetzbuch (StGB). Demnach macht sich ein Richter, Amtsträger oder Schiedsrichter strafbar, der zugunsten oder zum Nachteil einer Partei das Recht beugt. Der Bundesgerichtshof (BGH)* nimmt eine vollendete Rechtsbeugung aber nur dann an, wenn ein Richter sich nachweislich bewusst und schwerwiegend von Recht und Gesetz entfernt hat. Es ist daher in der Praxis schwer, einem Richter wirklich eine vorsätzliche Rechtsbeugung nachzuweisen. Hinzu kommt, dass im Falle eines Urteils einer Strafkammer, die je nach Einzelfall aus zwei

* Der Bundesgerichtshof (BGH) ist als höchste Instanz bei strafrechtlicher Überprüfung richtungweisend, da sich sämtliche nachrangigen Gerichte – Oberlandesgericht, Landgericht und Amtsgericht – an der BGH-Rechtsprechung orientieren.

oder drei Berufsrichtern besteht, das sogenannte Beratungsgeheimnis die Aufklärung eines möglichen Rechtsbruches unmöglich macht. Schweigen nämlich zum Beispiel alle beteiligten Richter über das Abstimmungsverhalten (was sie eigentlich zwingend müssen), ist letztlich ja nicht zu klären, welcher Richter konkret für ein potenziell rechtsbeugendes Urteil gestimmt hat. Daher treten in der Praxis nur sehr vereinzelt Fälle von richterlicher Rechtsbeugung auf. Ein Proberichter in Hessen hat vor Jahren einmal einem nicht geständigen Angeklagten die Gewahrsamszellen des Gerichts gezeigt und dadurch letztlich ein Geständnis bekommen. Nachdem der Proberichter vom zuständigen Landgericht zunächst freigesprochen worden war, hatte der BGH den Freispruch später aufgehoben (BGH, Beschluss vom 31. Mai 2012, Aktenzeichen 2 StR 610/11).

Mir ist auch schon zu Ohren gekommen, dass Richter offen damit kokettiert haben, dass Strafverteidigung doch im Grunde überflüssig ist und eigentlich nicht notwendig sei, weil die Richter die Aufgabe der Strafverteidigung letztlich doch ohnehin indirekt mit übernähmen. Wie sich dieses verzerrte Rechtsverständnis auf den Fall eines schweigenden Angeklagten übertragen lassen soll, ist mir allerdings schleierhaft. Die praktische Existenz des bedeutsamsten Grundsatzes, der Unschuldsvermutung, wird durch solche unqualifizierten Thesen von vornherein mit Füßen getreten.

Advokat des Bösen oder auch gerne Advocatus Diaboli (»Anwalt des Teufels«) steht für die rhetorische Strategie des Strafverteidigers, eine klare Gegenposition gegenüber Staatsanwalt und Gericht einzunehmen. So wird aus demokratischer Überzeugung der Rechtsstaat regelmäßig einer harten Probe unterzogen. Keine Frage: Es gibt viele gute Staatsanwälte und Richter. Da bedarf es auf der anderen Seite eines entsprechenden Ausgleichs – eben eines guten Strafverteidigers. In unserem

Rechtsstaat hat selbst der brutalste Mörder es verdient, fair behandelt zu werden. Und es gilt, möglichen Justizirrtümern entgegenzuwirken, denn sie sind kaum zu korrigieren. Für jeden Tag, den ein Unschuldiger in Haft sitzt, zahlt der Staat am Ende Entschädigung. Der Rechtsstaat ist im Angesicht schwerster Straftaten regelmäßig einer schwierigen Belastungsprobe unterzogen. In Wahrheit ist der Strafverteidiger, der für das vermeintlich Böse eintritt, nichts anderes als Hüter unserer Verfassung. Denn Justizunrecht verstößt gegen die wichtigsten Grundrechte unserer Verfassung.

INSIDE 5: ANWALT UND MITVERTEIDIGER

Der Strafverteidiger: Burkhard Benecken

Wenn ein Strafverteidiger im Rahmen eines Strafprozesses auf einen anderen Strafverteidiger trifft, bedeutet das nicht selten: Alphatier trifft auf Alphatier. Konflikte sind da vorprogrammiert. Man muss in diesem Zusammenhang allerdings unterscheiden: Jeder Beschuldigte kann bis zu drei Wahlverteidiger beauftragen, das heißt, es kann zu der Konstellation kommen, dass mehrere Strafverteidiger gemeinsam einen Mandanten verteidigen (die sogenannte Sockelverteidigung). Das ist zulässig. Unzulässig ist es hingegen, als Strafverteidiger mehr als einen Beschuldigten in einem Verfahren zu vertreten. Es kann aber auch die Konstellation geben, dass mehrere Personen der gleichen Tat beschuldigt werden und jeder der Beschuldigten dann einen oder auch gar mehrere Strafverteidiger an seiner Seite hat.

In diesen beiden Konstellationen trifft man also auf andere Strafverteidiger, wobei es in der ersten Konstellation darum geht, für denselben Mandanten das optimale Ergebnis herauszuholen. Dies ist in der Regel unproblematisch. Man sollte darauf achten, dass man nur mit solchen Kollegen verteidigt, mit denen man sich versteht und durchweg eine Linie vertreten kann. Reiben sich zwei oder drei Anwälte des gleichen Mandanten aneinander auf, hat der Mandant darunter zu leiden, was nicht Sinn der Sache ist.

Es kann durchaus ratsam sein, mehrere Verteidiger zu beauftragen, und zwar aus verschiedenen Gründen. Zum einen kann eine Sache so umfangreich sein, dass man mindestens zwei Verteidiger braucht, die dann eine vernünftige Arbeitsteilung untereinander absprechen. Zum anderen kann es sinnvoll sein, von zwei Anwälten verteidigt zu werden. Dies gilt insbesondere in Strafverfahren, wo die Verteidiger eine Rollenverteilung ähnlich der Polizeimethode »Good cop, bad cop« vornehmen können. Gemeint ist: Ein Anwalt ist der Böse, der ordentlich auf den Tisch haut und bissig Zeugen auseinandernimmt. Der andere Anwalt sorgt für diplomatisches Auftreten und dafür, dass der Draht zum Gericht nicht völlig abreißt. Diesen Weg wird man wählen, wenn von vornherein die Gefahr besteht, dass der »Angriffskrieg« nicht zum Erfolg führt und man später auf eine Schadensbegrenzung zurückkommen möchte. Hier kann es auch Sinn machen, als zweiten Verteidiger eine Frau zu engagieren, die dann mit weiblichem Charme das von dem männlichen Kollegen möglicherweise getrübte Verhältnis wieder aufhellt.

Die Zusammenarbeit von mehreren Strafverteidigern für einen gemeinsamen Mandanten kann also durchaus sinnvoll sein. Für den Mandanten entstehen dadurch allerdings höhere Kosten, was ausführlich mit ihm vorab erörtert werden sollte.

Ein Beispiel für die zweite Konstellation (mehrere Verteidiger vertreten verschiedene Beschuldigte im gleichen Strafverfahren): Drei Angeklagte, alle Mitglieder einer großen Sintifamilie, die sich eine heftige Prügelei mit einer Romafamilie geliefert haben sollen, sind vor dem Landgericht in Göttingen angeklagt. In dem Verfahren haben sich die Verteidiger der verschiedenen Beschuldigten regelmäßig getroffen und dabei die jeweiligen vor Gericht abgegebenen Erklärungen aufeinander abgestimmt und etwaige Beweisanträge besprochen. Der Prozess dauerte monatelang, anfangs schwebte eine Gefängnisstrafe von sechs Jahren über den drei Angeklagten. Durch die geschickt abgestimmte Verteidigung ist es jedoch gelungen, am Ende des Prozesses auf das milde Strafmaß von lediglich zwei Jahren mit Bewährung zu kommen. Hätte hier einer der Strafverteidiger egoistische Ziele verfolgt und damit das Verteidigerteam sabotiert, wäre eine solche Sockelverteidigung nicht möglich gewesen. Der Leidtragenden wären dann die Mandanten gewesen.

Für mich persönlich ist es immer ein Albtraum, wenn ein Angeklagter in einem Prozess den anderen in die Pfanne haut. Bei mir schwingt innerlich stets ein gewisses Ehrgefühl mit, dass derlei »Verpetzen« schlichtweg tabu ist. Zumal die Erfahrung zeigt, dass es in solchen Fällen am Ende meistens nur einen Lachenden gibt – nämlich die Staatsanwaltschaft. Man sollte deshalb immer bemüht sein, auf Verteidigerseite zusammenzuhalten, es sei denn, es gibt keine gemeinsame Interessenlage.

Zuletzt noch kurz zum Thema Neid. In Strafverteidigerkreisen kursiert folgender Ausspruch: »Es gibt nur zwei Arten von Strafverteidigern, einmal den Strafverteidiger, der den großen Fall hat und mit dem großen Fall im Fernsehen ist, und einmal den Strafverteidiger, der den großen Fall gerne hätte und mit dem großen Fall gerne im Fernsehen wäre.« Auch wenn dieser Ausspruch etwas salopp und nicht ganz ernst zu nehmen ist, sagt er dennoch einiges aus: Immer wieder gibt es Neid auch unter Verteidigern. Dies ist gerade bei größeren Prozessen zu beobachten, bei denen unbekannte Kollegen mitwirken, die es dann den prominenteren Kollegen neiden, wenn sie beispielsweise für ein TV-Interview angefragt werden. Erst kürzlich hörte ich einen Kollegen hinter meinem Rücken sagen: »Ist der Benecken eigentlich Schauspieler oder Strafverteidiger?« Ich nehme so etwas sportlich als Anerkennung an. Denn diesen Neid muss man sich auch erst einmal erarbeiten.

INSIDE 6: ANWALT UND SACHVERSTÄNDIGE

Der Strafverteidiger: Hans Reinhardt

Für nahezu jede knifflige, aber potentiell ausschlaggebende Frage, die sich in einem Strafprozess stellt, die ein Gericht aber nicht aus der täglichen richterlichen Arbeit mit eigener Sachkunde abschätzen kann, wird in der Regel ein sachverständiger Experte eingeschaltet. Aus Strafverteidigersicht kann das bedeuten, dass man sich mit den Mandanten belastenden Erkenntnissen auseinandersetzen muss. Mitunter, beispielsweise wenn die Einschaltung des Experten auf eigenen Vorstoß vorangetrieben wird und mit einem entlastenden Ergebnis aufwartet, kann das für einen Strafverteidiger auch bedeuten, dass man die gewonnenen Erkenntnisse im Prozess als maßgeblich verteidigen muss. Mal wirkt das Sachverständigen-Gutachten somit auf der gegnerischen, mal auf der eigenen Seite.

Sowohl Strafverteidiger als auch Staatsanwaltschaft können einen Antrag auf Einholung eines Sachverständigen-Gutachtens stellen. Es liegt dann im Ermessen des Gerichts, ob ein Sachverständigen-Gutachten tatsächlich eingeholt wird.

Schlüsselfragen und Themengebiete, die in einem Strafprozess durch Sachverständige aufgeklärt werden können, gibt es viele. Mal geht es um daktyloskopische Gutachten, also Spuren-Gutachten, mal um die Rekonstruktion eines Unfalls oder um die Ordnungsgemäßheit einer Geschwindigkeitsmessung, mal um Glaubwürdigkeits-Gutachten, also aussagepsychologische Aspekte. Die Bandbreite der Sachverständigenarbeit ist im Prinzip grenzenlos. Geht es in einem Prozess um ein Gewaltverbrechen, ist stets ein Rechtsmediziner als Sachverständiger mit dabei. Bei der Frage nach der Todesursache oder der Ursache für eine nachhaltige Verletzung bietet sich für einen Verteidiger nicht selten Potential, eine scheinbar auf der Hand liegende Tatversion, von der die Anklage ausgeht, ins Wanken zu bringen. Und zwar deshalb, weil Erklärungen für eine Todesursache oder eine Verletzung ganz viele Fragen aufwerfen können und bei Weitem nicht immer nur ein einziger Tatablauf vorstellbar ist. Auch erfahrene Rechtsmediziner müssen dann – kritisch hinterfragt – am Ende zurückrudern und sich an die eigene Nase fassen.

Apropos Nase: Auch einen Nasengutachter habe ich in einem Prozess schon einmal erlebt. Dabei ging es im Kern um die Frage der Identifizierung von maskierten Bankräubern. Diese hatten bei ihrem Coup Sturmhauben auf. Allerdings war bei einem der beiden Bankräuber ein Teil des vorderen Bereichs der Nase zu erkennen. Daraufhin schaltete das zuständige Gericht einen Anthropologen ein. Dieser kam zu einer zweifelsfreien Identifizierung des von mir vertretenen und im Prozess schweigenden Angeklagten anhand seines markanten Riechers. Ich habe die Ausführungen des Gutachters in meinem Plädoyer zwar noch in Zweifel gezogen und erklärt: »Diese Nase hatte doch keine Besonderheit. Nasen sehen in der Regel gleich aus. Es sei denn, da parkt ein Bus im Gesicht.« Meinem Mandanten war allerdings da schon anzumerken, dass er immer unruhiger wurde und sich dabei auch immer wieder an seine Nase fasste. Das Gericht hatte sich gerade zur Beratung zurückgezogen, als das Unvorstellbare passierte. Der Angeklagte schnellte nach oben und rannte mit Tempo und voller Wucht gegen eine große Glasscheibe im Gerichtssaal. Die Glasscheibe zersplitterte, und der Angeklagte machte sich durch den hinter dem Gericht liegenden kleinen Wald aus dem Staub. Eine sofort gestartete großflächige Suchaktion schlug fehl. Erst nach vier Jahren habe ich von dem Mandanten wieder etwas gehört. Er war damals in die USA geflüchtet, hatte dort aber festgestellt, dass es im Land der unbegrenzten Möglichkeiten doch nicht so toll ist als mittelloser vorbestrafter Arbeitssuchender. Er zog es deshalb vor, nach Deutschland zurückzukehren, und stellte sich hier freiwillig dem Strafvollzug; überführt durch das Nasengutachten war er hier in Abwesenheit verurteilt worden. Als ich ihn das erste Mal danach wiedersah, habe ich zwangsläufig immer auf seine Nase schauen müssen.

Zur Identifizierung eines Tatverdächtigen setzt die Polizei regelmäßig auch sogenannte Mantrailer-Hunde ein – als eine Art Supernasen. Mantrailer-Hunde helfen auf der Suche nach Tätern, und ihre Halter sind dann oft auch im jeweiligen Prozess als sachverständige Zeugen geladen. So auch der Hundeführer von Quincy, einem Mantrailing-Hund, der nach dem hinlänglich aus dem Fernsehen bekannten Rechtsmediziner getauft worden war. Der Fall war folgender: Mein Mandant war beschuldigt worden, seine Frau erschossen zu haben, um mit einer Nebenbuhlerin ungestört einen Reiterhof eröffnen zu können. Quincy war daraufhin eine Geruchsprobe aus dem Bereich der Kopfverletzung des Mordopfers zur Verfügung gestellt worden. Er schnüffelte und schnüffelte und setzte sich dann in Bewegung. Er lief von Bottrop bis nach Essen und stellte sich dann vor die Zelle des von mir vertretenen

Beschuldigten und gab einen eindeutigen Laut von sich. Ein wirklich erstaunliches Phänomen, und ich fragte mich tatsächlich, ob hier Zauberei im Spiel war.

Auch in anderen Prozessen habe ich es schon erlebt, dass die angeblich anhand von Duftspuren gewählten Fährten von Mantrailing-Hunden verblüffende Verdachtsmomente aufgetan haben. Obwohl es fraglos auch bei Quincy ein erstaunliches Ergebnis war, war das Maintrailer-Gutachten letztlich aber im Prozess nicht verwertbar. Es handelt sich dabei nämlich nicht um eine anerkannte Wissenschaft, da der Hund nicht allein sucht, sondern von einem Hundeführer begleitet wird, der möglicherweise unterschwellig Einfluss auf ihn ausübt. Dann weiß man auch nicht, woran der Hund ein größeres Interesse findet, an der Verfolgung der Spur oder eines Nachbars Katze. Indessen wurde der Beschuldigte in Quincys Fall am Ende trotzdem überführt anhand anderer Indizien, die in ihrer Gesamtschau keinen Zweifel mehr an seiner Täterschaft zuließen.

DNA-Gutachten, die in der Regel von Experten als Sachverständigen im Prozess vertreten werden, sind auch sehr oft Stützen einer Anklage. Vor Jahren hat ein solches einem Mitangeklagten meines Mandanten regelrecht das Genick gebrochen. Bei einem tödlichen Kopfschuss-Überfall auf einen Millionär in Datteln hatte der Angeklagte eine Sturmmaske verloren. Daran nachgewiesene DNA-Spuren legten anschließend die Spur zu einem lange ungeklärten Raubzug in Bochum. Abgleiche mit Spuren an einem bei der Tat in Bochum zurückgelassenen Messer brachten einen Gen-Treffer. Eine Anwaltswitwe war in Bochum in ihrem Schlafzimmer mit Stofffetzen gefesselt und gezwungen worden, den Safe zu öffnen. Die Beute bestand laut Anklage aus Bargeld und Schmuck im Wert von 100 000 Euro. Das Raubopfer war bei dem Überfall mit einer Taschenlampe brutal niedergeschlagen worden und später mit einem blutdurchtränkten Tuch umwickelt bei Nachbarn aufgetaucht. Der Angeklagte war durch diese erdrückende Beweisspur nahezu gezwungen, ein Geständnis abzulegen, und kassierte am Ende zwölf Jahre Haft.

Nach der Abgabe von Schüssen aus einer Pistole oder einem Revolver lassen sich stets Schmauchspuren finden. Dabei handelt es sich um kleinste mikrobiologische Spuren, die mit bloßem Auge nicht sichtbar sind. Aufgrund von Begutachtungsverfahren bei den Kriminalämtern können diese jedoch in der Regel einer bestimmten Waffe zugeordnet werden, und wenn diese dann einem bestimmten Spurenträger, zum Beispiel einem Kleidungsstück des Beschuldigten, zugeordnet werden, ist dies ein wichtiges Indiz in Richtung Täterschaft des Beschuldigten. Mein Mandant ließ sich indessen dahingehend ein, dass er das Opfer zu Hause tot vorgefunden habe und mit seiner rechten Hand den Puls gefühlt habe. Danach habe er mit dieser Hand seinen Autoschlüssel aus der rechten Hosentasche gezogen und sei mit dem Auto davongefahren. Und es sei ja klar, dass sich an seiner Hand und der Innentasche seiner Hose Schmauch befunden habe, da er schließlich das Opfer angefasst habe. Dies könne aber nicht auf seine Täterschaft deuten. Aufgrund dieser Einlassung verlor das Gutachten zu den Schmauchspuren beträchtlich an Wert. Denn der Sachverständige des Landeskriminalamtes (LKA) musste konstatieren, dass Schmauch auch sekundär übertragen werden kann, also letztendlich durch Berührungen des Opfers, was nicht zwangsläufig auch auf eine Schussabgabe durch den Beschuldigten schließen lassen müsse.

Mit Blick auf mögliche psychologische und psychiatrische Schuldfähigkeitsgutachten kann ein Strafverteidiger einen Sachverständigen durchaus auf eine harte Probe stellen. Insbesondere wenn ein Mandant, dem womöglich durch eine attestierte Allgemeingefährlichkeit eine zeitlich unbefristete

Unterbringung im Maßregelvollzug droht, dem Rat des Strafverteidigers folgt und sich weigert, aktiv an der Exploration durch den Gutachter mitzuwirken. Denn dann liegt der Ball allein aufseiten des Sachverständigen, aus den Akten ein unangreifbares Gutachten zur Schuldfähigkeitsfrage, mitunter sogar auch zur Frage der Sicherungsverwahrung zu stellen. In solchen Fällen ist frühes Reagieren gefragt. Am besten schon bei der Auswahl eines qualifizierten Experten. Denn nicht in dem Bemühen, Unrichtigkeiten oder Widersprüche eines Gutachtens aufzuspüren und offenzulegen, liegt an diesem Punkt die beste Chance der Verteidigung, sondern in dem Versuch, so frühzeitig wie möglich Einfluss auf die Qualität des Sachverständigen-Gutachtens zu nehmen.

INSIDE 7: STRAFVERTEIDIGER VERSUS OPFER UND OPFERANWÄLTE

Der Strafverteidiger: Burkhard Benecken

Ich muss es in aller Offenheit zugeben: Gerade bei den mutmaßlichen Opfern entwickeln wir Strafverteidiger in den meisten Fällen eine außerordentliche Bissigkeit und Angriffslust. Nicht weil wir Spaß daran haben, einen angeblichen Geschädigten im Zeugenstand vorzuführen. Sondern weil wir dazu verpflichtet sind. Man darf auch keine Gewissensbisse oder Ähnliches haben, denn es ist nun einmal oberste Aufgabe des Strafverteidigers, mutmaßliche Opfer intensiv zu befragen und dabei mit allen psychologischen Trickmitteln zu arbeiten, die es gibt.

Ein Fallbeispiel: Ein angeblich sexuell missbrauchtes Mädchen antwortete tapfer auf die Fragen des Gerichts und der Staatsanwaltschaft. Als ich dann schließlich das Fragerecht erhielt, schaute ich ihr erst einmal fünfzehn Sekunden lang in die Augen, ohne eine Frage zu stellen. Die Frau verlor rasch die Geduld. »Was guckt der mich so an«, rief sie und begann herumzuschreien, zu weinen und schleuderte schließlich ihr Handy im Gerichtssaal an die Wand. Das war die halbe Miete, ihre Glaubwürdigkeit war allein durch das aggressive Verhalten so gut wie dahin. Als ich dann noch drei vernichtende Fragen stellte, war der Freispruch für den Mandanten gesichert. Auch wenn es sich hart anhört: die angeblichen Opfer sind die Feinde des Strafverteidigers. Gefundenes Fressen, um den Prozess in die gewünschte Richtung zu drehen. Denn eines ist auch klar: Viele Richter und Staatsanwälte fassen mutmaßliche Opfer regelrecht mit Samthandschuhen an und nehmen krasse Widersprüche zu früheren Aussagen schlichtweg hin.

Dann gibt es natürlich noch die Anwälte an der Seite dieser mutmaßlichen Opfer, vielfach als sogenannte »Taschentuch-Anwälte« verschrien. Ihre einzige Tätigkeit besteht oft darin, dem Mandanten ein Taschentuch zur Trocknung der Tränen während der Zeugenaussage zu reichen. Einige mischen sich auch in die Zeugenaussage ein und antworten anstelle ihres Mandanten. Hier muss ein Strafverteidiger natürlich mit voller Wucht dazwischengehen und den Opferanwalt in die Schranken weisen.

Es gibt aber auch viele Verfahren, in denen wir Strafverteidiger auf die Opferanwälte zugehen, etwa bei einem geplanten Geständnis, und frühzeitig einen Täter-Opfer-Ausgleich einleiten. In solch einem Fall können wir viel dazu beitragen, dass das Opfer geschont wird und nicht mehr im Zeugenstand aussagen muss. Für ein Opfer ist die Aussage im Gerichtssaal nicht selten schlimmer als die eigentliche Tat. In der Kriminologie gibt es hierfür den Fachbegriff der Sekundär-Viktimisierung: Durch die Aussage erlebt das Opfer die Tat gedanklich noch einmal, und wenn dann noch bohrende Fragen insbesondere der Verteidigung kommen, hinterlässt dies oft tiefe Spuren in der Seele des mutmaßlichen Geschädigten. Von daher: Strafverteidiger können teilweise regelrecht zum Opferschutz beitragen.

INSIDE 8: STRAFVERTEIDIGER UND JUSTIZWACHTMEISTER

Der Strafverteidiger: Burkhard Benecken

Man sieht sie am Eingang eines jeden Gerichts, an den Sicherheitsschleusen, mit postbeladenen Rollwagen auf den Fluren, beim Vorführen von inhaftierten Gefangenen im Saal, aber auch in den Justizvollzugsanstalten: Justizwachtmeister sind so etwas wie die guten Seelen des Hauses. Sie sind vor allem für Sicherheit und Ordnung zuständig und gleichzeitig Anlaufstelle für Fragen aller Art.

In Strafverfahren entscheiden Richter mitunter spontan, ob sie die Anwesenheit eines oder mehrerer Wachtmeister wünschen. Zum Beispiel dann, wenn Schlägereien in der Luft liegen. Ausgestattet sind die Wachtmeister mit Schlagstöcken, Handschellen, Funkgeräten und Schutzwesten.

In den Gerichtssälen sorgen sie insbesondere in den Haftsachen – das heißt, wenn es gegen Angeklagte geht, die in Untersuchungshaft sitzen – dafür, dass der jeweilige Mandant über einen speziellen Gang aus der Zelle direkt in den Gerichtssaal gebracht wird beziehungsweise anschließend wieder zurück. Wenn ein Gericht aufgrund der Vorgeschichte eines Angeklagten besondere Maßnahmen wie zum Beispiel das Anlegen einer Fußfessel angeordnet hat, ist es an den Wachtmeistern, dem nachzukommen und für die Sicherheit im Gerichtssaal zu sorgen.

Das überraschende Auftauchen von Justizwachtmeistern im Gerichtssaal läutet aber auch immer ein Stück weit einen Albtraum für den Strafverteidiger ein. Wenn bei einem Prozess gegen einen bisher in Freiheit befindlichen Mandanten kurz vor der Urteilsverkündung plötzlich mindestens zwei Wachtmeister vor oder in dem Saal Platz nehmen, ist das ein sicheres Zeichen für eine Verurteilung zu einer hohen Haftstrafe – und für eine Saalverhaftung des Mandanten. Schlimmer geht es nicht für den Verteidiger. Dem Mandanten werden Handschellen angelegt, und er wird von den Wachtmeistern abgeführt. Als Strafverteidiger fühlt man sich danach schon ein wenig wie ein begossener Pudel, wenn man gezwungen ist, allein aus dem Saal zu gehen.

Die Justizwachtmeister im Gericht schäkern oft mit uns Strafverteidigern – sie bringen selbst in Prozesse mit schwerwiegenden Vorwürfen meistens eine gewisse Lockerheit. Hier ein cooler Spruch, da ein Witz, ein anderes Mal ein verschwörerisches Zwinkern – fast alle Strafverteidiger haben zu den meisten Justizwachtmeistern ein gutes, ein positives, ein enges Verhältnis. Gleiches gilt in den Justizvollzugsanstalten, wo sie an der Pforte sitzen oder uns zu den Mandanten in die Besucherzellen führen. Meist findet ein kleiner Small Talk statt. Ich persönlich finde dies immer sehr angenehm und schätze diesen Berufsstand sehr, weil es sich bei den Wachtmeistern meistens um echte Typen handelt. Natürlich sind es nicht immer nur Männer, sondern mittlerweile auch viele Frauen, die in diesem Bereich arbeiten.

Vereinzelt gibt es natürlich auch unangenehme Justizwachtmeister, die ihre Macht entweder gegenüber den Mandanten oder auch mal gegenüber uns Verteidigern ausspielen. So kann es passieren, dass man in der JVA ewig auf seinen Mandanten warten muss oder übermäßig kontrolliert wird, obwohl man den Wachtmeistern bestens bekannt ist und nur ausnahmsweise mal seinen Rechtsanwaltsausweis vergessen hat. Aber dies kommt wie gesagt nur selten vor, und wenn man dann mit einem solchen Zeitgenossen vernünftig spricht, das ist jedenfalls meine Erfahrung, ändert sich die Atmosphäre oft sehr schnell.

5

DIE ZWEIKLASSENGESELLSCHAFT – QUAL ODER WAHL?

Der Strafverteidiger: Burkhard Benecken

»Sie haben das Recht zu schweigen. Alles, was Sie sagen, kann und wird vor Gericht gegen Sie verwendet werden. Sie haben das Recht, zu jeder Vernehmung einen Verteidiger hinzuzuziehen. Wenn Sie sich keinen Verteidiger leisten können, wird Ihnen einer gestellt. Haben Sie das verstanden?« Diesen auswendig gelernten Spruch, oftmals gemurmelt, manchmal aber auch lauthals patriotisch geäußert von einem Polizisten während einer Festnahme, kennt wohl jeder, der im Fernsehen schon einmal einen (amerikanischen) Kriminalfilm gesehen hat. Diese Belehrung eines Verdächtigen nennt sich »Miranda-Warnung« und geht zurück auf ein Grundsatzurteil in den USA Mitte der 1960er-Jahre. Der mexikanische Einwanderer Ernesto Miranda war seinerzeit unter anderem wegen des Verdachts auf Diebstahl mit zur Polizeiwache genommen worden und hatte im Anschluss an ein zweistündiges Verhör ein umfassendes Geständnis abgelegt. Ein Gericht in Arizona verurteilte Miranda daraufhin zu einer zwanzigjährigen Freiheitsstrafe. Der Oberste Gerichtshof hob das Urteil später aber auf Intervention von Mirandas Verteidiger auf, weil im Vorfeld keine ausreichende Belehrung seines

Mandanten über das Recht zur Aussageverweigerung und der Befragung eines Anwalts erfolgt war. Seitdem hat diese Belehrung in den Vereinigten Staaten als Miranda-Warnung Rechtsgeschichte geschrieben.

Entgegen der weitverbreiteten Annahme gilt die Miranda-Formel hierzulande aber nur zu 75 Prozent. Leider. Gültig sind hier lediglich die ersten drei Sätze. Auch hier existiert das Recht zu schweigen. Auch hier darf fast alles von einem Beschuldigten Geäußerte vor Gericht gegen ihn verwendet werden. Und auch hier hat jeder Verdächtige das Recht, jederzeit einen Rechtsanwalt hinzuzuziehen. Der eigentliche Unterschied zur Miranda-Warnung findet sich in Satz 4. Die Bestellung eines Anwalts als Pflichtverteidiger erfolgt hierzulande völlig losgelöst von den persönlichen Einkommensverhältnissen. Prozesskostenhilfe gibt es für eine Verteidigung im Strafrecht nicht. Ein Pflichtverteidiger wird einem Beschuldigten nicht automatisch in einem Strafverfahren beigeordnet. Es müssen dafür mindestens zwei Voraussetzungen vorliegen: Es muss sich um eine sogenannte notwendige Verteidigung handeln, und der Betroffene darf noch nicht über einen Verteidiger verfügen. Geregelt ist das Prozedere in § 140 StPO. Wenn eine Hauptverhandlung vor dem Oberlandesgericht, dem Landgericht oder dem amtsgerichtlichen Schöffengericht zu erwarten ist, ist immer ein Pflichtverteidiger beizuordnen – es sei denn, der Beschuldigte hat schon einen Anwalt. Ebenso wenn der Vorwurf eines Verbrechens (Mindeststrafe laut Gesetz ein Jahr Freiheitsstrafe) oder eine Straferwartung von mindestens einem Jahr Freiheitsstrafe im Raum steht. In allen anderen Fällen kann sich ein Beschuldigter selbst verteidigen (was ohne Rechtskenntnisse nicht so einfach sein dürfte) oder sich auf eigene Kosten einen Verteidiger auswählen – einen Wahlverteidiger.

Der Unterschied zwischen einem Pflicht- und einem Wahlverteidiger im Strafprozess ist prinzipiell erst einmal keine Frage der Qualität, sondern schlichtweg allein eine der Berufung: Ist ein Strafverteidiger von einem Mandanten frei ausgewählt worden, handelt es sich (zunächst) stets um einen sogenannten Wahlverteidiger. Andersherum ist jeder Strafverteidiger stets dann ein Pflichtverteidiger, wenn er vonseiten des Gerichts verpflichtend beigeordnet wurde. Die Zusätze Pflicht und Wahl sind also erst einmal rein deklaratorisch gemeint, machen einen beigeordneten Strafverteidiger aber keinesfalls zu einem anderen oder gar schlechteren Anwaltstypen als den gewählten. Grundsätzlich kann jeder Strafverteidiger in die Rolle eines Pflicht- und in die eines Wahlverteidigers schlüpfen. Auch kann jeder Wahlverteidiger sich noch im Nachhinein zum Pflichtverteidiger bestellen lassen, sofern Anwaltszwang besteht.

In Medienberichten über Gerichtsprozesse fällt der Begriff »Wahlverteidiger« so gut wie nie, der des Pflichtverteidigers dagegen häufiger. Was damit wirklich gemeint ist, wissen in der Öffentlichkeit aber wahrscheinlich nur die wenigsten. Zugegeben: Beim ersten Hinhören hört sich der Zusatz Pflicht in der Tat etwas abwertend an, und spontan könnte man als Laie auch auf die Idee kommen: »Der Mandant hatte wohl kein Geld, um sich selbstständig einen eigenen Verteidiger zu leisten. Mit dem Pflichtverteidiger kann man ja nur verlieren, denn der macht bestimmt nur das, was der Staat will.« Das ist in dieser Form aber nicht richtig, da es eben nicht *den* Pflichtverteidiger und *den* Wahlverteidiger gibt. Auch ist ein Pflichtverteidiger nicht per se ein Verteidiger für nicht wohlhabende Menschen.

Die Vergütung des Pflichtverteidigers richtet sich nach den gesetzlichen Gebühren, die im Rechtsanwaltsvergütungsgesetz (RVG) festgelegt sind und stets aus der Staatskasse vorgelegt werden. Sprich: Der Pflichtverteidiger erhält seine Kosten immer erstattet. Unabhängig davon, ob der Mandant zahlungsfähig ist oder nicht. Wird der Mandant vom Gericht verurteilt, so bekommt er in aller Regel auch die Kosten des gesamten Verfahrens auferlegt, also auch die Kosten des Pflichtverteidigers. Die Staatskasse holt sich demnach zu einem späteren Zeitpunkt das Geld, das sie zuvor an den Pflichtverteidiger ausgezahlt hat, vom Verurteilten zurück. Zumindest auf dem Papier – viele verurteilte Straftäter sind nicht solvent. Das wiederum unterstreicht aber auch, dass Pflichtverteidigung hierzulande keine kostenlose Verteidigung ist, wie manch einer mit Blick auf die Miranda-Formel denken mag. Der Wahlverteidiger hingegen ist stets vom Beschuldigten aus eigener Tasche zu bezahlen. Das Risiko, für seine Arbeit auch entlohnt zu werden, liegt damit von vornherein aufseiten des Wahlverteidigers. In aller Regel wird aber kein Wahlverteidiger überhaupt tätig, ohne dass ein Vorschuss auf sein Honorar bezahlt worden ist.

Viele Beschuldigte blenden Briefe von der Justiz gerne aus. Auf polizeiliche Vorladungsschreiben wird nicht reagiert. Anklageschriften werden beiseitegelegt, beigefügte wichtige Informationen gehen unter. »Ihnen ist ein Pflichtverteidiger zu bestellen. Sie können binnen einer Woche einen Anwalt Ihres Vertrauens benennen. Dieser wird Ihnen dann als Pflichtverteidiger beigeordnet.« So oder so ähnlich lautet der von vielen Beschuldigten wieder und wieder ignorierte Hinweis. Wenn die Frist ohne Reaktion seitens des Beschuldigten abgelaufen ist, sucht das zuständige Gericht einen Pflichtverteidiger aus und ordnet diesen bei. Bei der Auswahl des Verteidigers gibt es (leider) keinerlei gesetzlichen Vorgaben. Das kann dazu führen, dass ein Gericht sich den Anwalt aussucht, den es am besten leiden kann, der am wenigsten für seinen Mandanten kämpft und der dem Gericht so gut wie keine

Arbeit macht – wie der folgende Fall in schockierender Weise offenbart.

DER FALL: RAMONA R. – VERRATEN UND VERKAUFT

Ramona R. war Kellnerin mit Leib und Seele. Das gesellige Kneipenleben war für sie wie eine tägliche Dosis Glück. Der Arbeitsalltag machte sie wirklich jedes Mal aufs Neue so unendlich zufrieden, dass ihr all die Schweißperlen, die sie der Job kostete, völlig egal waren. »Sei's drum«, sagte Ramona dann immer zu sich. Und tat einfach das, was auch die Gäste an ihr besonders mochten: Sie strahlte über das ganze Gesicht.

Seit inzwischen 25 Jahren war der Dorfkrug in einer westfälischen Kleinstadt Ramonas Heimat, seit ihrem siebzehnten Lebensjahr arbeitete sie hier als Kellnerin. Waren sie und ihre Tochter Larissa mal unterwegs, wie etwa für einen All-Inclusive-Urlaub in Thailand, dauerte es nicht lange und Ramona hatte die leuchtende Bierreklame vor Augen, die nicht selten im S.O.S.-Rhythmus flimmerte, und träumte sich in den Dorfkrug zurück.

Der Dorfkrug war eine stets gut besuchte Kneipe in der kleinen Stadt. Hier trafen sich regelmäßig Gesangsgruppen, Kegelvereine, Stammtischrunden, Hobbyfußballer und genossen ihre geselligen Runden. Und wie es sich für eine zünftige Kneipe gehört, setzte sich der Wirt auch mal dazu, gab eine Runde aus und erzählte den neuesten Witz. Die schlüpfrigen Bemerkungen, die ihr Chef machte, auch die anzüglichen Tätscheleien nahm Ramona klaglos hin, da er eine gewisse Grenze nie überschritt.

Jeder in dem kleinen Ort kannte die Geschichte der hübschen Kellnerin: wie sie mit ihrer Familie aus dem Osten hergezogen war, wie sie ihre Friseurlehre zwar abgeschlossen, sich dann aber doch entschieden hatte, nur zu kellnern, und im Dorfkrug sofort einen festen Arbeitsvertrag bekommen hatte. Ramona war von Anfang an sehr beliebt bei den Gästen, egal ob jung oder alt. Wenn ihr überhaupt etwas im Leben fehlte, dann war es ein Mann an ihrer Seite. Mit 42 Jahren war sie immer noch sehr attraktiv. Manche Männer kamen nur ihretwegen in den Dorfkrug. Schließlich war Ramona wieder frei, nachdem sie sich nach fast zwanzig Jahren Ehe von ihrem Mann Peter hatte scheiden lassen.

Ramona fühlte sich wirklich wohl im Dorfkrug. Sie war gerne Kellnerin, und sie verdiente vergleichsweise gut. Ihr Gehalt betrug monatlich 1400 Euro netto, hinzu kamen etwa 500 Euro Trinkgeld. Davon konnte sie mit ihrer Tochter Larissa ganz gut leben, selbst jetzt, nach der Scheidung. Ramona konnte Larissa sogar monatlich 300 Euro Taschengeld zahlen, das sofort in Klamotten investiert wurde. Wenn die beiden gemeinsam shoppen gingen, wurden sie oft gefragt, ob sie Schwestern seien, was Ramona natürlich schmeichelte – und was sie in teure Kosmetikprodukte investieren ließ.

Der Gedanke, dass ihr Job irgendwann einmal in Gefahr sein könnte, war für Ramona weit weg. Allerdings bezweifelte sie, dass ihr im Dorfkrug der Mann fürs Leben begegnen könnte. Die Gäste waren meist schon älter, nicht wenige trugen einen Bierbauch vor sich her, besonders wohlhabend war keiner von ihnen – nein, für Ramona war da nichts dabei. Sie war sportlich, machte mit ihrer Tochter Radausflüge und ging zum Inlineskating. Bei aller Liebe: Die männlichen Gäste im Dorfkrug konnten ihr da nicht das Wasser reichen.

Die neue Wohnung, in die sie mit Larissa nach der Trennung von ihrem Mann Peter gezogen war, brauchte unbedingt noch ein paar schicke Möbelstücke. Und sie wollte sich auch mal etwas gönnen. Da die neuen Möbel keine Billigware sein sollten, beschloss Ramona, bei einer Bank einen Kredit aufzunehmen. Sie bekam 20 000 Euro, die sie in monatlichen Raten von 250 Euro zurückzahlen sollte. Bei ihrem Einkommen kein Problem. Ihre Tochter bekam ein nagelneues Jugendzimmer in Klavierlackweiß, dazu eine weinrote Couch. Und einmal in Spendierlaune, kaufte Ramona Larissa auch noch ein Paar rote Schuhe dazu. Larissa fiel ihr um den Hals, nannte sie glücklich ihre »Traum-Mama«.

Der Kredit machte ihr keine Sorgen. Schließlich würde sie noch etwas Unterhalt von ihrem Ex-Mann bekommen. Und außerdem war ja bald wieder Karneval. Und an närrischen Tagen waren die Gäste im Dorfkrug noch großzügiger, was das Trinkgeld angeht. Was Ramona weit mehr zusetzte als die Schulden bei der Bank, war das Alleinsein. Weshalb sie sich eines Tages überwand und bei mehreren Online-Datingportalen anmeldete. Sie traf sich auch mit einigen interessierten Chatpartnern, etwas Dauerhaftes, so stellte Ramona nach einigen Wochen frustriert fest, würde sich auf diese Art aber sicher nicht ergeben. Was folgte, war eine unheimliche Ernüchterung: Ramona begann sich zurückzuziehen, erledigte ihre Arbeit im Dorfkrug nur noch wie ein Roboter, verfiel mehr und mehr in Depressionen. Die Kellnerin war ein einfach gestrickter Mensch mit einfachen Bedürfnissen. Sie fand sich selbst ganz hübsch, und ihre Gäste bestätigten ihr das auch jeden Tag. Warum bloß fand ausgerechnet sie dann keinen passenden Mann? Sie studierte die Horoskope in der Zeitung, kaufte sogar ein Buch über die richtige Partnersuche mittels Energiewellen und war nach der Lektüre überzeugt: Ihr Traummann war irgendwo da draußen, sie musste nur die Zeichen richtig deuten, um ihm auch zu begegnen.

Als sie wieder einmal traurig zu Hause saß und über ihre Einsamkeit grübelte, fiel ihr eine Anzeige ins Auge: Eine TV-Wahrsagerin bot ihre Dienste an. Per Telefon! »100 Prozent Trefferquote – mit mir finden Sie garantiert Ihren Traumpartner!«

Man musste nur eine Nummer wählen, schon hatte man die Dame selbst am Apparat. »Das mache ich jetzt einfach. Basta«, sprach sich Ramona Mut zu. Aufgeregt wählte sie die angegebene Nummer. Eine mechanische Stimme sagte: »Dieser Dienst kostet drei Euro pro Minute«, was Ramona allerdings kaum wahrnahm. Die Wahrsagerin selbst, die bald am Apparat war, stellte dann viele Fragen: Wovon Ramona träume, was sie von einem Partner erwarte, ob sie auch wirklich an die Macht der Gedanken glaube.

Es war bereits eine Viertelstunde vergangen, und noch immer nicht hatte Ramona erfahren, wo sie ihren Traummann treffen würde. Die Wahrsagerin erklärte, sie lege nun die Tarotkarten, um zu erfahren, wann und wo die Kellnerin ihrem Traummann begegnen würde, dafür bräuchte sie absolute Ruhe. Weitere fünfzehn Minuten vergingen in Stille. Ramona feilte sich nebenbei die Nägel, die sie anschließend vor Aufregung anknabberte und aufs Neue feilen musste. Schließlich teilte die Dame mit, Ramona würde in Kürze ihren Schicksalsgefährten finden. Heute könne man jedoch noch nicht sagen, wo genau das passieren werde. Ramona möge in ein paar Tagen noch einmal anrufen, die Wahrsagerin wolle inzwischen die Frage ans Universum schicken und auf eine Antwort warten.

Aufgeregt rief Larissas Mutter wenige Tage später wieder an. Abermals dauerte es über eine Stunde, bis sie die ersehnte Antwort erhielt: »Sie werden Ihren Partner finden«, prophezeite die Wahrsagerin. »Binnen der nächsten sechs Wochen.« – »Aber wo?«, hauchte Ramona ins Telefon. »Er wird Ihnen einfach so über den Weg laufen«, sagte die Frau in der Leitung. »Vielleicht an der Tankstelle oder in der Buchhandlung. Sie werden sehen, er wird vor Ihnen stehen, und Sie werden wissen: Das ist er.«

Doch statt des Traumpartners trafen Rechnungen ein. Für die Hotline, die Ramona angerufen hatte, waren 450 Euro fällig. Zahlbar innerhalb von vierzehn Tagen. Ramona starrte auf die Zahlen. Sie hatte bereits die Kreditrate zu berappen, woher sollte sie 450 Euro nehmen? Deprimiert stopfte sie die Rechnung in eine Schublade und goss sich ein Glas Weißwein ein. Sie musste nachdenken. Ihre Tochter Larissa kam herein, gab ihr einen flüchtigen Kuss auf die Wange und verschwand wieder. Sie sah sehr sexy aus in ihren Overknee-Stiefeln. »Sind die neu?«, fragte Ramona müde und wies auf die Stiefel. »Ja, ja, du, ich muss los«, rief Larissa und zog ab. Sie hatte ihre Lippen knallrot geschminkt, trug Hotpants, aber ihre Mutter bemerkte dies nur am Rande.

Ein weiterer Schlag traf sie am Tag danach bis ins Mark. Das Unvorstellbare war Wirklichkeit geworden. Ramona bekam tatsächlich die Kündigung vom Dorfkrug ausgesprochen. Der Wirt hatte zwar schon häufiger angedeutet, dass es um die Finanzen nicht zum Besten stehe, geglaubt hatte Ramona ihm das jedoch nie. Sie hatte es immer ein wenig als Koketterie abgetan. Jetzt hatte er doch tatsächlich Insolvenz angemeldet. »Es geht nicht mehr, Mädchen«, hatte er leise zu ihr gesagt, als sie ihn angerufen hatte. »Ich kann nichts mehr machen, die Kneipe ist einfach kein Geschäft mehr. So leid es mir tut, es ist vorbei.«

Die Kündigung wirkte bei Ramona wie ein K.o.-Schlag. Sie saß fortan nur noch zu Hause, versank immer mehr in ihrer Depression und begann bereits am Nachmittag, ihre Sorgen mit Weißwein zu betäuben. Der Gang zum Jobcenter war für Ramona eine Tortur. Arbeitslos zu sein, empfand sie als Demütigung. Grübelnd saß sie tagelang zu Hause, und jede Rechnung, die sie erhielt, machte sie nur noch unglücklicher, sodass sie schließlich ihre Post gar nicht mehr öffnete. Die Umschläge, auf denen »Versandhaus XY«, später »Inkassobüro« und schließlich »Anwaltskanzlei« stand, landeten ungeöffnet in einem Schubkasten des neuen Wohnzimmerschranks.

Ramona hielt sich an ihrer Weißweinflasche fest und beobachtete durch halb geschlossene Lider ihre Tochter, die unbekümmert in immer neuen Outfits loszog, um die Welt zu erobern.

Erst der gelbe Brief mit dem Absender »Amtsgericht«, der eines Tages im Briefkasten lag, riss sie aus ihrem Dämmerzustand. »Was wollen die denn von mir?« Mit zitternden Fingern öffnete sie den Umschlag: »Anklageschrift« stand da. Ramona trank fast eine ganze Flasche Wein, bevor sie es wagte weiterzulesen. Die Buchstaben tanzten vor ihren Augen. Sie war angeklagt, stand da, und müsse sich vor einem Schöffengericht verantworten – wegen des Verdachts des gewerbsmäßigen Betrugs in drei Fällen. »Ich bin doch keine Betrügerin? Wie kommen die darauf?«, murmelte sie und begann, die Anklageschrift zu lesen. Da stand etwas von einem Bankkredit, den sie womöglich erschwindelt habe. Von Bestellungen bei Versandhäusern, insgesamt Waren im Wert von 3800 Euro, deren Bezahlung noch ausständig sei. Und schließlich irgendetwas mit Tarotkarten und einem Fernsehsender, bei dem sie angerufen, die Beratung aber nicht bezahlt habe.

Ramona begriff kaum etwas von dem, was sie da las. Den Kredit hatte sie doch sieben Monate lang ordentlich zurückbezahlt. Nur gerade ging es nicht, aber das hatte sie der Bank mitgeteilt und um Zahlungsaufschub gebeten. Und bei Versandhäusern hatte sie doch gar nichts bestellt. Ja, sie hatte sich die Tarotkarten legen lassen, aber das konnte doch niemals 1800 Euro wert gewesen sein. Schwankend stand sie auf, torkelte zur Lade ihres Wohnzimmerschranks und holte die achtlos hineingestopften Briefumschläge heraus. Es waren inzwischen mehrere Dutzend. Sie fand die erste Rechnung des Fernsehsenders über 450 Euro für zwei Telefonate – wie waren daraus innerhalb von wenigen Monaten fast 2000 Euro geworden?

Ramona nahm noch einmal den gelben Brief zur Hand. Da stand in verschwurbeltem Juristendeutsch, dass sie Anspruch auf einen Pflichtverteidiger habe und binnen einer Woche einen solchen benennen könne. »Mache ich morgen«, dachte sie. Als sie dann Tage später einen weiteren gelben Brief bekam, fiel ihr die Sache wieder ein. Diesmal wurde ihr mitgeteilt, dass ihr als Pflichtverteidiger der ortsansässige Rechtsanwalt Andreas B. beigeordnet worden sei. »Pflichtverteidiger Andreas B.?«, grummelte Ramona R. Hatte nicht ein Stammgast im Dorfkrug sich einmal über Pflichtverteidiger ausgelassen? Die steckten doch in Wahrheit alle nur mit den Richtern unter einer Decke, hatte der Mann spätabends am Tresen nach dem x-ten Bier gewettert.

Kurz nach der Ladung zur Hauptverhandlung zum Amtsgericht erhielt sie dann auch einen Brief von Andreas B. Gerne könne man sich zehn Minuten vor der Verhandlung in der Kantine des Amtsgerichts treffen und etwaige Fragen besprechen, schrieb der Verteidiger.

Zur Hauptverhandlung einige Wochen später erschien Ramona in einem unauffälligen Kostüm. Sie hoffte, dass niemand sie beim Betreten des Gerichtsgebäudes erkennen würde. Wie in Trance überreichte sie ihre Tasche und ihre Jacke dem Justizwachtmeister am Eingang und ging durch einen Bodyscanner. Dann nahm sie Tasche und Jacke wieder in Empfang und setzte sich in die Kantine. Noch eine halbe Stunde bis zur Hauptverhandlung. »Jetzt bloß keinen Kaffee mehr, sonst mache ich mir im Saal noch die Hose voll«, dachte sie.

Sie wartete bereits geschlagene 25 Minuten auf ihrem Eckbankplatz, hatte neidisch Mitarbeiter des Gerichts beobachtet, die mit frischen Waffeln und Kirschen an ihr vorbeiliefen, ehe endlich mit großen Schritten ein Anzugträger vom Typ Sonnyboy mit einem ignorant-überlegenen Lächeln zu ihr an den Tisch kam. Er hielt drei rote Akten unterm Arm, seine schwarze

Robe hing lässig über seiner Schulter. »Anwalt Andreas B. Sind Sie Ramona R.?«, fragte er.

»Ja«, entgegnete sie, »in fünf Minuten geht es schon los, wo waren Sie denn?«

»Ach, hier gibt es doch nichts zu besprechen«, sagte der Rechtsanwalt und machte eine abwertende Handbewegung. »Sie sind in drei Fällen des gewerbsmäßigen Betrugs angeklagt. Und obwohl Sie bisher keine Vorstrafen haben, geht es in Ihrem Fall nur um die Frage, ob Sie einfahren oder nicht.« Ramona starrte ihn fassungslos an. »Schon allein wegen des Schadens«, sagte der Anwalt. »Schon beim Kredit fast 20 000 Euro.«

»Aber ich …«, begann Ramona, doch ihr Pflichtverteidiger schnitt ihr einfach das Wort ab. »Und dann dieser Esoteriksender: noch mal fast zweitausend.«

»Aber dazu habe ich eine wichtige Frage«, sagte sie, »Ist es denn rechtens, dass die Rechnungen für die Telefonate so hoch geworden sind? Das meiste sind ja die Inkassokosten.«

Der Anwalt schüttelte unwillig den Kopf. »Was glauben Sie denn, dass Inkassobüros für lau arbeiten? Dann haben Sie noch fünfzehn Artikel bei Versandhäusern bestellt, noch mal fast viertausend Euro.«

»Dazu wollte ich etwas sagen«, begann Ramona, »Ich habe nämlich gar nichts bestellt …«

Doch Andreas B. hörte schon gar nicht mehr zu. »Wenn wir hier in Bayern wären oder einen härteren Richter erwischt hätten, würden Sie gnadenlos weggesperrt, und zwar für mindestens drei Jahre, das garantiere ich Ihnen«, sagte er. Dann schaute er seine Mandantin zum ersten Mal direkt an.

»Aber ich bin doch unschuldig«, sagte Ramona leise.

Der Anwalt konterte nur verächtlich. »Wenn Sie jetzt auf unschuldig machen, wandern Sie gleich hinter Gitter. Hier möchte jeder unschuldig sein, so etwas höre ich ständig. Ich kann das nicht mehr ertragen.« Dann gab Andreas B. seiner

Mandantin einen Wink, ihm zu folgen. Und auf dem Weg zum Gerichtssaal steckte er die Marschroute ab: »Sie geben das jetzt gleich sofort zu. Ich werde eine Erklärung für Sie abgeben, dass alle Tatvorwürfe stimmen. Und Sie? Nicken das einfach nur ab, wenn der Richter fragt, ob das so richtig ist.«

Angekommen am Gerichtssaal, blickte Anwalt B. noch einmal kurz auf seine Uhr. Dann sagte er: »Showtime. Wir gehen jetzt hinein. Vertrauen Sie mir, ich habe die Sache im Griff.«

Ratlos folgte Ramona seiner wehenden Robe. Im Gerichtssaal saß ihr eine Staatsanwältin gegenüber und blätterte geschäftig in einem Ordner. Vorne, auf der erhöhten Richterbank, saß Frank B., 62 Jahre alt und seit dreißig Jahren Vorsitzender des örtlichen Schöffengerichts*. Ihm zur Seite die beiden Schöffen – einen erkannte die Angeklagte sofort wieder. Er war Stammgast im Dorfkrug gewesen und hatte sie tatsächlich auch schon einmal vergeblich angebaggert. Der zweite Laien-

* Ein Schöffengericht ist neben dem Strafrichter bei einem Amtsgericht angesiedelt. Besetzt ist es mit einem Berufsrichter und zwei Schöffen. In Strafverfahren wird dort über alle angeklagten Vorwürfe eine Entscheidung getroffen, wo die Straferwartung bei einer Freiheitsstrafe von zwei bis vier Jahren liegt. Schöffinnen und Schöffen sind durch ihre Tätigkeit als ehrenamtliche Richter in Strafverfahren vor den Amts- und Landgerichten Teil der Rechtsprechung. Gemeinsam und gleichberechtigt mit Berufsrichtern urteilen sie »im Namen des Volkes« über Schuld und Unschuld von Angeklagten. Sie haben also darüber mitzuentscheiden, ob jemand freizusprechen oder zu verurteilen ist. Ihre Mitwirkung ist gerade deshalb gewollt, um neben der rein juristischen Sichtweise auch ihre Lebens- und Berufserfahrungen, ihren gesunden Menschenverstand in das Verfahren, die Urteilsberatung und Urteilsfindung einfließen zu lassen. Zudem sollen Urteile für die Bevölkerung einsehbar sein und nicht hinter einem undurchsichtigen »juristischen Vorhang« gefällt werden. Schöffen sind unabhängig, das heißt, sie sind nur dem Gesetz unterworfen und an Weisungen nicht gebunden. Sie müssen unparteiisch entscheiden.

richter war ausgerechnet ein ehemaliger Lehrer ihrer Tochter Larissa. Ramona hatte das Gefühl, im Erdboden versinken zu wollen. Die beiden Schöffen blickten sie mehr neugierig als strafend an, aber Ramona verging beinahe vor Scham, sah in die andere Richtung – und erstarrte: Auf den Zuschauerbänken saß eine ganze Schulklasse samt Lehrer, offenbar auf Exkursion. Die Angeklagte begann zu weinen. Ihr Anwalt reichte ihr ein Papiertaschentuch und tätschelte ihren Arm.

Die Staatsanwältin verlas die Anklageschrift. Danach ergriff der Vorsitzende Richter das Wort: »Frau R., Sie haben gerade die gegen Sie erhobenen Vorwürfe gehört. Sie haben einen erfahrenen Verteidiger an Ihrer Seite und sich mit ihm sicher umfassend beraten.« Andreas B. nickte genüsslich. »Ich sage Ihnen von Gerichtsseite jetzt nur eines«, fuhr der Richter fort. »Nutzen Sie die Chance eines frühen und umfassenden Geständnisses, wenn an den Vorwürfen etwas dran ist.« Ramona öffnete den Mund, um etwas zu sagen, doch Andreas B. legte ihr die Hand auf den Arm und kam ihr zuvor: »Meine Mandantin wird hier vollumfänglich geständig sein.« Der Richter nickte zufrieden. »Damit sind Sie sehr gut beraten.«

Weitere Fragen zu den angeklagten Betrugstaten gab es nicht. Ramona musste nur noch Angaben zu ihrer Person machen und ihre Lebensumstände schildern. Wo sie aufgewachsen war, wann ihre Ehe geschieden wurde, seit wann sie Arbeitslosengeld bekam. Das Gericht zog sich zu einer zehnminütigen Beratungspause zurück, dann folgte das Urteil: ein Jahr und sechs Monate Haft auf Bewährung. Bewährungszeit: drei Jahre. Auflage: Schadenswiedergutmachung nach besten Kräften. Es folgte eine Belehrung, von der die haltlos weinende Ramona fast nichts verstand, und schließlich fragte der Richter in den Saal: »Sollen Erklärungen abgegeben werden?« Andreas B. beugte sich zu seiner Mandantin und flüsterte: »Selbstverständlich nehmen wir das Urteil an und erklären jetzt Rechtsmittelverzicht.« Ohne auf ihre Reaktion zu warten, verkündete er beinahe euphorisch: »Meine Mandantin ist mit dem Urteil einverstanden und erklärt hiermit selbstverständlich Rechtsmittelverzicht.« – »Ich erkläre ebenso Rechtsmittelverzicht«, sagte die Staatsanwältin. Der Richter lobte Ramona. Sie habe das ganz richtig gemacht und solle nun die Chance der Bewährung nutzen.

Am Abend saß Ramona R. fassungslos in ihrer Wohnung, schenkte sich das vierte Glas Weißwein ein und versuchte zu begreifen, was am Vormittag passiert war. Irgendetwas war schiefgelaufen, davon war sie felsenfest überzeugt. Aber was? Ihre Tochter Larissa setzte sich zu ihr. »Mama, ich muss dir etwas gestehen«, sagte sie. »Die Bestellungen bei den Versandhäusern, das war ich.« Kleinlaut erzählte sie, wie sie auf den Namen ihrer Mutter Klamotten und Schuhe bestellt und den Paketboten stets rechtzeitig abgefangen hatte. Ramona schloss die Augen. So war das also. Aber konnte sie denn zur Verantwortung gezogen werden für etwas, das ihre minderjährige Tochter getan hatte?

Ramona war wütend und erleichtert zugleich. Wütend auf ihren Anwalt. Und auch ein bisschen auf Larissa. Erleichtert aber darüber, dass sich diese merkwürdige Geschichte jetzt endlich erklären ließ. Sie beschloss, Andreas B. in seiner Kanzlei aufzusuchen. Einmal musste der Pflichtverteidiger ihr doch zuhören. Doch das Zusammentreffen verlief anders als erwartet. »Was wollen Sie denn noch hier?«, begrüßte sie der Rechtsanwalt. »Die Pflichtverteidigung ist beendet.« Ramona R. verschlug es die Sprache. »Ich will das Ganze doch nur verstehen«, sagte sie dann. »Ich habe sieben Monate lang die Kreditraten bezahlt. Als ich den Kredit aufnahm, hatte ich noch ein festes Einkommen. Warum wirft man mir Betrug vor?«

Andreas B. sah sie abfällig an. »Welche Raten wollen Sie denn gezahlt haben?«, entgegnete er.

Und da begriff Ramona: Der Rechtsanwalt wusste gar nichts über ihren Fall. Er hatte offensichtlich nicht einmal die Akte gelesen. Denn in der Strafanzeige hatte die Bank darauf hingewiesen, dass die ersten Raten ja allesamt einwandfrei bedient worden seien. »Und die Bestellungen im Internet habe ich auch nicht getätigt. Ich habe damit nichts zu tun«, sagte Ramona.

»Gute Frau, jetzt werden Sie aber mal nicht unverschämt«, sagte Andreas B. in arrogantem Ton. »Jetzt plötzlich biegen Sie hier mit diesen Dingen um die Ecke? Hinterher wollen alle immer unschuldig sein. Sie sollten froh sein, nicht hinter schwedischen Gardinen zu sitzen. Sie haben doch die Worte des Richters gehört.«

»Sie haben mich doch im Gericht gar nicht zu Wort kommen lassen!«, rief Ramona entrüstet. »Die Bestellungen hat meine Tochter … hören Sie mir überhaupt zu?«

Der Anwalt saß hinter seinem Schreibtisch auf einem lederbezogenen Stuhl mit Armlehnen und sah an ihr vorbei aus dem Fenster. »Kennen Sie den Unterschied zwischen einem Mercedes und einem Volkswagen?«, fragte er nach ein paar Sekunden Pause.

Ramona starrte ihn an. »Wie bitte?«

»Stellen Sie sich vor, Sie gehen zu einem Anwalt und bezahlen ihn gut. Dann bekommen Sie einen Mercedes, einen Wahlverteidiger. Ich bin aber vom Gericht bestellter Pflichtverteidiger, das ist allenfalls ein Volkswagen. Alles klar?«

In diesem Moment spürte Ramona etwas, das sie aus ihrer Passivität riss. Etwas, das sie sich lebendig fühlen ließ und ihr Kraft gab: Wut. So konnte dieser Mann nicht mit ihr umgehen. »Hören Sie zu«, sagte sie mit zitternder Stimme, »Ich suche mir jetzt einen neuen Anwalt. Und dann gehe ich in Berufung.« Sie wandte sich zum Gehen.

»Viel Spaß dabei«, rief ihr Andreas B. hinterher. »Vergessen Sie aber nicht: Sie haben Rechtsmittelverzicht erklärt.«

Acht Wochen später lag eine Rechnung der Staatskasse in ihrem Briefkasten. 820 Euro Pflichtverteidigergebühren seien für Andreas B. zu bezahlen. Als sie den Rechtsanwalt das nächste Mal sah, fuhr er gerade mit seinem neuen braunen Sportwagen am geschlossenen Dorfkrug vorbei.

MIT KALKÜL ABSERVIERT

Als Ramona R. wenig später weinend in meinem Büro saß und mir verzweifelt die Geschehnisse der vergangenen Wochen erzählte, fehlten mir spontan die Worte. Nachdem ich dann auch ihre Akte studiert hatte, kochten Wut und Bestürzung in mir hoch. Denn hier wurde eine Kellnerin, die in einer Notlage juristischen Beistand gesucht hat, von ihrem eigenen Anwalt mit Kalkül abserviert.

Statt einer Bewährungsstrafe wäre bei anständiger Verteidigung sehr wahrscheinlich sogar eine Verfahrenseinstellung in Reichweite gewesen. Immerhin hatte Ramona bis zu dem Fall strafrechtlich eine weiße Weste gehabt. Und wenn es doch ein Urteil gegeben hätte, dann wäre maximal eine geringe Geldstrafe herausgekommen. Und das allenfalls hinsichtlich der unbezahlten Telefonate mit der Wahrsagerin. Wegen der ausgebliebenen Kreditraten und der unbezahlten Versandhausbestellungen hätte es zwingend Freisprüche geben müssen. Schließlich hatte Ramona die ersten Kreditraten bezahlt, war also zu Beginn absolut zahlungswillig. Und die Versandhausbestellungen hatte ja letztendlich alle ihre noch nicht volljährige Tochter aufgegeben. Zuletzt die Telefonate mit der Wahrsagerin: Hier hätte man zumindest die immens aufgeblähten Inkassokosten infrage stellen müssen. Inkassounternehmen haben nicht zu Unrecht den Ruf, selbst bisweilen betrügerisch vorzugehen.

Dank der beschämenden Pflichtverteidigung von Andreas B. konnte ich Ramona leider kaum weiterhelfen. Denn das Urteil war durch den erklärten Rechtsmittelverzicht rechtskräftig (und damit unanfechtbar) geworden. Zur negativen Krönung des Ganzen hat Ramona damit auf Jahre hinaus einen Eintrag im Führungszeugnis* stehen, den jeder potentielle Arbeitgeber sehen kann. Da Ramona schon genug Schaden erlitten hat, habe ich ihr am Ende für meine Beratung keine weiteren Kosten in Rechnung gestellt.

Dass Ramona von ihrem Pflichtverteidiger eiskalt im Stich gelassen, nicht ansatzweise verteidigt, letztlich sogar mit Kalkül abserviert wurde, ist eine Schande für unseren Berufsstand. Und für einen Strafverteidiger mit Herzblut ein echter Super-GAU. Leider gibt es solche »Kellneranwälte« (oftmals grob auch als »Nutten unter den Anwälten« bezeichnet) wie Andreas B. nahezu in jedem Gerichtsbezirk. Sie versuchen dem Gericht, das sie regelmäßig bevorzugt beiordnet, um

---

* Zentrale Regelungen rund um das Führungszeugnis finden sich in den §§ 30 ff. BZRG (Bundeszentralregistergesetz). Dabei ist als Grundlage entsprechend § 32 Abs. 1 BZRG festzuhalten, dass in das Zentralregister zunächst einmal alle strafgerichtlichen Verurteilungen einer Person, unabhängig von der Höhe der Strafe oder der Art des Deliktes, aufgenommen werden. Gemäß § 32 Abs. 2 Nr. 5 BZRG werden Eintragungen in das Führungszeugnis jedoch nicht aufgenommen, wenn sie Geldstrafen von nicht mehr als neunzig Tagessätzen beziehungsweise Freiheitsstrafen von bis zu drei Monaten betreffen. Aber Vorsicht: Die weitverbreitete und oftmals selbst von Anwälten getroffene Aussage, dass jede Geldstrafe bis zu neunzig Tagessätzen »ja nicht im Führungszeugnis erscheint«, ist so nicht richtig. Denn das gilt nur dann, wenn keine weitere Strafe im Register eingetragen ist, der Betroffene also Ersttäter ist. Sobald eine zweite Geldstrafe hinzukommt, erscheinen im Führungszeugnis beide Strafen, sogar unabhängig davon, ob diese miteinander addiert die Neunzig-Tagessätze-Grenze erreichen oder nicht.

jeden Preis nach dem Mund zu reden und idealerweise ein Geständnis ihres Mandanten auf dem Silbertablett zu servieren. Nicht wenige Anwälte sind bereit, für das nächste Pflichtverteidigungsmandat sprichwörtlich »über Leichen zu gehen«, während ihnen das Schicksal des eigenen Mandanten herzlich egal ist.

Unter Umständen bilden solche fragwürdigen, durchaus nach Rechtsbeugung und Bestechlichkeit riechenden Bündnisse zwischen einem Richter und einem Verteidiger sogar eine wirtschaftliche Abhängigkeit ab. Eine Abhängigkeit, von der fraglos auch das Gericht profitiert: Denn kaum etwas gefällt dem einen oder anderen Richter besser als ein schnell erledigtes Verfahren mit einem Geständnis. Und wenn ein Angeklagter dann auch noch in Übereinstimmung mit der Staatsanwaltschaft Rechtsmittelverzicht erklärt, reicht für die Abfassung des Urteils eine abgekürzte Schmalspurversion.

Im Fall Ramona R. hat aber nicht nur der Pflichtverteidiger Andreas B. versagt. Auch das Verhalten von Gericht und Staatsanwaltschaft erscheint äußerst fragwürdig. Denn wie erwähnt gibt es immerhin die gesetzliche Vorgabe, nicht nur belastende, sondern auch entlastende Umstände zu ermitteln und zu berücksichtigen.

Finanziell gesehen sind Pflichtverteidigungen ein zweischneidiges Schwert. Einerseits können sie bei überschaubarem Arbeitsaufwand die Kasse eines Anwalts richtig klingeln lassen. Acht bis zehn Pflichtverteidigungen können für einen »Einzelkämpfer« (alleintätiger Anwalt, oft ohne Mitarbeiter) bis zu 8000 Euro Grundumsatz bringen.

Andererseits sind Pflichtverteidigungen bei großen Kanzleien mit einem entsprechenden Kostenapparat unterm Strich ein fettes Minusgeschäft. Ein paar Zahlen zur Verdeutlichung: Für einen inhaftierten Mandanten, den man im Gefängnis besuchen muss, bekommt man als Grundgebühr 216 Euro und nochmals 177 Euro für das Ermittlungsverfahren. Das sind zusammen rund 400 Euro zuzüglich Mehrwertsteuer. Damit lassen sich die dem Anwalt entstehenden Kosten für eine Verteidigung nicht im Entferntesten decken. Nicht ohne Grund beträgt der Stundensatz eines renommierten Strafverteidigers in der Regel 300 Euro aufwärts, in Wirtschaftssachen auch mal 500 Euro aufwärts.

Kommt es zu einer Hauptverhandlung, sind die Zahlen noch eklatanter: Bei einem Prozesstag am Landgericht beträgt das Honorar eines Pflichtverteidigers 282 Euro, wenn der Mandant auf freiem Fuß ist, und 343 Euro, wenn er inhaftiert ist. Man muss in diesen Fällen den jeweiligen Hauptverhandlungstag oft tagelang vorbereiten und nach der Verhandlung oft noch stundenlang mit den Mandanten im Haftraum die Geschehnisse aufbereiten. Sprich: Der Strafverteidiger ist häufig zwanzig Stunden oder mehr beschäftigt und bekommt lediglich 343 Euro zuzüglich Mehrwertsteuer aus der Staatskasse. Ein Wahlverteidiger mit einer üblichen Stundensatzvereinbarung erhält für die gleiche Tätigkeit mindestens 6000 Euro (20 Stunden x 300 Euro) zuzüglich Mehrwertsteuer.

Noch ein Zahlenbeispiel gefällig? Für einen inhaftierten Mandanten fallen in sechs Monaten U-Haft inklusive Haftbesuchen nicht selten 150 Arbeitsstunden an. Inklusive eines zehnstündigen Hauptverhandlungstermins am Landgericht stehen einem Pflichtverteidiger dann nach dem Rechtsanwaltsvergütungsgesetz (RVG) 1159,06 Euro zu. Bei insgesamt 160 Stunden Arbeit macht das einen Stundensatz von 7,24 Euro. Was mehr als zwei Euro unter dem gesetzlichen Mindestlohn liegt. Ein renommierter Wahlverteidiger bekäme für denselben Arbeitsaufwand mindestens 48 000 Euro zuzüglich Mehrwertsteuer. Fazit: Zwischen Pflichtverteidigervergütungen aus der Staatskasse und dem Honorar eines Wahlverteidigers liegen Welten.

Manch einer mag sich zu Recht fragen, wie Mandanten eine solch kostspielige Wahlverteidigung überhaupt finanzieren? Gerade bei südländischen Mandanten ist häufig ein enormer familiärer Zusammenhalt im Krisenfall zu beobachten, es wird dann intern gesammelt und in einen Topf geworfen. Auch viele deutsche Mandanten haben spendable Eltern oder Großeltern, die in der Not aushelfen, andere Mandanten nehmen einen Kredit auf.

Meine Kanzleikollegen und ich arbeiten tatsächlich nur in absoluten Ausnahmefällen als Pflichtverteidiger. Etwa wenn der Fall reizvoll ist oder auch aus Verbundenheit zu einem langjährigen Mandanten. Ansonsten ist das Motto unserer Kanzlei klar definiert: Guter Rat ist teuer, sehr guter Rat sehr teuer – und Freiheit unbezahlbar.

6

UNSERE VERTEIDIGUNGSSTRATEGIEN – KAMPF UND KUNST

Die Strafverteidiger:
Burkhard Benecken und Hans Reinhardt

Kampf um die Rechte des Mandanten. Kampf um die Wahrung rechtsstaatlicher Standards. Kampf um Wahr- oder Unwahrheit. Traditionelle Strafverteidigung ist im Grunde eine Art Dreikampf. Moderne und vor allem effektive Strafverteidigung aber stets auch ein Ritt auf der Rasierklinge. »Strafverteidigung ist häufig eine gefährliche Gratwanderung zwischen erlaubtem und strafbarem Tun«, schreibt Professor Werner Beulke in seinem Lehrbuch zum *Strafprozessrecht* (2018). Und weiter: »Wenn der Verteidiger besonders erfolgreich agiert, so kann das die Verwirklichung des staatlichen Strafanspruchs nachhaltig erschweren, unter Umständen sogar gänzlich unmöglich machen. Dies ist jedoch gerade die Aufgabe des Strafverteidigers.«

Ein Mandant baut beim Verteidiger auf fachliche Kompetenz, Engagement, Vertrauen und Verschwiegenheit. Ein Strafverteidiger wiederum erwartet vom Mandanten umfassende und ehrliche Informationen. Egal ob im Ermittlungsverfahren oder vor Gericht: Wenn um das Optimum für einen Mandanten gerungen wird, müssen auch unbequeme Fragen gestellt werden, dürfen auch unbequeme Methoden oder gar Konflikte nicht tabu sein. Eine Strafverteidigung, die diesen Namen auch verdienen will, setzt damit immer auch Risikobereitschaft, Mut und eine gewisse »Zockermentalität« voraus. Und damit sind wir beim Herzstück von Strafverteidigung, nämlich der Entwicklung von tragfähigen Verteidigungsstrategien, die im Hinblick auf die jeweils gegebene Beweislage das bestmögliche Ergebnis für den Mandanten versprechen. Denn ein guter Strafverteidiger überlässt nichts dem Zufall. An dieser Stelle geht Strafverteidigung über den oben beschriebenen Dreikampf hinaus – jetzt ist Kunst gefragt.

Doch was dürfen wir Strafverteidiger und wo sind Grenzen des Erlaubten? Ein Strafverteidiger ist zwar Teil der Rechtspflege, trotzdem ist er aber kein Gehilfe der Justiz. Es ist nicht an uns, Strafverfolgung zu fördern oder gar zu gewährleisten, sondern parteiisch zu sein. Dazu gehört es einerseits, im Fall der Fälle Fehler der Ermittlungsbehörden in rechtlich zulässiger Art und Weise zu provozieren. Anderseits, solche Fehler in jedem Fall aber auch auszunutzen – auch wenn dies am Ende zum Freispruch eines Mandanten führt, von dessen Schuld man als Strafverteidiger positiv weiß. Das mag manch einer als unanständig empfinden. Wer das als Rechtsanwalt tut, kann aber kein (guter) Strafverteidiger sein – und sollte es auch nicht.

Ganz allgemein kann man sagen, dass wir Strafverteidiger all das dürfen, was prozessual zulässig ist, also uns das Gesetz an Möglichkeiten einräumt. Wir müssen dabei in jedem Fall aber aufpassen, dass wir die schmale Grenze zur unzulässigen Strafverteidigung nicht überschreiten, denn sofern sich der Strafverteidiger unzulässiger Mittel bei der Verteidigung bedient, droht ihm selbst sogar im Extremfall eine Strafbarkeit nach § 258 StGB wegen Strafvereitelung. Dort heißt es auszugsweise: »Wer absichtlich oder wissentlich … vereitelt, dass ein anderer dem Strafgesetz gemäß wegen einer rechtswidrigen Tat bestraft … wird, wird mit Freiheitsstrafe bis zu fünf Jahren oder mit Geldstrafe bestraft.«

Es gibt keine genaue gesetzliche Regelung, was der Strafverteidiger im Einzelfall alles tun darf und was ihm verboten ist. Oberster Grundsatz ist: Alles, was wir Strafverteidiger sagen, muss wahr sein. Allerdings sagen wir nicht alles das, was wir wissen. Dies dürfen wir auch nicht, denn Umstände, die unserem Mandanten zum Nachteil gereichen könnten, müssen wir sogar verschweigen. Andernfalls droht sogar eine Strafbarkeit wegen Parteiverrats gemäß § 356 StGB.

Wichtig: Es ist uns nicht erlaubt, Beweismittel und Spuren zu beseitigen oder zu verfälschen. Auch dürfen wir für unseren Mandanten keine Lügengeschichten erfinden oder ihm ausdrücklich zur Lüge raten. Ebenso wenig ist es uns gestattet, Zeugen zu manipulieren, sprich zu unwahren Aussagen zu verleiten. Häufig stellt sich das Problem, dass Angehörige von Mandanten vor einem sitzen und vorschlagen: »Was soll der Zeuge denn aussagen?« Nicht nur im Clan- und Rockermilieu sind solche manipulativen Vorschläge von Angehörigen oder Freunden des Mandanten üblich, sondern wir hören dies ständig. Oftmals schon sind Zeugen im Anschluss an polizeilich belastende Aussagen bedroht worden. Oder sie bereuen einfach ihre belastenden Angaben, wollen zurückrudern und bloß nicht mehr gegen den Beschuldigten aussagen. Teilweise erscheinen sie in der Kanzlei und möchten ihre angebliche Lüge dem Verteidiger offenbaren und eine schriftliche Rücknahmeerklärung an die Polizei verfassen, obwohl sie ersichtlich damals die Wahrheit gesagt haben. Hier muss ein Strafverteidiger standhaft bleiben und in aller Deutlichkeit sagen: Zeugen müssen die Wahrheit sagen. Gegebenenfalls können sie aber die Aussage verweigern, sofern sie sich selbst belasten müssten.

Auch dürfen wir nicht bewusst in von uns gestellten Anträgen oder gemachten Ausführungen Lügen verbreiten. Alles andere ist dann immer eine Frage des Einzelfalles. Erlaubt und zwingend geboten für einen Strafverteidiger ist in jedem Fall, dass man dem Beschuldigten die Rechtslage anhand der gegebenen Beweislage ausführlich erläutert. Und wir müssen einem Beschuldigten beispielsweise sogar zum Schweigen raten, wenn wir der sicheren Überzeugung sind, dass hierdurch eine möglicherweise auch begangene Straftat nicht nachgewiesen werden kann. Denn der Rat, vom Schweigerecht* Gebrauch zu machen, ist zulässiges Verteidigungsmittel. Wir dürfen darüber hinaus aber auch im Konjunktiv beraten, wie eine möglicherweise gegebene Tatversion juristisch einzuordnen ist. Im Klartext: Bei einem des Mordes an seiner Ehefrau bezichtigten Mandanten könnte zulässigerweise die Denkhypothese angestellt werden: »Wenn Ihre Ehefrau Sie zuvor zutiefst beleidigt hätte, könnte dies unter Umständen einen Affekt darstellen und möglicherweise zu einer Strafmilderung über eine verminderte Schuldfähigkeit führen.«

---

* Als Schweigerecht bezeichnet man das Recht eines jeden Beschuldigten, während des gesamten Strafverfahrens zu schweigen, das heißt, die Aussage zu verweigern und zu den ihm gemachten Tatvorwürfen keine Angaben zu machen. Dieses Recht ist Ausprägung des sogenannten nemo-tenetur-Grundsatzes (nemo tenetur se ipsum accussare = »niemand ist verpflichtet, sich selbst anzuklagen«), der als grundrechtsgleiches Recht mit Verfassungsrang eine Grundlage des Strafprozesses darstellt. Er ergibt sich indirekt aus § 136 Abs. 1 S. 2 StPO, wonach einem Beschuldigten bei Beginn der ersten Vernehmung zu eröffnen ist, welche Tat ihm zur Last gelegt wird und welche Strafvorschriften in Betracht kommen. Und dass es ihm nach dem Gesetz freisteht, sich zu der Beschuldigung zu äußern oder nicht zur Sache auszusagen.

Von eisernem Schweigen über das Einschalten von Privatgutachtern bis hin zum Angriff auf die Schuldfähigkeit: Nachfolgend wollen wir mit acht grundlegenden Strategieansätzen einen Einblick in das Herzstück von Strafverteidigung eröffnen.

STRATEGIE 1: SCHWEIGEN IST SILBER, REDEN IST GOLD

Der Strafverteidiger: Hans Reinhardt

Nicht nur vor Gericht, sondern auch im Alltag ist es manchmal ratsam zu schweigen. »Reden ist Silber, Schweigen ist Gold« heißt die dazu passende Redewendung. Dass diese Lebensweisheit jemandem in ganz bestimmten Fallkonstellationen vor Gericht auch zum Verhängnis werden kann, zeigt eine Verzweiflungstat aus dem Jahr 1999 – ein spektakuläres Attentat auf einen Chefarzt in Bochum. Hätte der Pistolenschütze hier geschwiegen, wären entscheidend entlastende Gedanken seinerzeit uneffektiv versiegt. Immer wenn es primär um Fragen aus dem Innenleben, der Psyche eines Täters geht, beispielsweise »Was hat er sich bei der Tat und/oder danach gedacht?«, kann sich die ausgewogene Preisgabe der Gedanken als wahrer Türöffner für deutlich mildere Strafmaßbereiche erweisen. Ein aufmerksamer Strafverteidiger wird seinem Mandanten in diesen Fällen zu der Strategie raten: Schweigen ist Silber, Reden ist Gold.

DER FALL: »DER DOC MUSS STERBEN«

Peter N. war ein einfacher Mann. Bergmann. Kumpel. Malocher. Bis zum ersehnten Ruhestand hatte er unter Tage geschuftet. Sein Lebensglück fand er bei seiner Frau Gabriele, mit der er vierzig Jahre lang eine glückliche Ehe führte. Doch dann kam der Schock: Seine Frau erkrankte an Lungenkrebs. »Kopf hoch, Gabi. Es gibt doch so viele schlaue Köpfe, studierte Leute«, machte Peter seiner Gabriele sofort Mut, als diese ihm die niederschmetternde Nachricht überbracht hatte. So einfach wollten sich die beiden ihrem Schicksal nicht fügen. »Wir sind Kämpfer, mein Schatz«, sagte Peter und ballte dabei beide Fäuste. »Und wir geben nicht auf. Kopf in den Sand ist nicht. Zusammen schaffen wir das.«

Die ersten Chemotherapien schlugen bei Gabriele auch tatsächlich erstaunlich gut an, brachten Besserung. Peter N. schöpfte Hoffnung. Doch dann ging es rasend schnell. Seiner Frau ging es plötzlich dramatisch schlechter. Sie erlitt einen Krampfanfall, kam mit dem Notarztwagen ins Krankenhaus. Peter wälzte Bücher, durchstöberte Fachzeitschriften, informierte sich hier und da. Irgendwann war in ihm der Entschluss gereift, dass die aktuelle Behandlung von Gabriele offensichtlich falsch ist. Peter war fortan regelrecht besessen, dass nur die alternative Medizin noch helfen könne. Schnell suchte er in der Klinik das Gespräch. Nach mehreren Anläufen wurde er endlich vorgelassen. Aber Professor Bothe, der Chefarzt und Spezialist für Hämatologie und Onkologie einer Bochumer Klinik, bei dem Gabriele als Krebspatientin in Behandlung war, sprach sich strikt gegen jegliche alternative Heilmethode aus. »Glauben Sie doch nicht an so einen Humbug«, sagte er und tippte sich dabei mit dem Zeigefinger an seine Schläfe. »Ihre Frau hat Lungenkrebs. Da hilft kein Handauflegen. Und außerdem hat sie die Chemotherapie doch anfangs unglaublich gut vertragen.« Peter N. kochte innerlich, ließ sich aber erst mal nichts anmerken. Er verließ wortlos das Büro des Chefarztes. Draußen vor der Klinik entlud er dann seinen ganzen Frust in einem Urschrei: »Was für ein Aaaaaaaarsch!« Peter fühlte sich von Chefarzt Bothe ausgelacht, gedemütigt und betrogen. Für ihn stand fest, dass die Chemobehandlung bei seiner Frau Gabriele verantwortlich für den Krampfanfall und der dann wiederum für den dramatisch schlecht verlaufenen Gesundheitszustand war.

Wenige Wochen später war Peter N. dann endgültig am Boden: Seine zuletzt unter unerträglichen Schmerzen leidende Frau Gabriele war im Krankenhaus verstorben. Peter N. fasste danach sofort den Entschluss, jetzt auch die Ärzte leiden zu lassen. Er stellte eine Liste zusammen. Ganz oben stand der Name des Notarztes, der in seinen Augen nach dem erlittenen Krampfanfall versagt und nur eine Beobachtung empfohlen hatte. Direkt darunter stand: »Professor Bothe«.

In den kommenden Wochen und Monaten verrannte sich Peter N. regelrecht in seinen Racheplan. Monatelang terrorisierte und drangsalierte er zunächst den Notarzt, bis der Mann schließlich entnervt aufgab und in eine andere Stadt zog. Danach war Chefarzt Bothe an der Reihe. Peter N. spionierte den Bochumer Arzt wochenlang aus, bis er all seine Gewohnheiten aus dem Effeff kannte. Er kaufte sich eine Waffe, und am 3. März 1999 gegen 20 Uhr setzte er seinen Plan in die Tat um. Er parkte einen Leihwagen auf dem Krankenhausparkplatz direkt neben Bothes BMW. »Der Doc muss sterben«, murmelte er immer wieder vor sich hin. Dann legte er sich auf die Lauer und wartete, bis der Chefarzt kam und seinen Pkw aufschloss. Er nahm die Pistole aus dem Handschuhfach, vergewisserte sich über deren geladenen Zustand, legte an, zielte und feuerte durchs offene Seitenfenster auf den Rücken des Mannes, der in seinen Augen seine geliebte Frau auf dem Gewissen hatte. Dreimal. Ein Schuss ging in Richtung Kopf. Eine Kugel blieb im Beckenknochen stecken. Die andere durchschlug den Bauch. Der Arzt blutete stark, stand aber noch. Peter N. fuhr sofort los, so schnell er konnte. Doch schon kurze Zeit später wurde er verhaftet. Chefarzt Bothe, der das

Attentat überlebte, hatte sich das Kennzeichen des mit quietschenden Reifen davonfahrenden Corsa gemerkt. Das linke Becken von Professor Bothe blieb danach für immer taub, ebenso das halbe Bein.

Im Prozess vor dem Bochumer Schwurgericht wurde Peter N. sechs Monate später zu einer Haftstrafe von dreieinhalb Jahren verurteilt. Wegen gefährlicher Körperverletzung. Mit Verkündung des Urteils wurde er sogar aus der Haft entlassen, sollte sich aber später dem restlichen Strafantritt nach Aufforderung freiwillig stellen.

Ausschlaggebend für dieses vergleichsweise milde Urteil war hier ganz allein die Strategie: Schweigen ist Silber, Reden ist Gold. Hätte sich Peter N. vor Gericht durch Schweigen verteidigt, wäre er mit hoher Wahrscheinlichkeit wegen versuchten Mordes zu einer hohen Haftstrafe verurteilt worden, möglicherweise sogar zu lebenslanger Haft. Doch in diesem Fall hat der Entschluss, vor Gericht zu reden, den gesamten Verlauf der Gerichtsverhandlung, die rechtliche Würdigung und die damit verbundenen Feststellungen beeinflusst. Denn der Gesetzgeber hat bei nicht vollendeten – versuchten – Verbrechen eine sogenannte goldene Brücke zurück in das Recht eröffnet. Wenn ein Täter nämlich für sich erkennt, dass er noch nicht alles getan hat, um seinen Tatplan (hier: einen Menschen zu töten) erfolgreich durchzuführen, und freiwillig aufhört, obwohl er hätte weiter handeln (hier: noch mal schießen) können, dann geht er wegen Rücktritts mit Blick auf ein versuchtes Tötungsdelikt straffrei aus und es bleibt bei dem bereits vollendet verwirklichten Delikt, hier einer gefährlichen Körperverletzung.

Zwischen diesen extremen rechtlichen Varianten liegen also Welten, insbesondere was die Höhe der Strafen betrifft. Als sich Peter N. nach Abgabe der drei Pistolenschüsse langsam vom Krankenhausparkplatz entfernte, nahm er im Rückspiegel seines Fahrzeuges wahr, dass der Arzt noch am Auto stand. Für ihn war klar: Er hatte ihn nicht richtig getroffen, nicht lebensgefährlich verletzt. Doch das musste Peter N. den Richtern auch mitteilen, weil es hierbei ja um einen rein subjektiven Umstand ging und die Richter Peters Gedanken ja nun einmal schlecht lesen können. Es war also Strategie und Aufgabe des Strafverteidigers zugleich, als Rechtskundiger einen Rechtsunkundigen zu beraten, seine Gedanken vor Gericht so preiszugeben, dass auch ein anderes, gegenteiliges Gedankengut plausibel erscheinen kann. Die Grenzen zulässiger Verteidigung werden auch nicht dadurch überschritten, dass der Verteidiger den Mandanten rein vom Grundsatz her umfassend über rechtliche Besonderheiten (wie hier den straflosen Rücktritt vom Versuch) inklusive der möglicherweise »günstigen« Effekte für den Ausgang eines Prozesses aufklärt.

Vor Gericht hat Peter N. seine Tat damals aufrichtig bedauert. Er nahm damit auch dem Chefarzt Bothe seine Selbstzweifel, eine Patientin möglicherweise nicht bestmöglich behandelt zu haben.

Zu einem Strafantritt meines Mandanten kam es jedoch nicht mehr. Am Sonntagabend, drei Tage nach dem Urteil, erreichte mich sein Anruf. Die Strafe sei ohne Bedeutung, meinte er. Seine Frau sei tot, dies sei unwiederbringlich. »Aber es ist noch nicht vorbei.« Dann legte er auf. Am darauffolgenden Tag erfuhr ich, dass Peter N. sich selbst erschossen hatte. Am Grab seiner Frau. Mit der Pistole, die er sich für Chefarzt Bothe besorgt hatte. Er hatte sie doch nicht, wie vor Gericht beteuert, in die Ruhr geworfen. In ihr befanden sich noch vier weitere Patronen.

STRATEGIE 2: DIE NUANCEN DER KONFLIKTVERTEIDIGUNG

Der Strafverteidiger: Burkhard Benecken

In dem berühmten, 1898 erschienenen Gedicht *The Ballad of Reading Gaol* von Oscar Wilde heißt es: »Yet each man kills the thing he loves / By each let this be heard / Some do it with a bitter look / Some with a flattering word / The coward does it with a kiss / The brave man with a sword« (»Doch jeder Mann tötet das, was er liebt. / Von jedem soll dies gehört werden,/ Einige machen es mit einem bitteren Blick, / Einige mit einem schmeichelhaften Wort, / Der Feigling macht es mit einem Kuss, / Der tapfere Mann mit dem Schwert!«). Die Intention des Gedichts lässt sich bestens auf eine zeitgemäße, zielorientierte und kämpferische Strafverteidigung übertragen. Man kann mit einem Schwert töten – sprich: bedingungslos kämpfen. Das ist meistens dann der Fall, wenn es »hopp oder top« steht, also um Schuld oder Unschuld des Mandanten geht. Man kann aber den gleichen Erfolg mitunter auch mit etwas gedrosselter Aggressivität, durch eine feinere Klinge oder einen besänftigenden Ton erreichen. Was nicht selten dann angebracht ist, wenn die Schuld eines Mandanten unstreitig ist. Es also nur noch um die Höhe einer Strafe geht.

In einigen Fällen gelingt es uns Strafverteidigern schon während des Ermittlungsverfahrens, durch schriftliche Erklärungen gegenüber der Staatsanwaltschaft eine Einstellung zu erreichen. Dies bedeutet, ein strafrechtlicher Vorgang wird beendet, ohne dass es überhaupt eine Anklage bei Gericht gibt. Dies betrifft vorwiegend Strafverfahren mit »kleineren« Tatvorwürfen. Die Erfahrung lehrt, dass hingegen bei Tatvorwürfen der mittelschweren und schweren Kriminalität regelmäßig Anklagen erhoben werden und die Sache dann vor Gericht ausgefochten wird. Hier, im Gerichtssaal, beginnt dann die wichtigste Aufgabe des Strafverteidigers. Der Gerichtssaal ist gewissermaßen unsere Arena, hier sollte man sich zu Hause fühlen, hier sollte man sich auskennen und den richtigen Ton treffen. Spontanität und Empathie sind gefragt.

Es gibt aber auch Konfliktverteidiger, die mit dem Kopf durch die Wand wollen und dadurch zu Chaosverteidigern werden. Natürlich muss ein Strafverteidiger zu Attacken und einem offensiven Auftreten bereit sein, aber eben nicht um jeden Preis. Es hat sich mir noch nie erschlossen, was es einem Mandanten bringen soll, wenn man als Verteidiger beispielsweise dem Einzug des Gerichts den Respekt versagt, also demonstrativ sitzen bleibt, nur um gleich zu Beginn des Verhandlungstages zu provozieren. Oder juristisch unterirdische Beweisanträge »rausfeuert«, nur um den Mandanten einen angeblichen Tätigkeitsnachweis zu liefern und letztlich so dafür zu sorgen, dass es eine höhere Strafe gibt.

Leider ist dieser Typus des »immer auf Angriff gepolten« Verteidigers keine Seltenheit. Immer öfter erlebt man Kollegen, die um jeden Preis scheinbare Härte demonstrieren wollen, für ihre Klienten aber nichts als Schaden anrichten. Bei unerfahrenen Mandanten mag dies zu Beginn gut ankommen, oftmals werden diese »Chaosverteidiger« zu einem späteren Zeitpunkt des Verfahrens zu Recht verflucht.

DER FALL: TERROR IM NAMEN DES IS

Wie konfliktträchtig einige Verteidiger auftreten, ist mir zuletzt in einem Prozess vor dem Oberlandesgericht in Celle bewusst geworden. Ich habe dort als Zeugenbeistand einen jugendlichen Mandanten begleitet, der einen der ersten Terroranschläge im Namen des Islamischen Staates (IS) auf deutschem Boden begangen hat. Der in der Öffentlichkeit als »Tempelbomber« bekannte Jugendliche, Klarnamen Yusuf, hatte 2016 in Essen eine Bombe gezündet und dabei beinahe drei Mitglieder einer indischen Sikh-Gemeinde getötet. Mein Mandant hatte sich irgendwann entschlossen, umfassend zu den Hintergründen seiner Radikalisierung auszusagen, insbesondere zu den Hasspredigern Abu Walaa und seinen Gefährten, denen vor dem Oberlandesgericht in Celle jahrelang der Prozess gemacht wurde. Im Februar 2021 wurde Abu Walaa zu zehneinhalb Jahren Haft verurteilt, vorwiegend auch deshalb, weil mein Mandant Yusuf ihn schwer belastet hatte.

Ich hatte Yusuf zu dem damals hochgesicherten Gerichtstrakt in Celle begleitet; die Richter hatten nur einige wenige Fragen, ebenso die Staatsanwaltschaft, und man hätte die Vernehmung eigentlich nach wenigen Stunden abschließen können, stattdessen musste Yusuf an sage und schreibe elf Hauptverhandlungstagen aussagen. Weil die Verteidiger mit ihren »Chaos-Fragen«, die fachlich keinen Sinn ergaben, den Anschein erweckten, Zeit schinden zu wollen. Die Angeklagten schienen nicht zu merken, was ihre Verteidiger hier nach meinem Eindruck für ein Spiel trieben. In der örtlichen Presse erschien ein Artikel, der vorrechnete, dass schon weit vor Prozessende rund 2,7 Mio. Euro Pflichtverteidigergebühren an die überschaubare Anzahl von Pflichtverteidigern geflossen seien. An Anwälte, die den Prozess nach meiner Wahrnehmung künstlich in die Länge zogen und auf der anderen Seite auf Kosten der Steuerzahler ihren Aufenthalt im örtlichen Fünf-Sterne-Hotel genossen (wie ich, da ich im selben Haus wohnte, beobachten konnte).

Für unsere Kanzlei ist eine reine Konfliktverteidigungsstrategie absolut unseriös, unser Leitbild ist ein anderes: Wir kämpfen bis zum Umfallen, um das scheinbar Unmögliche möglich zu machen. Wir gehen dafür an die Grenzen des Rechts. Wir machen alles Zulässige für den Mandanten, dies aber immer und ausschließlich im Interesse des Mandanten und nicht, um uns selbst als Helden zu präsentieren. Für uns steht im Vordergrund, dass der Mandant am Ende des Strafverfahrens das bestmögliche Ergebnis erlangt. Letztendlich sollte man es so machen, wie es einmal ein Bochumer Richter über unseren Kanzleigründer formuliert hat, als ich selbst noch am Beginn meiner Verteidigerlaufbahn stand: »Herr Benecken, wissen Sie eigentlich, warum ich Ihren Vater so schätze? Es gibt hier viele Verteidiger, die Theater machen, es gibt aber nur ganz wenige, die substantiertes Theater machen.«

STRATEGIE 3: VERSTÄNDIGUNG SUCHEN

Der Strafverteidiger: Hans Reinhardt

Für den Erfolg eines Strafverteidigers sind Fingerspitzengefühl und Diplomatie Grundvoraussetzungen. Es ist ähnlich wie beim Golfspiel: Wer bei der Wahl seiner Methoden, für den Mandanten ein akzeptables Ergebnis zu erkämpfen, ständig den Driver als Schläger wählt, wird in der Summe häufig auch über das Ziel hinausschießen. Wesentlich häufiger lässt es sich am Ende ein gutes Verteidigungsergebnis einlochen, wenn man zwischendurch auch mal ein anderes Eisen nimmt. Und wenn man erkennt, dass das Ziel ganz nahe ist, am besten sofort zum Putter greift.

Eine Absprache zwischen den Parteien im Strafprozess war einst heftig umstritten und teils verpönt: Man sprach von »Kuhhandel«, »Handel mit der Gerechtigkeit« oder einem »Vergleich im Gewande eines Urteils«. Heute gibt es die gesetzliche Regelung der Verständigung in § 257c StPO, der unter anderem Folgendes erlaubt: »Das Gericht kann sich in geeigneten Fällen mit den Verfahrensbeteiligten …

über den weiteren Fortgang und das Ergebnis des Verfahrens verständigen.«

Besonders häufig kommt eine juristische Verständigung*, oftmals vor Gericht und in den Medien auch »Deal« genannt, in Wirtschafts-, Betrugs- und Steuerprozessen zum Zug, immer wieder auch bei Drogendelikten sowie beim Besitz von Kinderpornografie. Die Gegenleistung eines Verteidigers ist praktisch immer ein Geständnis, der Gewinn für die andere Seite ein schlankes Verfahren.

Zwar könnte man jetzt denken, dass eine Verständigung, bei der stets ein Strafrahmen-Korridor (mindestens X Jahre und höchstens Y Jahre) festgelegt wird, ja aufseiten des Strafverteidigers gerade kein Kämpfen mehr erforderlich macht. Aber weit gefehlt: Gerade beim Abklopfen, was machbar ist und was nicht, oftmals unter Ausschluss der Öffentlichkeit, ist Kämpfen mehr denn je erforderlich. Psychologisches Geschick beispielsweise dergestalt, dass man nicht zu früh eine zu hohe »Ankerzahl« in die Runde wirft, teilweise erst den Staatsanwalt aus der Reserve lockt und dann aber selbst eine für den Mandanten deutlich günstigere Zahl in den Ring wirft, bevor das Gericht sich einmal festgelegt hat. Hier ist nämlich höchste Vorsicht geboten: Hat das Gericht beispielsweise einmal für den Fall eines Geständnisses eine Strafe in der Größenordnung von fünf Jahren angeboten, ist es fast unmöglich, dann noch auf drei Jahre zu kommen. Da greift die alte psychologische Regel: Das, was ich einmal gesagt habe, gilt, und

---

* Im deutschen Strafrecht ist eine Verständigung in § 257c StPO gesetzlich geregelt. Es darf aber keine sogenannte Punktstrafe ausgehandelt werden, sondern nur eine Ober- und Untergrenze. Auch darf nicht auf Rechtsmittel verzichtet werden. Der Gesetzgeber will damit sicherstellen, dass eine »unsaubere« Verständigung, bei der ein Angeklagter unter Umständen unter Druck gesetzt worden ist, der Kontrolle im Nachgang zugängig ist.

es revidiert sich nun mal keiner selbst gerne. Bei allem Respekt muss man doch feststellen, dass sich gerade bei vielen Richtern, die nicht ohne Grund diese Autoritätsposition innehaben, eine gewisse Eitelkeit breitmacht nach dem Motto: »Was ich einmal gesagt habe, gilt.«

An dieser Stelle gilt es mitunter, sich zu positionieren, ohne sich lächerlich zu machen mit völlig unrealistischen Strafgrößenordnungen im viel zu niedrigen Bereich, dies überzeugend zu untermauern und vielleicht auch noch ein oder zwei Argumente zurückzuhalten, die man erst später in den Ring wirft. In einem aktuellen Fall, bei dem es einem eiskalt den Rücken runterläuft, weil es beinahe zu einem blutigen Schulmassaker gekommen wäre, hat sich die Methode des Leisetretens bestens bewährt. Heraus kam am Ende: nichts – ein Traumergebnis.

DER FALL: COLUMBINE IM KOHLENPOTT

In der Realität ereignen sich immer wieder Fälle, die sich Literaten kaum ausdenken können und die die allgemeine Vorstellungskraft sprengen. So zum Beispiel erst kürzlich der Fall eines fünfzehn Jahre alten Jungen aus dem Süden einer Stadt im Ruhrgebiet. Andy B. wurde gemobbt. Der Teenager war jahrelangen Anfeindungen in der Schule ausgesetzt sowie Verunglimpfungen über die sozialen Netzwerke. Im Januar 2020 wandte sich eine besorgte Userin des Netzwerkes »gutefrage.net« an die Polizei und wies auf ein von ihr entdecktes Statement eines ihr unbekannten Users mit dem Nick-Name »Mighty Blue« hin, der von seinen psychischen Problemen berichtete.

In dem Profil von Mighty Blue hieß es wörtlich: »Ich bin Mighty Blue und seit 3 Jahren hier aktiv. Ich bin sehr an Waffen und Schreckschusswaffen interessiert und habe eine Leidenschaft zum Zocken. Ich bin schon seit ich in der Schule bin ein Außenseiter und wurde auch insgesamt 3,5 Jahre lang gemobbt. Davon 2 Jahre auf meiner jetzigen Schule. Ich habe starke Depressionen und Wutattacken bekommen. Ich streite mich andauernd mit meiner Mutter, die mich nicht versteht und nur darauf aus ist, dass ich gut in der Schule bin. Das kann ich eben nicht sein, wenn ich dort andauernd attackiert werde. Ich war von Donnerstag bis heute krankgeschrieben, da es mir mental so schlecht ging, dass mich der Psychologe von der Schule befreite. In der Zeit haben die Mobber an meiner Schule Gerüchte über mich verbreitet, sodass ich gestern von mehreren in einem WhatsApp-Chat beleidigt wurde. *Ich habe nur noch einen Ausweg meiner Meinung nach … Dieser liegt versteckt in meinem Schrank … Eine Waffe.* Ich bin gerade als ich mein Zimmer sauber machen wollte zusammengebrochen und habe mein Bett vollgeweint. Niemand kann oder will mir helfen und mich von der Schule nehmen. Ich habe durch die Gerüchte den letzten Freund verloren. Mein Kopf sagt, dass ich es beenden soll, aber auch das ich kämpfen soll.«

Bei der Polizei schrillten sofort die Alarmglocken, die Zeilen wurden zunächst klar als Suizid-Ankündigung interpretiert. Über den Internetprovider und die für die Registrierung verwendete E-Mail-Adresse kamen die Ermittler auf Andy B., den sie kurz danach in seinem Elternhaus vorläufig festnahmen. Es erfolgte eine Hausdurchsuchung und die anschließende Einweisung des Fünfzehnjährigen in eine Fachklinik für Kinder- und Jugendpsychiatrie. Sichergestellt wurden zwei scharfe Schusswaffen und 124 Patronen Munition. Diese hatte sich der Fünfzehnjährige kurz zuvor über das Internet bestellt. Als die Polizei den PC von Andy inspizierte, kamen massenhaft erschreckende Dokumente zutage, die einen zu dem

Schluss kommen ließen: Mitten im »Kohlenpott« stand offenbar unmittelbar ein blutiges Schulmassaker bevor. Auf dem Desktop des (passwortgeschützten) PC befand sich ein Ordner mit dem Namen »Meine geplante Abrechnung«. Die Unterordner waren »Tagebuch« und »Amoklauf« benannt. Offensichtlich hatte Andy seit Tagen nur auf seinen Tag der Abrechnung gewartet. Er hatte eine Todesliste aufgestellt mit vierzehn namentlich bezeichneten Mitschülern (sieben Jungen und sieben Mädchen) und klaren Priorisierungen, wer als Erster dran glauben musste. Hinter dem Namen eines Mädchens stand geschrieben: »Ich MUSS sie töten!!!« Außerdem fand sich eine Datei mit dem Namen »Amokplan«. Diese war überschrieben mit dem Satz: »Dieser Plan basiert auf den Ereignissen der letzten Jahre, die Opfer sind systematisch ausgewählt.« Dann folgte eine gruselig kühle und nüchterne Auflistung: »Waffe: Röhm RG 96 Pistole mit 74 Schuss Munition. Sekundärwaffe: Messer. You have to run faster than my bullit.« Weiterhin fand man ein Mobbing-Tagebuch, in dem Andy seitenweise Ausführungen machte, wie er in der Schule gehänselt worden war und dass die Jungs, die in der Schule die Schwachen fertigmachten, von den Mädchen noch bewundert wurden. Unter anderem hieß es: »Ich kam nach den Sommerferien in die 8c und fand dort schnell Anschluss. Ich hatte recht viele Freunde, bis ich mich in den Herbstferien mit dem ›Klassenchef‹ oder wie man auch immer den Coolen in der Klasse nennen sollte, anlegte, weil dieser versuchte, ein Mädchen bloßzustellen, indem er private belastende Nachrichten in die Klassengruppe schickte. Ich habe als Klassensprecher dann so gehandelt, dass ich die Klassengruppe gelöscht habe, um von den Bildern abzulenken, und zeitgleich den Klassenchef angeschrieben habe, was das soll. Von da an provozierte mich der Klassenchef immer wieder in Gruppen und beleidigte mich privat auch unglaublich. Das hatte zur

Folge, dass er auch seine Freunde losschickte und diese dann zusammen in der Gruppe auf mich in Social Media eindroschen. Ich wurde ausgegrenzt, verlor viele Freunde.« Das müsse jetzt alles ein für alle Mal beendet werden. Irgendwie rufe Mobbing bei ihm das Böse hervor, schrieb er auch.

Am 6. Januar 2020 fand sich in dem Tagebuch der Eintrag: »Heute habe ich das erste Mal mit meiner Schreckschusswaffe geschossen. Ich habe das Magazin in die Waffe gesteckt und gefeuert. Es war ein ohrenbetäubender Knall und ich hatte einen unglaublichen Adrenalinkick. Ich interessiere mich gerade brennend für das Columbine-Massaker* und hinterfrage generell die Amokläufe aus den letzten zwanzig Jahren. Ich bin gezwungen, das Problem selbst zu lösen, weil nur so meine Seele Frieden finden kann. Ich glaube das ständige Runtermachen lässt meine guten Kräfte schwinden und meine bösen emporsteigen. Ich sehe nur noch eine Möglichkeit, wie ich das beenden kann: Indem ich diese Untermenschen beseitige.« Die Mitschüler würden schon sehen, wie ein angeblicher »Huren-Sohn« beziehungsweise eine »Schwuchtel« zurückschlagen kann. An einem Tag hatte Andy tatsächlich bereits zwei Waffen mit in die Schule genommen, diese aber noch nicht eingesetzt, da sich nach seinen Angaben keine Gelegenheit gefunden habe.

Auf meine Anregung hin wurde im Vorfeld des Prozesses gegen Andy B. eine psychiatrische Begutachtung durchgeführt. Es wurde festgestellt, dass bei Andy das PC-Spielen sich zur

---

* Am 20. April 1999 erschossen Eric Harris (achtzehn) und der Dylan Klebold (siebzehn) zwölf Mitschüler, einen Lehrer und sich selbst. Weitere 24 Personen wurden zum Teil schwer verletzt. Der Amoklauf von Columbine (»Columbine-Massaker«) gilt als der Ursprung weiterer Schulmassaker. Die Täter hatten den Schul-Amoklauf in Littleton im US-Staat Colorado monatelang geplant. Bei beiden wurden nach dem Tod anhand von Tagebuch- und Videoaufzeichnungen schwere psychische Störungen diagnostiziert.

Sucht entwickelt hatte. Die parallel freiwillig von Andy angetretene stationäre Therapie in der Jugendpsychiatrie verlief erfolgreich. Im Ergebnis erwiesen sich seine Aggressionsfaktoren als real unauffällig. Er wisse rückblickend auch nicht, ob er sein Vorhaben wirklich umgesetzt hätte, hatte der Fünfzehnjährige einer Therapeutin anvertraut. Glücklicherweise sei er ja rechtzeitig gestoppt worden. Fakt ist: Das Gutachten konstatierte Andy, dass seine Persönlichkeitsentwicklung noch nicht abgeschlossen, er jedoch auf einem guten Weg sei.

Im Oktober 2020 fand die Hauptverhandlung statt. Unter Ausschluss der Öffentlichkeit, da Andy noch nicht volljährig war. Er wurde angeklagt, den öffentlichen Frieden gestört zu haben, indem er einen Mord angedroht habe. Kaum zu glauben, aber wahr: Die Verhandlung vor dem Jugendrichter dauerte letztlich kaum zehn Minuten. Danach wurde das Verfahren gegen Andy eingestellt. Es gab keine Auflagen. Sowohl das Gericht als auch die Staatsanwaltschaft hatten sich von mir überzeugen lassen, dass bei Andy eine äußerst geringe Aggressionsfähigkeit vorliegen würde. Er würde jetzt auch die positive Beziehung zu Gleichaltrigen suchen und seine Freizeitaktivitäten in den sozialen Bereich verlagern. Eine dissoziale Entwicklung habe sich nicht bestätigt. Er sei nachgereift. Auch der Sachverständige kam weder zu einer krankhaften seelischen Störung noch zu einer tief greifenden Bewusstseinsstörung.

Möglich war ein solches Ergebnis am Ende nur, weil das Jugendstrafrecht nicht von Strafe, sondern vom Erziehungsgedanken geprägt ist. Der Lebensweg eines jungen Menschen soll im Falle einer Verfehlung, und sei sie auch noch so schwerwiegend, nicht negativ geprägt werden.

Den Stein, der Andy damals neben mir sitzend von der Seele gefallen ist, konnte ich deutlich hören. Das Erfolgsrezept lag hier ohne jeden Zweifel in der Zurückhaltung und stillen

Überzeugungsbildung. Dieser Fall beweist mustergültig, dass die Kombination aus einer sorgfältigen Analyse, was das Beste für den Mandanten ist, und sanften Tönen im Prozess zu einem »Traumergebnis« führen können. Lautes Lospoltern im Gerichtssaal, beispielsweise durch Infragestellen, dass die gefundenen Massaker-Zeilen tatsächlich aus der Feder von Andy stammen, hätte sich hier als kontraproduktiv erwiesen. Vor allem hätte es Andys Persönlichkeit nichts genützt. Es hätte ihn und seine kruden Mordfantasien möglicherweise sogar noch bestärkt. Nur erkennt ein Mandant, der einen Polterer als Strafverteidiger an seiner Seite hat, dies oftmals erst zu spät.

STRATEGIE 4: ZEUGEN VERNICHTEN

Der Strafverteidiger: Burkhard Benecken

Das Attackieren von Zeugen, das regelrechte Zerfetzen von Aussagen, ist Kernaufgabe von Strafverteidigern. Ich habe einmal ein Interview mit einem amerikanischen Strafverteidiger gelesen, der sagte: »Das Allerwichtigste ist es, die Zeugen regelrecht ›durch den Mixer zu jagen‹.« Dem ist gänzlich zuzustimmen: Nirgendwo kann man als Strafverteidiger mehr Punkte für den Mandanten einfahren als durch das »Grillen« von Zeugen, das Zerlegen von deren Aussagen – mit der Folge, dass das Gericht gewisse Feststellungen nicht mehr treffen kann, die es zuvor nach Studium des Akteninhaltes eigentlich sicher treffen zu können glaubte. Und: Es kommt oft auf winzige Details an, auf minimale Abweichungen in der Aussage. Deshalb ist es essentiell, dass man zunächst als Strafverteidiger sich ganz genau vertraut macht mit dem, was der Zeuge bei der Polizei oder bei der Staatsanwaltschaft ausgesagt hat.

Genau aus diesem Grunde sollte der Verteidiger auch im Gerichtssaal die wesentlichen Teile einer Zeugenaussage mitprotokollieren, um gegebenenfalls Abweichungen zu früheren Angaben feststellen und das wichtige Merkmal der Konstanz, also der Beständigkeit einer Zeugenaussage, infrage stellen zu können.

Es ist teilweise frappierend, wie anfällig viele Zeugenaussagen für ein solches Vorgehen sind. Und das, obwohl sie vor Gericht das wichtigste Beweismittel darstellen und viele Urteile sich ausschließlich auf ihren Inhalt stützen. Aber die Erinnerung spielt einem doch des Öfteren einen Streich. Testen Sie es einmal an sich selbst: Was haben Sie gestern Abend erlebt? Wie war das genau beim letzten Grillabend? Welcher Freund hat wo gesessen und wer welche Kleidung getragen? Oder bei einem Verkehrsvorgang: Welcher Pkw-Typ kam Ihnen gestern entgegen, als Sie auf den Garagenhof gefahren sind? Sie werden feststellen: Vieles von dem, was Sie selbst erlebt haben, können Sie schon wenige Momente nach dem Erlebten kaum noch oder allenfalls bruchstückhaft – und oftmals sogar falsch – wiedergeben. Bei Strafverfahren, die nicht selten Monate oder sogar Jahre nach dem Ereignis zum Prozess kommen, ist diese mangelhafte Erinnerung erst recht gegeben.

Für den Strafverteidiger ist das natürlich ein gefundenes Fressen. Viele Prozesse habe ich allein dadurch gekippt und einen Freispruch beziehungsweise ein milderes Urteil errungen, weil sich das, was ein Zeuge irgendwann mal gegenüber der Polizei wiedergegeben hat, im Gerichtssaal praktisch in Luft aufgelöst hat.

Dennoch ist beim Befragen von Zeugen auch unbedingt Behutsamkeit angesagt. Ein erfahrener Strafverteidiger stellt einem Zeugen nie eine Frage, deren mutmaßliche Antwort nicht zur gefahrenen Strategie passt. Hat man keine Ahnung, wie die Antwort lauten könnte, sollte man die Frage entweder tatsächlich nicht stellen oder sich allenfalls mit Bedacht vortasten. Andernfalls könnte der Zeuge den Mandaten durch eine unerwünschte Antwort schwer belasten. Auf die zunächst wohlwollend klingende Schlussfrage an ein körperlich attackiertes Opfer: »Und heute ist bei Ihnen aber gesundheitlich alles wieder in Ordnung?«, könnte die Antwort lauten: »Wo denken Sie hin, Herr Anwalt. Ich bin bis heute mehrfach wöchentlich in psychotherapeutischer Behandlung, gehe kaum noch aus dem Haus, habe Albträume und Todesangst.« Für die Verteidigung wäre ein solches Szenario eine einzige Blamage.

Neben der »falschen« gibt es noch die zu viel gestellte Frage. Hat ein Zeuge bereits eine den Mandanten entlastende Aussage gemacht, sollte man als Strafverteidiger auch mal den Mund halten können. Die Gefahr, dass die (mitunter mühsam) erlangte Entlastung durch eine weitere Frage wieder geschwächt wird, ist einfach zu groß.

Es gibt Lehrgänge und Lehrbücher zur Zeugenvernehmung, darunter sind gewiss viele interessante Ratschläge. Meine Auffassung ist aber die: Wenn man als Strafverteidiger die notwendige Erfahrung und die notwendige Empathie hat, dann gelingt es, eine eigene Technik, eine eigene hochwirksame Fragetechnik zu entfalten, bei der Intuition ein wesentlicher Bestandteil ist.

Bei mir hat sich über die Jahre folgende Vorgehensweise herausgebildet, die ich in meinem Roman *Clan-Land* mit dem Bild eines jagenden Jaguars verglichen habe: Der Jaguar pirscht sich lautlos an. Er lauert seiner Beute auf. Dann ein Sprung, er reißt sie zu Boden und tötet sie mit einem einzigen Biss. Übertragen auf eine Zeugenbefragung: langsam herantasten, das Vertrauen des Zeugen gewinnen – und dann an der passenden Stelle den verbalen K.o.-Schlag ausführen.

Oftmals macht es Sinn, die eigentliche Kernfrage, auf die man hinauswill, dem Zeugen nicht gleich zu Beginn zu stellen. Dabei muss man wissen, dass die Stimmung beim Zeugen gerne kippt, sobald wir Verteidiger anfangen zu fragen. Hat der Richter zuvor intensiv gefragt und der Zeuge sich größte Mühe gegeben, moderat und höflich zu antworten, reagieren viele Zeugen urplötzlich aggressiv und ablehnend, wenn sie vom »Advokaten des Bösen« befragt werden. Diese Situation habe ich unzählige Male im Gerichtssaal erlebt. Teilweise musste ich gar nichts sagen und dem Zeugen lediglich etwas tiefer in die Augen schauen, und schon flippte die Person im Zeugenstand völlig aus und war kaum noch zu halten. In solchen Momenten besteht eine weitere Technik darin, diese vom Zeugen an den Tag gelegten Verhaltensweisen laut zu thematisieren, frei nach dem Motto: Dadurch, dass man etwas sagt, wird vieles oft erst sichtbar beziehungsweise existent. Ein Beispiel: Ich beginne bewusst langsam, eine Frage zu formulieren. Währenddessen rutscht die Zeugin auf ihrem Stuhl hin und her und kratzt sich heftig mit der rechten Hand am Oberschenkel. Ich unterbreche meine Frage und stelle lautstark fest: »Frau Zeugin, mir fällt in diesem Moment auf, dass Sie sehr nervös wirken, nicht nur, weil Sie mit Ihrer rechten Hand ständig über Ihren Oberschenkel kratzen. Stimmt etwas mit Ihnen nicht, seitdem ich hier die Fragen stelle? Fürchten Sie die Entdeckung mutmaßlicher Lügen?«

Richter und Staatsanwälte versuchen nicht selten, Verteidiger von derartigen »Einschüchterungstechniken« abzuhalten. Allerdings gehen erfahrene Strafverteidiger hier so geschickt vor, dass dies kaum gelingt. Sobald die Vermutung einmal lautstark geäußert ist, verfehlt sie kaum ihr Ziel. Natürlich gibt es abgebrühte Zeugen, die sich durch ein solches »Manöver« nicht beeindrucken lassen – der Anteil ist allerdings überschaubar. Die meisten Zeugen wirken verunsichert, einige sogar verängstigt. Und das Umfeld tut das Seine dazu: die besondere Akustik in den großen Gerichtssälen, die eigene

Stimme, die durch ein Mikrofon verstärkt wird und über Lautsprecher zu hören ist (was viele nicht gewohnt sind), die Sitzposition mitten im Saal, quasi umzingelt von Staatsanwaltschaft, Gericht, Verteidigung und Publikum inklusive anwesender Gerichtsreporter im Rücken, wobei etliche Blicke auf einem lasten – und trotzdem soll ein Zeuge oftmals sehr belastende, sehr starke Emotionen auslösende Vorgänge berichten. Für viele ist dies eine absolute Ausnahme- beziehungsweise Stresssituation, die wir Strafverteidiger bewusst noch zu erhöhen versuchen (was absolut zulässig ist).

Nicht selten habe ich Zeugen erlebt, die mich anschließend wüst beschimpft haben, einige sind aufgestanden und heulend aus dem Gerichtssaal gelaufen. Andere haben die Beantwortung weiterer Fragen durch mich gänzlich abgelehnt. So oder so hat sich meine Technik in vielen Fällen bewährt, und im Optimalfall konnte ich einen Freispruch für meinen Mandaten erzielen. Wie etwa im Fall eines angeblichen lüstern und unverschämt fummelnden Fleischermeisters.

DER FALL: DER VERMEINTLICH FUMMELNDE FLEISCHER

Bernd T. war Fleischer mit Leib und Seele und arbeitet in einem Supermarkt in einer großen Ruhrgebietsstadt. Doch eines Tages fiel der 58-Jährige aus allen Wolken. Eine junge Kollegin, gerade zwanzig, hatte ihn wegen sexueller Belästigung angezeigt. Einige Wochen später schrieb die Staatsanwaltschaft eine Anklage und listete darin vier »Grapsch-Übergriffe« in dem Supermarkt auf. Einmal sollte Bernd seiner Kollegin im Lager zu nahegekommen, ihr regelrecht auf die Pelle gerückt sein und ihr »unvermittelt oberhalb der Kleidung zwischen die Beine gegriffen haben«. Drei weitere Male, einmal angeblich sogar auf Video festgehalten, soll er der jungen Auszubildenden an den Po gefasst haben. Tatort des gefilmten Grapsch-Anfalls soll angeblich ein Schneidepult in der Obst- und Gemüseabteilung gewesen sein.

Als Bernd damals in meine Kanzlei kam, war er wütend und fassungslos. »Da ist nichts dran. Nullkommanix«, echauffierte sich der verheiratete Fleischer. »Als ob ich ausgerechnet vor den Augen meiner Frau ein junges Mädchen anpacke«, sagte Bernd T. kopfschüttelnd. Dazu muss man wissen: Auch Bernds Frau Bärbel arbeitete im selben Supermarkt, ebenfalls an der Fleischtheke. Er könne sich die Vorwürfe, so T., letztlich nur damit erklären, dass die Auszubildende kurz zuvor beim Chef mit einem Versetzungswunsch in eine andere Filiale der gleichen Supermarktkette in einer anderen Stadt (und näher an ihrem Wohnort) abgeblitzt war.

Im Prozess lief alles auf eine klassische Konstellation »Aussage gegen Aussage« hinaus. Unser Ziel war ein Freispruch. Die Anklage wurde verlesen, mein Mandant Bernd bestritt die Vorwürfe (»Alles erstunken und erlogen!«) und gab dann auch seine Vermutung preis, welches Motiv die Auszubildende gehabt haben könnte, die Übergriffe zu erfinden. Staatsanwaltschaft und Gericht hatten dafür anfangs nur ein müdes Lächeln übrig – nach der Zeugenvernehmung der Auszubildenden sollte sich das ändern.

Als Cheyenne H., die im Prozess auch als Nebenklägerin auftrat, als Zeugin auszusagen begann, hörte ich zunächst einmal nur zu. Nachdem Gericht und Staatsanwaltschaft zunächst nur allgemein gefragt hatten, bekam ich das Fragerecht. Und nach und nach, von Frage zu Frage fiel die belastende Aussage wie ein Kartenhaus in sich zusammen. Die Zeugin verstrickte sich massiv in Widersprüche, ruderte zurück, verringerte die Anzahl der vermeintlichen Übergriffe, sprach auf einmal nur noch von »Sticheleien«. Besonders unverschämt wurde es aber bei der Betrachtung des angeblichen Tatvideos.

Cheyenne hatte steif und fest behauptet, dass die Hand meines Mandanten an ihren Hintern gegangen wäre. Fakt ist: Auf dem Video war im entscheidenden Moment sogar zu sehen, dass Bernd T. beim Vorbeigehen seinen Körper extra eindrehte und verkleinerte, um einen Kontakt in der räumlichen Enge zu vermeiden. »Wollen Sie das etwa ernsthaft eine Berührung nennen, Frau Zeugin?«, wollte ich von Cheyenne wissen. »Und wo bitte schön ist das von Ihnen berichtete Aufgeschrecktsein. Wo laufen Sie denn bitte fluchtartig aus dem Lager weg?« Die Antwort war stets dieselbe: betretenes Schweigen. Die Videoaufzeichnung – ein objektives Beweismittel – überführte die Auszubildende der dreisten Lüge.

Doch Cheyenne hatte noch andere Argumente. Aber auch die konnten durch beharrliches Nachbohren nahezu völlig entkräftet werden. Ein Supermarktkollege, der an dem Lebensmittelwagen neben ihr stand, soll angeblich alles gesehen und sie auf das Grapschen angesprochen haben. Ich hielt ihr eindringlich vor, dass dieser Kollege als Zeuge das Gegenteil erklärt und Bernd vielmehr entlastet hatte. Erste Folge: Cheyenne war sprachlos. Zweite Folge: ein glasklarer Freispruch.

Quintessenz: Dass Gerichte und Staatsanwaltschaften vor allem in Aussage-gegen-Aussage-Konstellationen mutmaßliche Opfer in Watte packen und nicht mit der erforderlichen Härte befragen, ist kein Einzelfall. Gerade hier zeigt sich die Wichtigkeit professioneller Strafverteidigung. Als Verteidiger darf man in solchen Situationen, wo das scheinbare Mitgefühl der sonstigen Prozessbeteiligtem der mutmaßlichen Geschädigten gehört, keinesfalls davor zurückschrecken, mit aller erforderlichen Härte die Zeugenaussage auseinanderzunehmen. Wenn es der Verteidiger nicht macht, werden oft die entscheidenden Fragen nicht gestellt, wodurch es zu Fehlurteilen kommen kann. Im Fall meines Mandanten Bernd T. – das hat das Gericht sogar am Ende noch betont – wäre es ohne Verteidigerintervention zu einer schreiend ungerechten Verurteilung gekommen.

STRATEGIE 5: PAUKENSCHLAG DURCH PRIVATGUTACHTER

Der Strafverteidiger: Burkhard Benecken

Wer sich als Strafverteidiger nicht schon im Vorfeld ausreichend Gedanken über potentiell auftretende Hindernisse macht, wird diese im Prozess nur schwer ausräumen können. Zur Aufgabe eines umsichtigen Strafverteidigers gehört es, taktisch bestmöglich vorbereitet zu sein und ein strategisch entwickeltes, klug durchdachtes, realistisches Verteidigungsziel vor Augen zu haben. Das Einschalten von Privatgutachtern zur Erschütterung von Anklagevorwürfen ist eine elementare Verteidigungsstrategie – übrigens nicht nur zu Glaubhaftigkeitsfragen von Belastungszeugen, sondern auch zu vielen anderen Themenkreisen. Im nun folgenden Fall hat ein Psychologie-Experte die Vorwürfe gegen einen meiner Mandanten dermaßen überzeugend zerpflückt, dass die Opferanwältin vor Gericht Sorge haben musste, womöglich in Kürze selbst in die Rolle einer Verteidigerin schlüpfen zu müssen.

DER FALL: ANFASSEN IST NICHT

Lutz E., fünfzig Jahre alt, war Rettungssanitäter und fast sechs Jahre lang mit Petra W. liiert. Lutz und Petra waren Hausnachbarn, als sie sich kennenlernten, ihre Wohnungen im schönen Dorsten lagen nebeneinander. Nachdem sie ein Paar geworden waren, hatten sie ihre Wohnungen über einen

Durchbruch verbunden, sodass sie ein großes Zuhause hatten und damit die gesamte Etage bewohnten. Mit Petras Tochter Mia verstand sich Lutz immer prächtig.

Nach sechs Jahren zogen dann allerdings dunkle Wolken auf. Lutz hatte wieder Kontakt zu seiner Ex-Frau Silke aufgenommen. Petra hatte Wind davon bekommen und war rasend eifersüchtig. Es folgte das Aus für die Beziehung. Lutz war kaum ausgezogen, als Petra eine in seinem ehemaligen Arbeitszimmer zurückgelassene Festplatte durchsuchte. Und plötzlich aus allen Wolken fiel. »Das ist ja Mia. Nackt. In unserem Badezimmer. Dieses Schwein. Wo kommt bloß dieses Foto her?« Die Perspektive verriet: Die Kamera hatte wohl oben auf dem Spiegelschrank gestanden, und Mias Miene verriet ihre Ahnungslosigkeit. Das Aufnahmedatum bestätigte: Mia war zu diesem Zeitpunkt elf Jahre alt. Petra erstattete unmittelbar Strafanzeige, die Staatsanwaltschaft ermittelte gegen Lutz, durchsuchte seine neue Wohnung und wurde fündig.

Einige Wochen später erfuhr ich durch Akteneinsicht, dass Mia überraschend bei der Polizei auch Missbrauchsvorwürfe gegen den Ex-Freund ihrer Mutter erhoben hatte. Und in der Tat: In der Anklageschrift fand sich (zusätzlich zum Vorwurf des heimlichen Fotografierens mit der Spionkamera) auch der Verdacht des sexuellen Missbrauchs von Kindern. »An einem nicht mehr bestimmbaren Tag im Herbst/Winter 2016 schob der Angeklagte im Badezimmer der Wohnung unvermittelt seine Hand unter den BH an die Brust des Kindes«, beschrieb die Anklage einen ersten angeblichen Übergriff. Der zweite lautete: »Bei einer anderen Gelegenheit etwa in diesem Tatzeitraum stand die Zeugin innen an der Wohnungstür. Der Angeklagte kam herein und fasste ihr direkt unter das T-Shirt und streichelte ihre Brüste.«

Als ich mit Lutz E. in meinem Büro über diese Vorwürfe sprach, war er fassungslos: »Das ist wirklich ungeheuerlich.

Von den Fummelvorwürfen stimmt nichts. Wie kann man so was nur in die Welt setzen.« Und das mit der Kamera im Badezimmer? »Das lässt sich ja gar nicht bestreiten. Ich wollte das einfach mal ausprobieren mit dem Auslöser über eine App, habe mir aber nichts weiter dabei gedacht«, gab Lutz kleinlaut zu. Noch kleinlauter wurde er, als ich ihm mitteilte, dass die polizeiliche Durchsuchung seines beschlagnahmten Rechners auch noch ein kinderpornografisches Foto zum Vorschein gebracht hatte. »Auch das ist richtig. Das habe ich mal zugeschickt bekommen«, gab Lutz zu.

Bei der Vorbereitung für den bevorstehenden Prozess vor dem Schöffengericht in Dorsten lag die Strategie auf der Hand: Einen Freispruch werden wir nicht erreichen, schon allein wegen des nachweislich entdeckten Kinderporno-Fotos auf dem Rechner. Insbesondere die Missbrauchsvorwürfe galt es aber definitiv anzugreifen. Soweit es die finanziellen Mittel eines Mandanten erlauben, habe ich in solchen Fällen schon häufig gute Erfahrungen mit der Einholung eines Privatgutachtens zur Überprüfung der Glaubhaftigkeit der belastenden Aussage gemacht. Weil auch Lutz mir sofort grünes Licht dafür gegeben hatte, habe ich mich an eine echte Koryphäe der deutschen Glaubhaftigkeitsgutachter gewendet, Professor Dr. Günter Köhnken, und ihn um die Erstattung eines Kurzgutachtens gebeten. Wie erwartet stützte der Experte nach einer Analyse der Aussagen von Mia und ihrer Mutter Petra meine Zweifel an den Missbrauchsvorwürfen in vollem Umfang. Auf fünf DIN-A4-Seiten zerpflückte Köhnken die Vorwürfe regelrecht in der Luft. Vieles rieche nach einer Retourkutsche im Rahmen einer »konflikthaften Trennung durch die Mutter«, hieß es einerseits. In diesem Zusammenhang dränge sich die Frage auf, ob und gegebenenfalls wie die Mutter nach dem Entdecken des Fotos auf ihre Tochter eingewirkt und dadurch eine Umdeutung von eigentlich harmlosen Berührungen in sexuelle Übergriffe bewirkt habe. Andererseits, so Professor Köhnken, habe aber auch Mia bei ihren Aussagen »gravierende Widersprüche im Kernbereich« erkennen lassen. Mit diesem Gutachten in der Tasche gingen Lutz und ich wenig später gut gerüstet in den Prozess.

Nachdem die Anklage verlesen worden war, machte ich Ausführungen zum Fall und las dann das Gutachten von Professor Köhnken vor. Man merkte gleich, welches Gewicht dieses Gutachten auf alle Prozessbeteiligten hatte. Staatsanwaltschaft, Gericht und selbst die Opferanwältin schlossen sich meiner Auffassung an und waren sich im Prinzip in einem klar: Der Hauptvorwurf, der sexuelle Missbrauch durch Anfassen, hatte sich nach diesem Gutachten in Luft aufgelöst, weil deutliche Zweifel an der Glaubhaftigkeit der Aussage der Belastungszeugin Mia geweckt worden waren.

Was dann geschah, passiert einem Strafverteidiger nicht alle Tage: In einer Verhandlungspause sprach mich die Opferanwältin von der inzwischen sechzehnjährigen Mia auf dem Flur an und bat mich, keinen Strafantrag im Auftrag meines Mandanten gegen ihre Mandantin wegen falscher Verdächtigung zu stellen. Anders gesprochen: Ich solle ihrer Mandantin die Lüge nicht so übel nehmen und ihr durch eine Anzeige nicht ihre Zukunft verbauen.

Eines gleich vorweg: Wir haben keine Anzeige erstattet, sondern einen »Deal« vereinbart. Lutz E. wurde wegen Verletzung des höchstpersönlichen Lebensbereiches durch Herstellen einer Bildaufnahme sowie Besitzes einer kinderpornografischen Datei zu elf Monaten Haft auf Bewährung verurteilt. Die Hauptvorwürfe des sexuellen Missbrauchs wurden im Gegenzug fallen gelassen und das Verfahren mit Blick auf die erfolgte Verurteilung eingestellt.

Vielleicht hätten andere Verteidiger hier auf einen Teilfreispruch bestanden. Wir haben dies aber ganz bewusst nicht gemacht. Wenn man einen Mandanten vor einer sonst sicher verhängten Gefängnisstrafe (Lutz E. hätten drei bis dreieinhalb Jahre Haft gedroht) bewahren kann und unter allen Beteiligten klar ist, dass das Urteil noch am gleichen Tage rechtskräftig wird, dann verbietet es sich, weiter »rumzuzaubern«. Man muss immer auch wissen, wann Schluss ist. Dies ist für mich ein ganz wichtiger Strategiegrundsatz.

STRATEGIE 6: ANTRÄGE STELLEN, ZEIT GEWINNEN

Der Strafverteidiger: Hans Reinhardt

Beweis- und Befangenheitsanträge sind die vielleicht schärfsten Schwerter der Strafverteidigung, gleichsam aber auch häufig ein Garant für erstklassige Ergebnisse. Prinzipiell sind Beweisanträge einem jeden Gericht zumeist lästig. Zwar gibt es selbstverständlich ausreichend Möglichkeiten, Anträge der Verteidigung kurz und knapp abzulehnen. Doch ein abgelehnter Beweisantrag kann ein Urteil in der Revision eben auch schnell angreifbar machen. Und da fast alle Richter ein Interesse daran haben, am Ende ein möglichst revisionsfestes Urteil zu schreiben, sind sie nicht selten praktisch gezwungen, sich mit Anträgen der Verteidigung auseinanderzusetzen.

Es gibt Fallkonstellationen, die schreien geradezu danach, das dazugehörige Strafverfahren durch das Ausschöpfen aller legitimen (und möglichst vieler »unbequemer«) strafprozessualen Möglichkeiten in die Länge zu ziehen und gegebenenfalls sogar komplett zu torpedieren, sprich den Abbruch des Verfahrens herbeizuführen. Nicht selten sind überlastete und genervte Gerichte dann sogar bereit, am Ende mit der Verteidigung einen »Deal« einzugehen, an den sie am Anfang noch nicht einmal einen Gedanken verschwendet hätten. Ein solcher Weg gehört für mich nicht in die Rubrik der klassischen Konfliktverteidigung, solange er auf legitimen Vorgängen basiert. Auch wenn natürlich begrifflich hier selbstverständlich eine Art Konflikt mit dem Gericht angestrebt wird. Eine Distanz zur klassischen – sichtbar auf Krawall gebürsteten – Konfliktverteidigung ist allerdings kaum zu übersehen. Beruht diese doch regelmäßig und ganz bewusst auch auf grenzwertigen Gemeinheiten, Schikane und dem unzulässigen Missbrauch strafprozessualer Mittel, die allein den funktionierenden Ablauf des Verfahrens unterbinden sollen.

DER FALL: DER JÄHE ABSTURZ EINES SELFMADE-MAN

Es ist Sommer 2015. Vor mir in meinem Büro in der Kanzlei sitzt ein echtes Schwergewicht und macht gerade, überdeutlich sichtbar durch die reiskorngroßen Schweißperlen auf der Stirn, die schwerste persönliche Krise seines Lebens durch. Rüdiger K. ist prominenter Rechtsanwalt. Er ist schlagfertig, intelligent und belesen. Bekannt wurde er als härtester Firmen-Sanierer Deutschlands. Jahrelang führte er ein weltweit operierendes Bekleidungsunternehmen im Ruhrgebiet mit zuletzt 28 000 Mitarbeitern und einem Umsatz von mehreren Milliarden Euro. Rüdiger K. war Vorstand mehrerer Modehäuser in New York, London, Singapur, Hongkong, Stockholm und Kopenhagen, zudem war er Fußball-Präsident sowie promovierter Jurist mit einer Professur im Bereich des Arbeitsrechts. Er genoss hohes Ansehen. Zuletzt betrieb K. eine Anwaltskanzlei in zentraler Lage von Bochum. Der Maserati parkte direkt vor seiner Tür. Sein Schwergewicht bringt er aber auch durch seine Erscheinung zum Ausdruck: 1,80 Meter groß und 160 Kilo schwer.

Jahrelang führte der Weg des Anwalts steil bergauf, dann fiel er in ein Loch ohne Boden. Nach einer Firmenpleite verlor er zuerst seinen Geschäftsführer-Job. Neben dem Führerschein später auch seine Zulassung als Rechtsanwalt. Statt wie einst im Hunderttausend-Euro-Maserati durch die Innenstadt von Bochum zu rauschen, saß er zuletzt in einem kleinen Nissan Micra – die Kennzeichen waren bereits entstempelt. 2013 lieferte er sich mit diesem Micra eine wilde Verfolgungsjagd mit der Polizei über die Autobahn, warf dabei immer wieder Joints aus dem Fenster. Auf einem Foto nach der Festnahme (der Anwalt war mit Karacho vor einen Baum gefahren) sah Rüdiger K. recht angeschlagen aus.

Blass, müde, abgekämpft und verschwitzt: Eine ähnliche Figur gab der einstige Top-Anwalt auch seinerzeit in meinem Büro ab. »Ich fühlte mich immer auch der Förderung des Sports junger Menschen verpflichtet und lernte dabei als junger Spunt auch die späteren Schalke-Spieler Max Meyer und Leroy Sané kennen«, versuchte er einen lockeren Einstieg ins Gespräch. Sah dabei aber aus, als hätte er nächtelang nicht geschlafen. »Wissen Sie, warum der Leroy Sané so schnell laufen kann?«, fragte er mich dann. Und lieferte auf mein Schulterzucken prompt die Antwort: »Sein Vater bepflanzte auf dem oberen Stockwerk seines Hauses das Flachdach mit einem Rasen und spielte dort Leroy regelmäßig die Bälle zu. Dabei wurden häufig die Bälle über das Dach hinausgeschossen mit der Folge, dass Leroy in Windeseile vier Stockwerke nach unten rennen musste, um den Ball wieder nach oben zu bringen. Dabei steigerte er ständig seine Geschwindigkeit.«

Dann stiegen wir ein in die Besprechung seiner schwersten persönlichen Krise. Rüdiger K. holte eine Anklageschrift aus der mitgebrachten Aktentasche, die es in sich hatte: Steuerhinterziehung, Betrug, Bankrott, Fahren ohne Fahrerlaubnis, Titelmissbrauch. Insgesamt mehrere Hundert Fälle. Anschließend begann er eine Lebensbeichte abzulegen:

»Es war ein schleichender Prozess, den ich selbst zunächst nicht bemerkt habe. Ich habe alles verloren, meine Ehe ging zu Bruch, mein Vermögen ist weg, die Anwaltszulassung musste ich zurückgeben. In meinem ganzen Leben musste ich mich durchboxen, bin mit sechzehn Jahren zu Hause ausgezogen und habe mit Beginn meines Jurastudiums durchgehend vollschichtig gearbeitet. Als Fahrer angefangen, habe ich es dann zum Geschäftsführer eines weltweiten Unternehmens gebracht. Ich war Workaholic und bot meiner Familie ein wohlbehütetes Leben. Ich glaube schon, dass ich mich damals als glücklich bezeichnen konnte. Meine Familie gab mir Rückhalt, die fast 300 Seiten lange Dissertation verfasste ich in meiner Freizeit neben dem Arbeitsleben. Mir wurde dann eine Professur angeboten, sodass ich mich mit dem Titel Professor Doktor schmücken konnte. Damit hatte ich das erreicht, was ich wollte. Während meines Studiums sah ich immer auch die großen amerikanischen Anwaltskanzleien vor mir. Dort sahen alle Personen gleich aus. Sie hatten die gleichen Anzüge an, trugen die gleichen Haarschnitte und hatten alle einen Doktortitel. Das wollte ich auch haben. Durch den Fall der Mauer und der Öffnung des osteuropäischen Marktes musste ich eine der größten Firmensanierungen aller Zeiten durchführen und war verantwortlich für die Entlassung von Tausenden von Arbeitern in diversen Betrieben.

Der Druck wurde zu groß und mein Gewissen immer schlechter, da ich nicht mehr von der Sinnhaftigkeit meines Tuns überzeugt war. Ich kündigte als Geschäftsführer und nahm eine freiberufliche Tätigkeit als Rechtsanwalt im Arbeitsrecht auf. Zu diesem Zeitpunkt war ich schon bereits völlig ausgelaugt und angegriffen. Der Fünfzehn-Stunden-Tag belastete auch zunehmend meine Gesundheit. Ich suchte nach einem Ventil und kam über einen Bordellbesuch mit Kokain in Kontakt. Es war ein schleichender Prozess, der sich meiner Kontrolle entzog. Ich nahm regelmäßig Drogen zu mir, was sich aber zunächst nicht negativ auf meine berufliche Tätigkeit auswirkte. Ich hatte namhafte Mandate im ganzen Bundesgebiet und war als Experte gern gesehener Gast in TV-Talkshows. Meine Kanzlei wuchs und damit auch meine Umsätze und Gewinne.

Durch meinen Bekanntheitsgrad wurde mir oft die Bezeichnung Star-Anwalt verliehen. Mein Drogenkonsum steigerte sich, und neben Kokain griff ich auch zu Marihuana und Amphetaminen. Es wurde dann alles drastisch mehr, und während der Zeit meines dann folgenden Totalabsturzes nahm ich nahezu täglich Drogen, die mir zu hohen Preisen in diversen Bordellbetrieben angeboten worden sind. Ich verlor mein gesamtes Vermögen, da ich in Spitzenzeiten monatlich um die 30 000 Euro für diese Vergnügungen ausgab.

Trotz eines Therapieversuches konnte ich mich damals nicht von den Drogen befreien. Ich verwahrloste äußerlich, nächtigte in meiner Kanzlei, und meine Mitarbeiter und Mitarbeiterinnen suchten das Weite. Ich vergaß Termine, versäumte Fristen, fuhr in den Nächten ziellos mit dem Auto herum. Das führte dazu, dass ich im Jahr 2013 die Titelseiten der Boulevardpresse füllte mit der Headline ›Star-Anwalt liefert sich Verfolgungsjagd mit der Polizei‹. Im Zustand von Drogeneinfluss lieferte ich mir mit der Polizei, der ich unbedingt entkommen wollte, eine Verfolgungsjagd quer durch das Ruhrgebiet, zuletzt über die Autobahn 40. Nach dieser Verfolgungsjagd begab ich mich freiwillig zur Staatsanwaltschaft Bochum, um reinen Tisch zu machen. Doch nun wurde erst richtig ein Fass aufgemacht. Es folgten Kanzleidurchsuchung und Beschlagnahme sämtlicher Akten. Durch die Sparkasse veranlasste Kontopfändungen hatten zur Folge, dass ich die Anwaltszulassung verlor. Ich konnte die Berufshaftpflicht nicht mehr bezahlen, Mietschulden liefen auf. Ich musste Rechnungen bezahlen, meinen Lebensaufwand sicherstellen und arbeitete einfach weiter – als Anwalt ohne Zulassung. Nach außen hin merkte dies zunächst niemand. Nach wie vor kamen zahlreiche Mandanten zu mir. Indessen sah ich mich aufgrund des fortdauernden Drogenkonsums nicht in der Lage, korrekt den dienstlichen Aufgaben nachzukommen.

Ich versuchte es mit einem Neuanfang im Zusammenhang mit einem Insolvenzverfahren und einer freiberuflichen Tätigkeit als Berater. Doch nun merkte ich nicht mehr, wie ich selbst abgezogen wurde. Es war peinlich für mich, mich in der Not an meinen Freund, den Journalisten Günter Wallraff, wenden zu müssen, der dann so freundlich war und mehrere rückständige Mieten für mich beglich. Ich unterzog mich selbst einer Drogenentziehungstherapie, hatte zwischendurch einige Rückfälle, und heute muss ich sagen, dass es mir gelingt, nahezu drogenfrei zu leben. Und nun sitze ich hier bei Ihnen, Herr Reinhardt, und Sie müssen verhindern, dass ich jetzt zu allem Elend auch noch in den Knast muss.«

Diese Verteidigeraufgabe war wahrlich sportlich und extrem herausfordernd. Immerhin brachte Rüdiger K. bereits elf Monate Haft auf Bewährung mit (die maximale Grenze für eine Bewährungsstrafe liegt bei zwei Jahren). Und die neuen Anschuldigungen waren mit Titelmissbrauch, Beitragsvorenthaltung, Veruntreuung von Mandantengeldern, Bankrott und einem Schaden von rund 150 000 Euro auch nicht von Pappe.

»Es wird nicht einfach«, sagte ich Rüdiger K. »Aber packen wir es an.«

Im Oktober 2015 begann dann am Bochumer Amtsgericht ein mehrjähriger Justizmarathon. Das Gericht gab von Anfang an zu verstehen, dass eine Bewährungsstrafe angesichts der Vielzahl der vorgeworfenen Straftaten nicht ansatzweise in Betracht komme. Dies sah ich anders.

Die Verhandlung zog sich zunächst von Oktober 2015 bis Dezember 2015 hin und endete plötzlich aufgrund eines von mir gestellten mehrseitigen Beweisantrages. Niemand war bisher auf die Idee gekommen, die Schuldfähigkeit von Rüdiger K. überprüfen zu lassen. Für mich war das unbegreiflich: Der schwergewichtige Anwalt hatte täglich bis zu zehn Joints geraucht, war nächtelang rastlos mit dem Auto durch die Gegend gerauscht, immer wieder in Bordellen gestrandet und hatte schier unersättlich gekokst. Finanziell wurde das Geld von ihm regelrecht verballert. K. selbst hatte am ersten und zweiten Verhandlungstag am Amtsgericht in einer stundenlangen Lebensbeichte von Privatausgaben von bis zu 40 000 Euro im Monat gesprochen.

Trotzdem sah das Gericht hier keinen Zusammenhang zwischen einer Drogenabhängigkeit und den Vermögensdelikten. Auch das sah ich anders. In einem fünfseitigen Beweisantrag wurde die schwere persönliche Krise durch die Drogenabhängigkeit dargestellt. Auch wenn der Richter es gerne gemacht hätte – er konnte diesen Antrag nicht ablehnen. Der Prozess war erst einmal »geplatzt«. Es wurde ein Gutachten in Auftrag gegeben. Dies zog sich sogar bis November 2016 hin, nachdem der Sachverständige zuvor die für Sommer angedachte Terminierung schlichtweg vergessen hatte. Mittlerweile war eine weitere Anklage wegen Steuerhinterziehung hinzugekommen. Die Verhandlung vor dem Amtsgericht Bochum musste vollständig neu beginnen und zog sich bis Dezember 2016 über Dutzende von Hauptverhandlungsterminen hin. Der psychiatrische Gutachter kam zum Ergebnis einer eingeschränkten Schuldfähigkeit. Der erste Punktsieg war damit eingefahren. Doch der Richter des Schöffengerichts wollte immer noch nicht. »Für eine Bewährung gibt es keinen Raum«, legte er sich fest. Abwarten, dachte ich mir.

Im Januar 2017 ging es weiter. Es folgten abermals mehrere Hauptverhandlungstermine. Das Gericht unterbrach für mehrere Wochen und setzte zum Ablauf der bis dahin höchstmöglichen Unterbrechungsfrist von drei Wochen einen weiteren Fortsetzungstermin an. Sollte der Prozess nicht ein weiteres Mal platzen, musste an diesem Tag verhandelt werden. Dann passierte es: Herr K. meldete sich über ein ärztliches Attest aus einem Krankenhaus in der Türkei. Er hatte sich aus beruflichen Gründen in die Türkei begeben und war dort kurzfristig so erkrankt, dass auch ein stationärer Krankenhausaufenthalt notwendig wurde. Ärztlicherseits war ihm die Anstrengung einer Flugreise nach Deutschland untersagt worden. Damit platzte der Prozess erneut.

Ein dritter Anlauf startete dann im November 2017. Bis dahin waren vom ersten Tag der gerichtlichen Terminierung an bereits mehr als zwei Jahre vergangen. Am ersten Tag der Prozessfortsetzung hielt ich es für angebracht, meinen von Beginn an geplanten Vorstoß zu wagen und dem Gericht eine Verständigung nahezulegen. Immerhin handelte es sich um mehrere Hundert Fälle, und jeder Einzelfall müsste aufgearbeitet und durchleuchtet werden. Sachverständigengutachten müssten eingeholt werden, die Kosten würden der Staatskasse anheimfallen, da beim Beschuldigten wenig zu holen sei.

Nach langen und intensiven Gesprächen kam dann vonseiten des Richters das Signal, dass auch er hier »unter Zurückstellung äußerster Bedenken« eine Bewährungsstrafe für vertretbar halte. Und auch die Staatsanwaltschaft hatte sich schließlich weichkochen lassen und einer solchen Absprache zugestimmt. »Na also«, dachte ich mir. »Geht doch.« Der Justizmarathon des Rüdiger K. nahm am Ende ein für ihn glückliches Ende. Leider verstarb er wenige Monate später aufgrund einer schwerwiegenden Erkrankung im Alter von 56 Jahren. Noch heute genießen er und seine Söhne, die ihren Vater während des gesamten Prozesses begleitet und mental unterstützt haben, bei mir hohen Respekt.

STRATEGIE 7: SCHÜSSE AUF DIE SCHULDFÄHIGKEIT

Der Strafverteidiger: Burkhard Benecken

»Alkohol ist dein Sanitäter in der Not. Alkohol ist dein Fallschirm und dein Rettungsboot.« Sobald in einem Strafverfahren bei einem Tatverdächtigen Hinweise auf den Genuss von Alkohol oder anderer die Sinne trübender Substanzen aufkommen, drängt für einen Strafverteidiger immer die Schuldfrage in den Vordergrund. Mir selbst kommt als eine Art Eselsbrücke dann oft die obige Liedzeile von Herbert Grönemeyer aus dem Jahr 1984 in den Sinn.

Viele glauben, dass eine Alkoholisierung per se am Ende das Strafmaß mildere. De facto entfaltet die Blutalkoholkonzentration (BAK)* in der Regel aber erst ab einem gewissen

* Die Blutalkoholkonzentration wird in Promille gemessen. Beispiel: 1,0 Promille bedeutet, 1 Liter Blut enthält 1 Milliliter reinen Alkohol. Bei Atemalkoholtests der Polizei zeigt das Gerät den Alkoholwert in Milligramm pro Liter an. Dieser Wert ist überschlägig zu verdoppeln, um den Promillewert zu erfahren. Beispiel: Pustet man einen Wert von 0,9, hat man tatsächlich 1,8 Promille.

Wert eine Bedeutung für das Strafverfahren. Und selbst bei Erreichen bestimmter Richtwerte hängt es stets vom Einzelfall ab, ob die Alkoholisierung beziehungsweise anderweitige Berauschung die Schuldfähigkeit beeinflusst. Verminderte Schuldfähigkeit kommt ab einem BAK-Wert von etwa 2,0 Promille in Betracht. Bei Tötungsdelikten aufgrund der zu überwindenden Hemmschwelle in der Regel erst bei einem Wert von 2,2 Promille und mehr. Sobald eine 3 vor dem Komma steht, können Schuld und Strafbarkeit unter Umständen ganz entfallen. Dabei spielen dann aber auch noch Faktoren wie Gewöhnung und Ausfallerscheinungen eine Rolle. Ein Gelegenheitstrinker etwa wird sich in diesen BAK-Bereichen deutlich von einem Alkoholiker unterscheiden. Darüber hinaus droht in solchen Fällen nach § 64 StGB die Einordnung als Hangtäter und damit die Anordnung einer Unterbringung in einer geschlossenen Entziehungsanstalt. Nichtsdestotrotz kann es eine sehr wirksame Verteidigungsstrategie sein, die BAK eines tatverdächtigen Mandanten so hochzurechnen, dass er am Ende schuldunfähig ist – wie im folgenden Fall.

DER FALL: DIE SCHULD IM RAUSCH

Es war eine Liebe im Schatten von Wodka, Wut und Eifersucht: Allein wie sich Igor B. und Julia F. kennengelernt hatten, könnte unromantischer kaum gewesen sein. Julia war von Freunden gebeten worden, den ihr bis dahin völlig unbekannten Igor von einem Restaurantbesuch mitzunehmen und mit ihrem Auto nach Hause zu fahren. Igor war jedoch dermaßen betrunken, dass er sich von der zierlichen Julia gar nicht mehr aus dem Pkw bugsieren ließ. Während Julia also frühmorgens Zeitungen austrug, schnarchte Igor auf dem Beifahrersitz ihres Autos den Schlaf der Gerechten.

Letztlich war aber genau dieses Aufeinandertreffen der Startschuss für eine Beziehung. Igor und Julia verabredeten sich kurz danach wieder und wurden ein Paar. Julia wurde schwanger, aber angesichts der Tatsache, dass Igor und sie offiziell noch mit ihren Ex-Partnern verheiratet waren, entschloss sich Julia zu einer Abtreibung. Während sie danach ihr Interesse an Igor verlor, sich von ihm distanzierte und stattdessen mit anderen Männern traf, verhielt sich Igor zunehmend eifersüchtig und aggressiv. Wenn er neue Nachrichten von anderen Männern auf ihrem Handy bemerkte, rastete er aus. Mehrfach kam es vor, dass er Julia dann unvermittelt biss. Außerdem rief er die anderen Männer an, sprach Drohungen aus und zwang sie, den Kontakt zu Julia abzubrechen. Was auch gelang. Ob Igor und Julia danach noch ein Paar waren, wussten sie wahrscheinlich selbst kaum. Julia hatte vor, Igor zu verlassen, und war auch schon mit einem anderen Mann liiert. Dennoch erschien Igor immer wieder unangemeldet vor ihrer Wohnung, versprach, dass er seine Frau verlassen und dauerhaft zu ihr ziehen werde. Beziehungsstatus: on-off und echt kompliziert.

Am 3. November 2018 kam es dann zu einem furchtbaren Gewaltexzess. »Ich weiß nicht, wie das passiert ist. Ich wollte das nicht«, sagte Igor später vor Gericht aus. Am Abend dieses 3. November hatte es mal wieder Streit gegeben. Igor war wie so oft unangemeldet bei Julia aufgetaucht und hatte mitgekriegt, dass Julia dabei war, mit einem anderen Mann zu chatten. Er geriet in Rage, biss erneut zu, schlug Julia mit der Faust auf die Nase. Ihre Unterlippe platzte auf. Um sich wieder zu versöhnen, wurde getrunken. Vor allem Igor kippte flaschenweise Wein in sich hinein, dann Wodka. Am Morgen war er sturzbetrunken. Höchstwahrscheinlich zwischen 5 und 6 Uhr früh schloss Igor die Schlafzimmertür ab, weckte die bereits schlafende Julia, vergewaltigte sie unfassbar brutal unter Zuhilfenahme eines Gegenstandes und filmte das Ganze per Handy. Bevor er verschwand, drohte er ihr: »Wenn du die Polizei einschaltest, werde ich deine Kinder töten.« Julia rief trotzdem die Polizei und erstattete frühmorgens auf der Wache Strafanzeige. Nach kurzer Suche wurde Igor festgenommen.

Im Prozess hat das Essener Landgericht gegen Igor zwei Jahre Haft auf Bewährung verhängt. Der Bauarbeiter hatte sich im Prozess entschuldigt, seiner Ex-Geliebten 8000 Euro Schmerzensgeld gezahlt und jeden Kontakt abgebrochen.

Wie kann es sein, dass das Urteil so milde ausgefallen ist? Die Verteidigungsstrategie bestand darin, eine möglichst hohe, aber andererseits auch realistische Alkoholmenge zu erreichen, die Igor im Optimalfall die Schuldunfähigkeit bringt. Um es vorwegzunehmen: Bei Igor ließen sich 4,2 Promille berechnen. Damit konnte er aufgrund von Schuldunfähigkeit nicht wegen Vergewaltigung bestraft werden, durfte aber auch nicht freigesprochen werden, da es einen sogenannten Auffangtatbestand gibt, nämlich den des Vollrausches. Dieser dient dazu, Gerechtigkeitslücken wegen Schuldunfähigkeit zu vermeiden. Dabei liegen zwischen den gesetzlich verankerten Strafhöhen Welten: Bei Vergewaltigung liegt der Strafrahmen normalerweise bei mindestens zwei und maximal fünfzehn Jahren Haft. Bei Vergewaltigung im Vollrausch hingegen ist eine Geldstrafe beziehungsweise eine Haftstrafe von maximal fünf Jahren festgeschrieben.

Um diesen Auffangtatbestand als Strafverteidiger wirksam werden zu lassen, braucht man also zunächst einen Rausch des Mandanten im Tatzeitpunkt. Für den Alkoholrausch hat der Bundesgerichtshof festgestellt, dass es keinen Automatismus zwischen einem bestimmten Promillewert und einer gegebenen verminderten oder gar ausgeschlossenen Schuldfähigkeit gibt. Das heißt, als Verteidiger ist man gezwungen, auf eine Beweisaufnahme hinzuarbeiten, die ergibt, dass der

Mandant als »völlig neben der Spur« handelnd eingestuft werden kann. Im Fall von Igor hat im Prozess sogar das Vergewaltigungsopfer bestätigt, dass er während der Tat gänzlich neben sich stand. Er lallte nur, schlief immer wieder halb ein, konnte sich kaum auf den Beinen halten, als er zur Toilette ging, und schüttete Wodka in den Kerzenständer. Diese Aussage hat uns vor Gericht natürlich in die Karten gespielt, denn starke motorische Einschränkungen sowie abstruses Verhalten sprechen indiziell für Schuldunfähigkeit.

Hinzu kam noch: Wenn die Polizei jemanden direkt am Tatort oder kurze Zeit später festnimmt, wird in der Regel eine Blutprobe durch einen Amtsarzt entnommen. Das heißt, es lässt sich dann kaum über den Promillewert streiten. In den meisten Fällen – so auch in unserem – ist es aber so, dass die Anzeige erst später erstattet wird oder der Beschuldigte nicht direkt angetroffen wird. Als Igor am Folgetag festgenommen wurde, hatte er zwar noch Alkohol im Blut – 2,42 Promille um 13 Uhr und 2,35 Promille um 13:31 Uhr –, aber noch nichts zur getrunkenen Menge gesagt. In solchen Fällen muss man als Verteidiger mit dem Mandanten besprechen, wann er begonnen hat zu trinken – da ein stündlicher Abbau des Promillewertes zu berücksichtigen ist – und welche Menge er konsumiert hat. Dann gilt es, den Promillewert zu berechnen. Was viele nicht wissen: Den Alkoholwert kann sich jeder spielend selbst zu Hause ausrechnen. Hierfür wird die sogenannte Widmark-Formel verwendet. Die Formel berücksichtigt, dass der Anteil von Körperflüssigkeit am Körpergewicht bei Männern etwa 68 Prozent und bei Frauen 55 Prozent beträgt. Konkret lautet die Formel wie folgt:

$$\frac{\text{Aufgenommene Alkoholmenge in Gramm}}{(\text{Körpergewicht in Kilogramm} \times \text{Anteil Körperflüssigkeit})} = \begin{matrix}\text{BAK}\\ \text{(Promille)}\end{matrix}$$

Die Alkoholmenge in Gramm wird so berechnet:

$$\text{Menge in ml} \times \frac{\text{(Vol.-\%}}{\text{100)}} \times 0{,}8 \quad = \text{Gramm reiner Alkohol}$$

Eine kleine Flasche Bier (330 ml, 4,8 Vol.-%) hat somit 12,7 Gramm reinen Alkohol (330 ml x (4,8 / 100) x 0,8). Angenommen, es werden drei Flaschen Bier (à 0,3 l, ca. 4,8 Vol.-%) getrunken und die betreffende Person wiegt 70 Kilogramm, dann errechnet sich der Promillewert wie folgt:

$$\text{Beispiel Mann:} \quad \frac{\text{(3} \times \text{12,7 Gramm Alkohol)}}{\text{(70 Kilogramm} \times \text{0,68)}} = \text{0,80 Promille}$$

$$\text{Beispiel Frau:} \quad \frac{\text{(3} \times \text{12,7 Gramm Alkohol)}}{\text{(70 Kilogramm} \times \text{0,55)}} = \text{0,99 Promille}$$

Auch wenn wir Juristen allesamt keine Mathematiker sind, ist es als Strafverteidiger notwendig und erforderlich, diese Berechnungen vornehmen zu können. Oft hat man Mandanten, die nur vage Angaben machen, und teilweise bekommt man auch völlig unrealistische Trinkverläufe geschildert. Wenn beispielsweise ein Mandant behauptet, er hätte drei Flaschen Wodka innerhalb von fünf Stunden getrunken, weiß ich, dass das nicht stimmen kann, weil er dann, bei einem Körpergewicht von 75 Kilogramm, medizinisch tot wäre. Es gilt vielmehr, die oftmals konfuse Erzählung des Mandanten zu sortieren, eine genaue Trinkmenge zu ermitteln und dann, wie bereits erwähnt, eine Berechnung anzustellen, die noch im Bereich des Realistischen liegt.

Im Fall von Igor B. ist es gelungen, eine Verurteilung nur wegen Vollrausches zu erstreiten. Der Vorsitzende Richter am Landgericht Essen führte in seinem Urteil aus, dass eine Verurteilung wegen Vergewaltigung bei Nichtannahme von Schuldunfähigkeit durch Alkohol eine Strafe in der Größenordnung von fünf Jahren ergeben hätte. Der Promillewert jedoch führte zu einer Bewährungsstrafe.

Das mag vielen ungerecht erscheinen: Wie kann es sein, dass jemand am Ende mit einer Bewährungsstrafe davonkommt, nur weil er Unmengen von Alkohol getrunken hat? Unser Strafrecht basiert jedoch auf dem Grundsatz, dass ein Täter schuldhaft handeln und es im Gegenzug berücksichtigt werden muss, wenn jemand im Tatzeitpunkt eingeschränkt ist, sei es durch Alkohol, sei es durch Handeln im Affekt, sei es durch eine psychische Störung. Wer selbst schon einmal im Zustand hochgradiger Alkoholisierung Mist gebaut hat, kann sicherlich besser nachvollziehen, wie sehr Alkohol einen Menschen verändern kann. Und wenn jemand nicht Herr seiner Sinne ist, kann er auch nicht so bestraft werden wie jemand bei klarem Verstand.

STRATEGIE 8: DIE MAGISCHE KRAFT DES PLÄDOYERS

Der Strafverteidiger: Burkhard Benecken

Am Ende eines jeden Strafverfahrens vor Gericht, wenn die Beweisaufnahme bereits geschlossen ist, bekommen zunächst die Staatsanwaltschaft, dann – sofern beteiligt – die Opfervertretung und zum Schluss die Verteidigung die Möglichkeit, in einem Schlussvortrag noch mal die wichtigsten Punkte vorzutragen. Immer wieder höre ich von Strafverteidigerkollegen: Ach, das Plädoyer, das Gericht hat doch das Urteil längst im Kopf, und seien wir ehrlich, unsere Worte sind doch nur für die Galerie.

Ich muss den Kollegen in dem einen oder anderen Fall – leider – recht geben. Bei einer Verteidigung vor dem Schöffengericht habe ich es einmal selbst erlebt, dass nach den Schlussvorträgen der Verteidiger das Gericht eine zehnminütige Beratungspause anberaumt hatte und der Richter danach seitenlang Gedrucktes als Urteilsbegründung vorlas. Natürlich wusste hier jeder: Das Urteil war schon vor den Schlussvorträgen geschrieben und damit längst gefällt worden.

Ich habe aber in vielen anderen Fällen die Erfahrung gemacht, dass man mit einem gut gehaltenen Schlussvortrag ein Gericht durchaus noch in die gewollte Richtung lenken kann. Dabei gibt es gewisse Techniken. Zu den wichtigsten zählt für mich, dass man die gegen den Mandanten sprechenden Umstände in aller Deutlichkeit kommuniziert. Denn wenn man sie selbst schon thematisiert hat, können sie in der richterlichen Urteilsbegründung in der Regel nicht mehr eine solche Kraft entfalten, als wenn das Gericht sie zum ersten Mal erwähnt.

Des Weiteren ist ein empathischer Umgang mit der Opferseite sehr wichtig. Greift man im Schlussvortrag ein Opfer zu sehr an, kann dies gegen den Mandanten verwendet werden. Vielmehr sind Einfühlungsvermögen und der richtige Ton gefragt. Und: Man sollte das Plädoyer nicht zu »steif«, nicht zu juristisch gestalten. Natürlich muss sich auch der Verteidiger mit den im Einzelfall relevanten rechtlichen Problemen auseinandersetzen. Häufig lassen genau diese das Plädoyer fast gleich lauten wie andere, wodurch sich beim Gericht ein Alles-schon-mal-gehört-Gefühl einstellt. Interessant finden Richter hingegen Schlussvorträge, die außergewöhnlich daherkommen und beispielsweise einen rechtsphilosophischen Ansatz in den Fokus stellen, aus der Weltliteratur zitieren oder eine interessante, kriminologische Studie heranziehen. Der Kreativität des Verteidigers sind hier keine Grenzen gesetzt, und gerade deshalb mag ich Schlussvorträge ganz besonders.

In den meisten Fällen plädiere ich aus dem Stand, wenn überhaupt (zum Beispiel in umfangreichen Prozessen) schreibe ich mir kurze Stichworte auf. Meines Erachtens entfalten sich Gedanken dann am stärksten, wenn sie spontan entwickelt werden. Ich bin sogar der Auffassung, dass man einem gut gehaltenen Plädoyer fast schon eine »magische Kraft« zuschreiben kann dergestalt, dass man einen verloren geglaubten Prozess noch herumreißen kann und etwa eine Haftstrafe in eine Bewährungsstrafe verwandeln kann.

Geschehen zum Beispiel in dem Fall, in dem ich einen jungen Mann, der sich DJ Stolen nannte, verteidigte. Aus seinem Kinderzimmer heraus hatte er sogenannte »Phishing-E-Mails« an weltbekannte Musiker wie Kesha, Justin Timberlake und Lady Gaga gesandt und ihnen mit diesem Cyber-Trick zahlreiche bislang noch unveröffentlichte, brandaktuelle Tracks geklaut. Natürlich hatte er einige dieser Musikstücke gewinnbringend übers Internet weiterverkauft. Die Musikindustrie bezifferte den Schaden auf rund zehn Millionen Euro. Es ging um viel, weil der Mandant nach einer ersten Wohnungsdurchsuchung dreisterweise weitere Klau-E-Mails versendet hatte. Es sah nun wirklich nicht rosig aus, sondern nach einer Haftstrafe. So galt es, mit dem Plädoyer den Erziehungsgedanken des Jugendstrafrechts, die Unerfahrenheit des Mandanten hervorzuheben und seine Unverfrorenheit dadurch etwas abzumildern.

Sinngemäß könnte mein damaliges Plädoyer vor dem Jugendschöffengericht so ausgesehen haben:

> »Hohes Gericht, sehr geehrte Frau Staatsanwältin,
>
> mein Mandant war im Tatzeitpunkt achtzehn Jahre alt. Richtigerweise darf ich sogar formulieren: Er war achtzehn Jahre jung. Und genau das ist der für mich entscheidende Ansatzpunkt in diesem Strafverfahren.

DJ Stolen fällt, ich darf insofern auf die Ausführungen der Jugendgerichtshilfe verweisen, ganz sicherlich unter das Jugendstrafrecht, weil bei ihm noch Reifeverzögerungen festzustellen sind. Mein Mandant hatte noch keinen festen Lebensplan, er hat in den Tag hineingelebt, Tage und Nächte in seinem Kinderzimmer vor dem Computer verbracht und war im Tatzeitpunkt noch keine so gefestigte Persönlichkeit, dass ihm schon Erwachsenenreife zukäme. Wenn wir hier in diesem Verfahren zur Anwendung von Jugendstrafrecht kommen, dann, sehr geehrte Frau Staatsanwältin, muss ich sagen, dass mir bei Ihren Ausführungen der im Jugendstrafrecht geltende Erziehungsgedanke deutlich zu kurz gekommen ist. Ihre Erwägungen in Ihrem Schlussvortrag, insbesondere der angeblich hohe Schaden bei der Musikindustrie und die Dreistigkeit meines Mandanten, nach der ersten polizeilichen Durchsuchung weiterzumachen mit dem Versenden von Phishing-E-Mails an international bekannte Künstler, sind Erwägungen, die sicherlich Berücksichtigung finden müssen. Ja, mein Mandant war dreist. Ja, mein Mandant hat Fehler gemacht. Ja, mein Mandant hätte nach der Durchsuchung nicht noch weitere E-Mails versenden sollen. Aber: Bei aller Dreistigkeit, wie hoch war denn seine wirklich an den Tag gelegte kriminelle Energie? Er hat nichts getan, außer anonym über das Internet Phishing-E-Mails an diese Musiker abzuschicken. Er hat nicht den Geschädigten in die Augen geblickt, er hat sich in dieser anonymen Welt des Internets verschanzt, und es fällt gerade bei Straftaten über das Internet den Tätern immer viel leichter, Entsprechendes umzusetzen, weil es die Täter-Opfer-Situation im Sinne eines Live-Treffens gar nicht gibt. Dieser Umstand schwächt die von Ihnen, Frau Staatsanwältin, angeführte Dreistigkeit des Mandanten sicherlich ab. Auch darf man eines im Zusammenhang mit der an den Tag gelegten kriminellen Energie nicht vergessen: Meinem Mandanten wurden die Taten unheimlich leicht gemacht. Man kann es kaum fassen, dass weltbekannte, millionenschwere Künstler wie Justin Timberlake & Co. keine geeigneten Sicherungsmaßnahmen finden, um sich vor Phishing-E-Mails achtzehnjähriger Teenager aus Deutschland zu schützen. DJ Stolen hätte es doch selbst niemals für möglich gehalten, dass er in diesem elitären Spektrum von Musikern ernsthaft mit seinen selbst gebastelten E-Mails Erfolg hat. Auch das Herstellen der Klau-Nachrichten war ein Kinderspiel: Die Anleitung gab es im Netz, keine zehn Minuten hat es gebraucht, um eine entsprechende Phishing-E-Mail zu produzieren. Dies zeigt: Die an den Tag gelegte kriminelle Energie war verschwindend gering.

Und eines muss ganz deutlich gesagt werden: Der angebliche Schaden von nahezu zehn Millionen Euro ist von der Musikindustrie über die Presse pauschal in den Raum gestellt worden, aber durch nichts bewiesen. Ich bezweifle sogar, dass die Musikindustrie überhaupt einen Schaden genommen hat. Ich habe im Vorfeld dieses Prozesses mit einem weltbekannten Discjockey gesprochen, der mir berichtete, von vielen Musikern mit noch unveröffentlichten Tracks versorgt zu werden, die gezielt auch vorab über das Internet verbreitet werden sollen. Ein solches Vorgehen kann heutzutage eine Marketingstrategie sein, um ›Fame‹ zu erlangen. Den klassischen Plattenverkauf gibt es ohnehin nicht mehr. Von daher bezweifle ich nicht nur den Schaden, sondern sehe womöglich noch für die betreffenden Musiker einen PR-Effekt durch das, was mein Mandant letztlich getan hat. Selbst wenn man dies aber anders sehen sollte, ist dieser Umstand, nämlich der angebliche Schaden, ein Punkt, der im Jugendstrafrecht längst nicht die Beachtung finden darf wie im Erwachsenenstrafrecht. Wenn wir den Erziehungsgedanken für junge Menschen ernst nehmen, den uns das JGG (Jugendgerichtsgesetz) vorgibt, sollte im Vordergrund stehen, dass dieser junge Mensch auf die rechte Bahn gebracht wird. Und welch hohen Vermögensschaden er bei irgendwelchen internationalen Plattenfirmen, die Millionen oder gar Milliarden Umsätze fahren, in einem gewissen, sicherlich überschaubaren Bereich möglicherweise angerichtet hat, darf getrost vernachlässigt werden. Wir müssen uns vielmehr fragen: Was würde denn aus diesem jungen Mann werden, Frau Staatsanwältin, wenn wir ihn tatsächlich drei oder dreieinhalb Jahre in ein Jugendgefängnis einsperren würden? Ich darf auf zahlreiche kriminologische Untersuchungen hierzu verweisen, die zeigen, dass ein Jugendgefängnis in vielen Fällen die jungen Menschen, die zunächst auf dem falschen Weg sind, aber noch nicht verloren sind, in den absoluten Abgrund führt. Der Hintergrund ist, dass sie dort andere junge Menschen treffen, die oft noch viel verdorbener und krimineller als sie selbst sind – hierdurch werden sie regelrecht angesteckt. Daher gilt doch gerade im Jugendstrafrecht als oberster Grundsatz: Wir müssen versuchen, stationäre Sanktionen wie eine Haftstrafe mit drohenden möglichen schweren Schäden für den jungen Menschen zu vermeiden und auf ein möglichst mildes Mittel als Sanktion zurückgreifen. Stationäre Sanktionen wie Haftstrafen oder auch Jugendarrest dürfen immer nur Ultima Ratio sein. Möchten Sie meinen Mandanten tatsächlich jetzt in ein Jugendgefängnis einsperren, wo er auf Gewaltverbrecher trifft, auf junge Menschen, die drogenabhängig sind, auf Menschen, die im Extremfall andere Menschen umgebracht haben? Und das, weil mein Mandant bei Nacht und Nebel aus seinem Kinderzimmer heraus E-Mails verschickt hat und selbst nicht daran geglaubt hat, dass er hierdurch ernsthaft an irgendwelche Musikdateien weltbekannter Künstler kommt? Dieser neben mir sitzende Teenager passt doch überhaupt gar nicht in ein Gefängnis. Er ist ein noch unreifer Mensch, der in dieser Angelegenheit hier sicherlich schwerwiegende Fehler gemacht hat, die er auch zutiefst bereut. Dafür ist er auch zu bestrafen. Wenn wir das Jugendstrafrecht aber ernst nehmen, dürfen wir es nicht im Sinne einer Haftstrafe oder eines Arrestes tun, sondern sollten dem Mandanten die Möglichkeit einer Bewährung einräumen. Eine solche Bewährungsmöglichkeit würde ihm eröffnen, über einen gewissen Bewährungszeitraum nachzuweisen, dass er dazugelernt hat, dass er nicht mehr in alte Verhaltensmuster verfällt. Gerade das Damoklesschwert der Bewährung, welches über ihm schwebt, kann eine enorm positive Wirkung entfalten. Er weiß nämlich, mache ich noch den kleinsten Fehler, geht es hinter Gitter. Dieses kann ein enormer Ansporn sein, ab jetzt nicht einmal mehr bei Rot über die Ampel zu gehen. Zumal der neben mir sitzende junge Herr jetzt in einem Alter ist, wo Jugendkriminalität – wie zahlreiche Studien zeigen – fast wie von Geisterhand von allein verschwindet. Es ist nachgewiesen, dass ein sprunghafter Anstieg der Kriminalität, gerade bei männlichen Jugendlichen im Alter von sechzehn bis siebzehn Jahren mit normabweichendem Verhalten gegeben ist, wobei man insofern von Ubiquität von Jugendkriminalität spricht. Ebenso ist bekannt, dass dieses normabweichende Verhalten von jungen Menschen fast automatisch ohne irgendeine Sanktionierung im Alter von 20 bis 21 Jahren in der Regel endet.

Von daher bitte ich das Gericht um eine angemessene, dem Erziehungsgedanken gerecht werdende Strafe, die insbesondere das vollumfängliche und aufklärende Geständnis meines Mandanten berücksichtigt, welches die Beweisaufnahme ganz erheblich abgekürzt hat. Eine Bewährungsstrafe hielte ich für eine sinnvolle Sanktion. Sollte das Gericht zum jetzigen Zeitpunkt letzte Zweifel haben, meinen Mandanten unter Bewährung zu stellen, rege ich an, die Entscheidung über einen gewissen Zeitraum zurückzustellen, was uns das Jugendstrafrecht ermöglicht. Mein Mandant würde jeglichen Bewährungsauflagen Folge leisten und hätte beispielsweise bei einer Arbeitsauflage hier ein Urteil erstritten, das nicht nur auf dem Papier steht, sondern für ihn für geraume Zeit hin deutlich fühlbar bleibt. Ich bitte in diesem Sinne um ein mildes, um ein gerechtes Urteil. Ich darf schließen mit einer rechtsphilosophischen Weisheit: Gerechtigkeit ohne Barmherzigkeit ist Grausamkeit.«

Tatsächlich haben meine Worte das Jugendschöffengericht seinerzeit erreicht. Der Mandant wurde nämlich nicht – wie allgemein erwartet worden war – zu einer Gefängnisstrafe verurteilt, sondern die Verhängung einer Jugendstrafe wurde zunächst für einen Zeitraum zurückgestellt, und DJ Stolen hat dann Monate später in einem außergerichtlichen Verfahren (dies ist eine besondere Möglichkeit im Jugendstrafrecht) eine Bewährungsstrafe erhalten. Tatsächlich hat er die Bewährungszeit ohne Verstöße durchlebt und ist nicht mehr negativ aufgefallen. Und, auch dies darf angemerkt werden: Die betroffenen Musiker wie Kesha, Justin Timberlake und Lady Gaga konnten sicherlich damit leben, dass ihnen der ein oder andere unveröffentlichte Track von meinem Mandanten »gestohlen« worden war.

7

EINE WOCHE IM LEBEN EINES STRAFVERTEIDIGERS

Der Strafverteidiger: Burkhard Benecken

Ally McBeal, Madlock, Ein Fall für zwei, Liebling Kreuzberg und wie sie alle heißen: Es gibt neben Ärzten wohl kaum eine Berufsgruppe, über die so viele klischeehafte TV-Serien existieren, wie Rechtsanwälte – und im Besonderen Strafverteidiger. Gerichtstermine folgen Schlag auf Schlag, ein brillantes Plädoyer jagt das nächste. Das Bild, das im TV von einem Tag im Leben eines Strafverteidigers gezeichnet wird, hat zwar durchaus Glanz, aber schaut man einmal genau hin, ist es doch auch ein wenig eintönig. Dabei zeichnet den Alltag eines Strafverteidigers weit mehr aus als die Pendelei zwischen dem örtlichen Gerichtssaal, einer großen Fanta neben einem Teller mit Erbsensuppe in der Gerichtskantine und dem Studium von staubigen Akten in der Kanzlei. Schon der Begriff »Alltag« ist im Grunde falsch, weil jeder Tag eine neue, außergewöhnliche Geschichte mit sich bringt. Ein Tag im Leben eines Strafverteidigers ist abwechslungsreicher, spektakulärer und faszinierender, als die TV-Serien einem weismachen wollen. Und tatsächlich auch schnelllebiger.

»Seit wann lebst du eigentlich so schnell?« Als mir meine damalige Freundin, eine Architekturstudentin, diese Frage stellte, wusste ich im ersten Moment gar nicht, was genau sie meinte. Dass sie mir Abend für Abend mit vor Begeisterung funkelnden Augen Aufmerksamkeit schenkte, wenn ich wie ein Wasserfall von meinen alltäglichen Erlebnissen vor Gericht und mit den Mandanten – natürlich unter Wahrung meiner Schweigepflicht – berichtet habe, habe ich sehr wohl registriert. Ihr Zuspruch tat mir gut, ihre Begeisterung für meinen Job brachte stets neue Energie. Bei ihr löste der Beruf des Strafverteidigers pure Faszination aus.

Ich konnte das nur allzu gut verstehen, ich selbst fand die Welt des wahren Verbrechens schon immer faszinierend. Wer wie ich als Strafverteidiger täglich in diese Welt eintaucht, der weiß: Sie ist nicht nur abgrundtief böse, sie hat auch etwas magisch Anziehendes. Das liegt sicher auch daran, dass Strafverteidiger mitten im Leben stehen und in ihrem Beruf gewissermaßen ein Spiegelbild der Gesellschaft, wenn man so will des Zeitgeists geliefert bekommen. In der Tat haben mich schon zahlreiche meiner prominenten Mandanten, die selbst spannende Berufe ausüben, gefragt, ob sie mir mal über die Schulter schauen könnten. Den einen oder anderen habe ich mitgenommen, vors Gericht, in die Kanzlei, um ihnen einen Einblick in unser tägliches Geschäft zu gewähren. Eine Schauspielerin meinte nach dieser Kurzhospitation: »Das, was du dort sehen kannst, ist aufregender und facettenreicher als all das, was sich irgendwelche Kinoregisseure oder Macher von Fernsehdokumentationen in ihren kühnsten Träumen ausmalen können.«

Nachfolgend möchte ich auch Sie an einer ganz normalen Woche im Leben eines »Advokaten des Bösen« teilhaben lassen.

RECHT BÖSE – EINE WOCHE IM FRÜHJAHR 2021

Montag:
Marl, Münster, Dorsten, Wesel, Marl, Frankfurt am Main

07:45 Uhr, Marl: Ich steige ins Auto und fahre aus dem Ruhrgebiet raus in Richtung Norden über die Autobahn A43 nach Münster. Im Jahr fahre ich beruflich rund 100 000 Kilometer. Die heutige Gerichtsverhandlung fängt wie vielerorts üblich klassisch um neun Uhr an. Ich schaue, dass ich spätestens eine Viertelstunde vor Terminbeginn an dem Saal im Gericht stehe, damit keine Hektik aufkommt. Ein kurzes Gespräch mit dem Mandanten vor Sitzungsbeginn ist oft sehr wichtig, um ihm noch einmal ganz prägnant die wichtigsten Details mitzugeben.

09:05 Uhr, Münster: Der Prozess am Amtsgericht beginnt. Meinem Mandanten, einem Schaustellersohn, wird vorgeworfen, im Oktober 2020 auf einer Alternativ-Kirmesveranstaltung in Münster eine aus der Türkei stammende Frau beleidigt zu haben. Die Kirmesbesucherin hatte auf die Einhaltung des zur Eindämmung des Corona-Infektionsrisikos empfohlenen Abstandes hingewiesen, mein betrunkener Mandant hatte sie daraufhin vor Zeugen hässlich und sexistisch beleidigt. Gleich vier Zeugen belasten ihn nach der Akte schwer. Hier gibt es nur eine Strategie: Einsicht zeigen. Der Mandant entschuldigt sich schonungslos und aufrichtig für seine im hochgradigen Alkoholrausch getätigten, völlig neben der Sache liegenden Pöbeleien. Die Betroffene und ihr Mann nehmen die Entschuldigung nicht an und beginnen stattdessen, meinen Mandanten mehr oder weniger zu beschimpfen. Ein ungeahnter Trumpf. Denn das kommt bei der Vorsitzenden Richterin gar nicht gut an und spielt uns voll in die Karten: Trotz massiver Vorstrafen wird gegen meinen Mandanten nur eine kleine

Geldstrafe von lediglich 60 Tagessätzen zu 35 Euro, mithin 2100 Euro, verhängt. Draußen vor der Tür ist der Mandant überglücklich, um eine Bewährungsstrafe herumgekommen zu sein. Bei der Verabschiedung fragt er mich, ob ich überhaupt noch wüsste, wie er seinerzeit auf mich als Verteidiger gekommen sei, als er vor über zehn Jahren zum ersten Mal bei mir war. Er erinnerte mich daran, dass ich ursprünglich als Geschädigtenvertreter agiert habe – also auf der anderen Seite – und ihn im Gerichtssaal regelrecht schwindlig gefragt habe, was ihm schwer imponiert habe. Für einen Strafverteidiger ist es die höchste Auszeichnung, wenn ein ehemaliger Gegner mit einer späteren Strafsache überwechselt. Es ist nun 09:40 Uhr, meine zeitliche Kalkulation geht auf, die nächste Sache beim Amtsgericht in Dorsten steht erst um 11 Uhr an. Auf dem Weg dorthin telefoniere ich mit unserer Kanzlei und regele Organisatorisches, die Buchhaltung gibt mir die aktuellen Umsätze durch. Als Strafverteidiger sind wir selbstständig und so natürlich auch Unternehmer.

10:35 Uhr, Dorsten: Ich fahre beim Amtsgericht Dorsten vor, einem Gericht, das ich recht häufig frequentiere. Mein zweiter Fall heute betrifft eine Mandantin. In der Statistik macht Frauenkriminalität nur rund fünf Prozent aus, meine Wahrnehmung hingegen ist, dass immer mehr Frauen in den Verdacht geraten, Straftaten zu begehen. Wie so oft sind daran allerdings die Männer schuld. Tatsächlich steht bei dieser Mandantin nach Akteninhalt zu vermuten, dass die im Kleiderschrank gefundenen eineinhalb Kilo Marihuana womöglich ihrem Freund gehören könnten, der mutmaßlich ein umtriebiger Marihuana-Dealer sein soll. Die Beweislage der Akte ist schnell geschildert: In dem Bungalow, in dem meine Mandantin wohnt, lebt u. a. auch ihr Vater, und es haben nachweislich mehrere Personen ständigen Zutritt zu der Örtlichkeit.

Insofern zielen wir, da auf der Klarsichttüte mit dem Marihuana keine Fingerabdrücke meiner Mandantin gefunden wurden, auf einen Freispruch ab und haben deshalb beschlossen, die stärkste Waffe des Beschuldigten einzusetzen, nämlich das Schweigerecht.

Auf dem Weg in den Gerichtssaal begrüßt mich der ermittelnde Polizeibeamte, wir kennen und schätzen uns gegenseitig. Er ist hier im Kreis der absolute Spezialist für Betäubungsmittelkriminalität. Die Hauptverhandlung läuft zu unseren Gunsten, ich weise auf die Rechtsprechung des Bundesgerichtshofs zu sogenannten gemischt genutzten Gebäuden hin: Es reicht schlichtweg als Beweis nicht aus, dass in der Wohnung einer Person eine bestimmte Menge Betäubungsmittel gefunden wird; vielmehr muss dieser Fund auch einer konkreten Person zugeordnet werden. Ist dies nicht möglich, muss freigesprochen werden. Insgesamt werden siebzehn Zeugen gehört. Am Ende steht nur eines fest: Man weiß nicht, wem das Marihuana gehört, und meine Mandantin freut sich über den folgerichtigen Freispruch. Draußen vor der Tür des Amtsgerichts verabschiede ich mich von meiner Mandantin und ihrem Freund mit den Worten: »Mal wieder ist jemand unschuldig in Verdacht geraten.« Wir zwinkern uns zu, und ich fahre weiter zu einer Besprechung mit einem Anwaltskollegen.

14:10 Uhr, Wesel: Ich komme an der Kanzlei von Rechtsanwalt Dirk Giesen an. Die Kanzlei ist wunderschön gelegen, es gibt eine fast 500 Meter lange Privatallee, es fühlt sich so an, als ob man auf ein englisches Schloss zufährt. Tatsächlich tut sich eine weiße Villa aus dem Jahr 1868 auf. Rechtsanwalt Giesen, den ich kenne, weil er mich als sogenannter Repetitor für das erste Staatsexamen ausgebildet hat, begrüßt mich. Wir arbeiten seit Jahren eng zusammen. Giesen macht kein Strafrecht, sondern ist Deutschlands Koryphäe im Medienrecht. Bei ihm gehen die Schönen und Reichen ein und aus, internationale Stars wie Giorgio Moroder, TV-Größen wie Joko Winterscheidt oder Influencer-Stars wie Bonnie Strange sind bei ihm Mandant. Giesen begleitet mich in den Besprechungsraum. Der Stuck an der viereinhalb Meter hohen Decke fällt mir ins Auge, ebenso die Presseschau, die mein Kollege auf dem großen Holztisch ausgebreitet hat. »Assauer: Macher, Mensch, Legende« lautet die Überschrift eines Artikels, daneben eine aufgeschlagene Illustrierte mit einem Interview von Katy Assauer, der leiblichen Tochter des verstorbenen ehemaligen Schalke-Managers Rudi Assauer. Giesen und ich vertreten die andere leibliche Tochter Assauers, Bettina Michel. Die beiden Halbschwestern liegen im Clinch. Ursprünglich hatte Bettina Michel mich allein beauftragt. Wenn aber ein Strafverfahren besondere medienrechtliche Dimensionen annimmt, wie es bei dem Namen Assauer naturgemäß der Fall ist, ziehe ich gerne den Experten für Medienrecht hinzu, um meine Mandantin vor ungerechtfertigter Berichterstattung zu schützen. Giesen und ich haben mittlerweile in Hunderten Fällen zusammengearbeitet.

Wir sprechen kurz über das bereits eingestellte Strafverfahren gegen unsere Mandantin Michel. Katy Assauer hatte unsere Mandantin über eine Medienrechtskanzlei aus Berlin angezeigt. Man merkte jedoch schon bei der Lektüre der anwaltlichen Strafanzeige, dass hier kein ausgewiesener Strafrechtler am Werk war. Im Kern ging es darum, dass Katy Assauer angeblich die Urne ihres gemeinsamen Vaters ausgraben und auf den Schalke-Friedhof versetzen lassen wollte. Ein Vorhaben, das bei unserer Mandantin auf gröbstes Unverständnis stieß. Ein Nachrichtenmagazin hatte online berichtet, Bettina Michel hatte über Giesen und mich eine Aussage weiterreichen lassen mit folgendem Inhalt: »Rudi Assauers Urne ausgraben lassen? Unsere Mandantin fragt sich mittlerweile, ob bei ihrer Schwester etwas im Kopf ›ausgegraben‹ wurde.«

Katy Assauer fühlte sich aufgrund dieser ersichtlich zulässigen Äußerung in ihrer Ehre gekränkt. Die Berliner Anwälte, die möglicherweise mehr auf ihr Honorar als auf die Mandantin aus waren, haben daraufhin eine seidenweiche Strafanzeige geschrieben, die jeder erfahrene Strafverteidiger sofort zerlegt. So ist es auch hier geschehen. Die Staatsanwaltschaft hat nach einer kurzen Stellungnahme von uns das Strafverfahren folgenlos eingestellt. Wir hatten in unserer Erklärung insbesondere darauf hingewiesen, dass das Wort »ausgegraben« in dem freigegebenen Statement ganz bewusst in Anführungszeichen gesetzt worden war, um den ironisch-symbolischen Ausdruck zu unterstreichen. Tatsächlich hatte der Journalist das in dem Online-Artikel nicht korrekt wiedergegeben. Wieder einmal hat es sich bewährt, die an Journalisten weitergegebenen Zitate auszudrucken und aufzubewahren, um sie im Streitfall zur Entlastung vorzulegen.

Auch der zweite Fall, den ich mit Rechtsanwalt Giesen heute bespreche, hat mit dem Fußballverein Schalke 04 zu tun. Ich verteidige einen Herrn, einen soliden Mann, mitten im Leben stehend, dem nachgesagt wird, er sei ein Schalker Hooligan und er habe mit drei anderen angeblichen Schalker Hooligans am Rande eines Champions-League-Spiels zwischen Schalke 04 und Manchester City einen englischen Fan ins Koma geschlagen. Auch dieser Fall wird medial beleuchtet, weshalb die Kooperation zwischen Strafverteidiger und Medienrechtler für den Mandanten abermals wichtig ist. Gerade in der Zeit von Online-Artikeln ist es für viele Mandanten unbezahlbar, wenn ein Medienrechtler unmittelbar nach Erscheinen des Artikels bereits die einstweilige Verfügung angestellt hat.

Giesen hat einen Leitfaden ausgearbeitet, wie Mandanten sich in solchen Fällen verhalten sollen, und schickt mit Blick auf mögliche Berichterstattung vorab auch eine Stellungnahme an die einschlägig bekannten Medien, um diese von einer etwaigen einstweiligen Verfügung bei falscher Berichterstattung zu unterrichten. Zwei Tassen Kaffee und eine Flasche stilles Wasser später muss ich wieder aufbrechen, zurück in die Kanzlei. Mandantensprechstunde.

17:00 Uhr, Marl: Mein erster Mandant betritt das Büro. In der Regel gibt es bei uns in der Kanzlei eine Zwanzig-Minuten-Taktung, das heißt drei Mandanten pro Stunde. Meine Mitarbeiterin hat mir heute von 17 bis 20 Uhr insgesamt neun Mandanten bestellt. Natürlich ist bei einer solchen Taktung wichtig, dass man als Strafverteidiger den Mandanten führt und sich nicht seine »Lebensgeschichte« anhört, sondern nur die wichtigen, die zentralen Fakten herausarbeitet. Die ersten beiden Fälle seien einmal exemplarisch hervorgehoben.

Den ersten Termin haben zwei libanesische Mandanten bekommen. Ihr Vater, der in den Libanon geflüchtet ist, wird verdächtigt, als Inhaber einer Goldschmiede geklaute teure Uhren und entwendetes Gold angekauft zu haben. Es gibt weitere Beschuldigte, alle sitzen in Haft, nur meinem Mandanten war zufällig wenige Tage vor der angedachten Verhaftung in den Libanon gereist. Anders als die Mitbeschuldigten könnte er damit nicht verhaftet werden. Die Söhne meines Mandanten stellen mir via Handy eine Facetime-Verbindung zu meinem Mandanten in den Libanon her. Im Hintergrund scheint die Sonne. Er spricht kaum Deutsch, seine Söhne übersetzen das, was ich von ihm wissen möchte. Wir beschließen, dass ich das Gespräch mit der Staatsanwaltschaft suche und dabei anstrebe, dass der bestehende Haftbefehl gegen eine Kaution (Sicherheitsleistung) von 50 000 Euro außer Vollzug gesetzt wird. Wie so oft bei arabischstämmigen Mandanten beeindruckt mich auch hier der familiäre Zusammenhalt. Geht es um Honorare, Kautionen oder andere Unterstützungsleistungen, sind die Familienmitglieder viel eher bereit, den Betroffenen zu unterstützen, als es bei Deutschen der Fall ist. Nach 25 Minuten ist unser Gespräch beendet.

Danach kommt ein junger Mandant, gerade neunzehn Jahre alt. Er soll mit seinen drei Kollegen einen Zigarettenautomaten aufgesprengt haben und danach mit der Beute in einem Auto geflüchtet sein. Die Akte ist eingetroffen und die Beweislage eindeutig: Nicht nur, dass in dem Flucht-Pkw die Zigaretten aus dem Automaten aufgefunden wurden, mein Mandant hatte mit seinem Handy auch noch die Sprengung gefilmt. Wir sind uns einig: Wir schreiben vorab den Automatenaufsteller an, bieten Schadensersatz für die Beschädigung und werden uns geständig einlassen. Hauptziel ist es, dass er nach Jugendstrafrecht verurteilt wird und das Strafverfahren mit einer Verwarnung oder einer Einstellung endet, sodass er keine ernsten, registerrechtlichen Konsequenzen zu befürchten hat.

20:10 Uhr, Marl: Eine meiner Mitarbeiterinnen und ich verlassen die Kanzlei. Wir haben insgesamt 25 Mitarbeiterinnen, die in unserem Büro tätig sind. Zu ihrem Aufgabenbereich gehört auch der Fahrservice, zum Beispiel bei Auswärtsterminen. So steuert mich meine Mitarbeiterin um 20:25 Uhr mit dem Pkw auf die Autobahn in Richtung Frankfurt am Main. Über die Boxen läuft ein Internet-Radiosender mit Ambient-Musik. Chillige Tunes höre ich gerne nach einem anstrengenden Tag, um runterzukommen. Unterwegs genehmige ich mir noch einen Tee am Rasthof, ehe wir um 22:25 Uhr in Frankfurt am Main am Hotel ankommen. Am nächsten Tag habe ich einen Termin in der Justizvollzugsanstalt in Ulm, ich fahre abends gern schon mal einen Teil der Strecke, um nicht am Folgetag zu viele Stunden auf der Autobahn verbringen zu müssen.

Dienstag:
Frankfurt am Main, Ulm, Rhein-Main-Gebiet, Marl

08:15 Uhr, Frankfurt am Main: Meine Mitarbeiterin und ich treffen uns in der Hotellobby zum gemeinsamen Frühstück. Sie hat bereits mit der Kanzlei telefoniert, bisher ist heute nichts Nennenswertes passiert. Ich erzähle ihr, dass wir in die Justizvollzugsanstalt Ulm müssen und es um ein Betäubungsmittelmandat geht. Die Sache wird hoch aufgehängt, von organisierter Kriminalität (Stichwort Mafia) ist die Rede. Mein Mandant ist Italiener und kommt aus dem Rhein-Main-Gebiet. Er soll gemeinsam mit anderen Beschuldigten eine Connection nach Südamerika aufgebaut und Kokain nach Deutschland eingeführt haben. Die Akten sind fast 10 000 Seiten dick, deshalb habe ich gleich zu Beginn einen zweiten Strafverteidiger mit in das Mandat genommen, meinen Kollegen Christian Simonis. Wir arbeiten in aufwendigen Strafsachen seit Jahren eng zusammen. Um 08:50 Uhr sitze ich im Auto, und während meine Mitarbeiterin fährt, telefoniere ich zunächst siebzig Minuten mit dem Kollegen Simonis, um uns gegenseitig zum Akteninhalt zu verständigen. Bei gemeinsamen Fällen teilen wir die Arbeit immer sinnvoll auf.

11:55 Uhr, Ulm: Als wir um kurz vor zwölf vor der Justizvollzugsanstalt in Ulm ankommen, in der mein italienischer Mandant derzeit in Untersuchungshaft sitzt, bin ich durch Simonis' Schilderungen auf dem kompletten Stand der Akte. Zwei Stellen aus den Aktenteilen, die er gelesen hatte, hielt er für besonders wichtig. Bevor ich mit meinem Mandanten sprechen kann, muss ich noch durch die Kontrollschleuse der JVA. In Ulm nennt man diese »Lebendkontrolle«. Ich schmunzle, als ich dieses Schild an der Wand lese, und frage mich, was wohl das Gegenteil davon sein soll.

Wenige Minuten später sitzt mein Mandant zum ersten Mal vor mir. Getrennt durch eine Glasscheibe. Er freut sich, mich persönlich zu sehen, bisher hatte Simonis ihn zweimal in meinem Auftrag besucht. Wir gehen gemeinsam die Akte in den wesentlichen Punkten durch. Insgesamt sprechen wir zweieinhalb Stunden. Um 14:40 Uhr sitze ich wieder im Pkw, und meine Mitarbeiterin fährt mich zurück in Richtung Rhein-Main-Gebiet, wo wir morgens gestartet waren.

18:30 Uhr, Rhein-Main-Gebiet: Wir haben noch einen Termin mit den Angehörigen meines Mandanten, einer italienischen Familie. Meine Mitarbeiterin ist bei der Besprechung dabei, auch sie unterliegt der Schweigepflicht und darf daher alles mithören. Die italienische Familie betreibt verschiedene Gastronomiebetriebe, heute empfängt man uns in einem Eiscafé. Die Familie möchte wissen, wie es dem Mandanten geht, und natürlich auch, wie es um die Beweislage und eine mögliche Strafe steht. All das erörtern wir.

Es ist äußerst wichtig, dass man sich auch für Angehörige von Mandanten Zeit nimmt. Voraussetzung für ein Gespräch mit diesen ist natürlich immer, dass der Mandant es einem gestattet hat, abweichend von der Verschwiegenheitsverpflichtung mit den Angehörigen zu sprechen.

Der Schutz des Mandanten geht über alles, und es lauern ständig Gefahren, da muss man als Strafverteidiger äußerst professionell vorgehen. Im Zweifel lieber keine Informationen rausgeben. Bei jeder Aussage, die ich gegenüber Angehörigen tätige, muss ich im Prinzip vorab um drei Ecken denken, ob diese Informationen nicht möglicherweise irgendwann meinem Mandanten zum Nachteil gereichen könnten.

Um 20:20 Uhr verlassen meine Mitarbeiterin und ich die Eisdiele im Rhein-Main-Gebiet und sitzen wieder im Auto. Wir reden auf dem zweistündigen Rückweg ins Ruhrgebiet über Gott und die Welt, aber ganz bestimmt nicht mehr über Verbrechen und irgendwelche Fälle. Für mich eine willkommene Ablenkung. Mein Kopf wird frei, und ich nehme auch nichts mit nach Hause. Um 22:30 Uhr setze ich meine Mitarbeiterin im Kanzleiparkhaus ab. Feierabend.

Mittwoch: Essen, Bochum, Berlin

09:00 Uhr, Essen: Heute steht der dritte Hauptverhandlungstag in einem Vergewaltigungsprozess vor dem Landgericht Essen an. Vergewaltigungen sind in der Praxis mehrheitlich Beziehungstaten, soll heißen: Täter und Opfer kannten sich vor der Tat. Die typischerweise unheimlichen Vergewaltigungsfälle aus dem Fernsehen, etwa die Tat auf einem düsteren Parkweg, gibt es zwar auch, die Anzahl liegt aber deutlich unter der von Beziehungstaten, die rund zwei Drittel aller Fälle ausmachen.

Auch in diesem Fall geht es um eine Beziehungstat: Bei der angeblich vergewaltigten Frau handelt es sich um die Ex-Partnerin meines Mandanten. Nach der Trennung soll es eines Nachts zum Austausch via WhatsApp gekommen sein. Die beiden haben ein gemeinsames Kind und wollten sich nachts treffen, um über den Sohn zu reden. Mein Mandant soll dann – betrunken – in die Wohnung gestürmt und wie von Sinnen über seine Ex-Freundin hergefallen sein. Sie will mehrfach »Nein« und »Hör auf, ich will nicht« gesagt haben. Trotzdem soll er sie schließlich mit Gewalt zum Sex gezwungen haben.

Wir hatten am ersten Prozesstag zur Entlastung einen WhatsApp-Chatverlauf vorgelegt, der am Tag nach der mutmaßlichen Vergewaltigung endete. Demnach chatteten mein Mandant und seine Ex-Freundin nach dem angeblichen Übergriff, als ob nichts vorgefallen sei. Das mutmaßliche Opfer fragte meinen Mandanten sogar noch nachts, ob er denn auch gut zu Hause angekommen sei. Mir kam es komisch vor, dass der WhatsApp-Chat am Tag nach der angeblichen Vergewaltigung plötzlich endete, aber mein Mandant schwor mir gegenüber Stein und Bein, dass es nun einmal so sei.

Das Gericht und die zuständige Staatsanwältin tendierten zu diesem Zeitpunkt durchaus dazu, meinem Mandanten zu glauben, dass er unschuldig sei. An diesem Tag jedoch nahm das Geschehen eine überraschende Wendung: Die mutmaßlich Vergewaltigte packte im Zeugenstand aus und holte plötzlich während ihrer Vernehmung ihr Handy heraus. Darauf befand sich weiterer WhatsApp-Chatverkehr, den es laut meinem Mandanten gar nicht gegeben hatte. Tatsächlich hatte er mir schlichtweg den eigentlichen Teil vorenthalten. Darin hatte das mutmaßliche Vergewaltigungsopfer ihm vorgeworfen, er habe sie vergewaltigt und dabei völlig neben sich gestanden. Mein Mandant war diesen Vorwürfen im WhatsApp-Chat mit keinem Wort entgegengetreten, was bei einem Unschuldigen absolut zu erwarten gewesen wäre. Damit stand fest: Mein Mandant war im Prinzip geliefert, seine Alles-war-doch-einvernehmlich-Geschichte als Lüge enttarnt. Unsere Strategie war über den Haufen geworfen worden, was ich dem Mandanten und seiner Ehefrau auch in aller Deutlichkeit sagte. Selbst bei einem Geständnis war eine Bewährungsstrafe kaum mehr möglich. Andererseits wäre alles andere als ein Geständnis fatal und führte zu einer deutlich höheren Strafe. Zum Glück hörte der Mandant auf mich und gab kleinlaut alles zu. Der Prozess wurde vertagt; am Ende kam er für eine Vergewaltigung dann tatsächlich mit unheimlich milden zwei Jahren und vier Monaten davon.

12:45 Uhr, Bochum: Ich fahre von Essen nach Bochum. Meine Mitarbeiterin hatte am Vortag für mich in der Justizvollzugsanstalt Bochum angerufen und für 13 Uhr bei drei meiner dort einsitzenden Mandanten Besuchstermine reservieren lassen. Gesprächstermine in Haftanstalten müssen vorher angemeldet werden, fast alle Gefängnisse verlangen dies heutzutage, auch bei Anwaltsbesuchen.

Ich sitze im Besuchsraum, und mein erster Mandant wird hereingeführt: Michael Heckhoff, der bekannteste Insasse der JVA Bochum. Er sitzt nämlich seit 44 Jahren hinter Gittern. Er hat nicht nur seinerzeit in der Justizvollzugsanstalt Werl eine Geiselnahme durchgeführt und mit einem Mittäter die Geiseln mit Benzin übergossen und angezündet, nachdem Fluchtwagen und Geld nicht zur Verfügung gestellt wurden. Er hat auch 2009 einen Ausbruch aus der Justizvollzugsanstalt Aachen begangen und die Republik für mehrere Tage in Atem gehalten. Heckhoff hat aktuell kein laufendes Strafverfahren, Strafverteidigung ist aber auch geboten im Rahmen der Strafvollstreckung – wenn es also schon ein rechtskräftiges Urteil gibt und der Mandant bereits absitzt. In diesem Bereich kann man als Anwalt viel gewinnen, wenn man es schafft, jemanden vorzeitig aus der Justizvollzugsanstalt herauszubekommen oder auch Lockerungen wie zum Beispiel Ausgänge zu bewirken. Bei einem mehrfach zur Sicherungsverwahrung Verurteilten – wie Heckhoff – ist dies natürlich sehr schwierig. Als ich ihn frage, welches Entlassungsdatum auf seinem Vollstreckungsblatt* steht, sagt er wörtlich zu mir: »Bei mir steht beim voraussichtlichen Entlassungszeitpunkt kein Datum, sondern nur ein Totenkopf.« Heckhoff hat trotz der langen Haft seinen Humor nie verloren.

---

* In den Justizvollzugsanstalten wird über die rechtskräftig verurteilten Insassen ein Vollstreckungsblatt geführt. Dies ist ein DIN-A4-Zettel, den die Gefangenen und deren Anwälte auf Wunsch ausgedruckt erhalten und das neben den persönlichen Daten des Betroffenen den Zeitpunkt des voraussichtlichen Haftendes datumsmäßig angibt.

Danach bespreche ich mich noch mit meinem Mandanten Can-Ulas, einem hochrangigen Bandido-Rocker. Er trägt ein Einprozenter-Tattoo auf seinem Hals, was ihn als einen der »Härtesten unter den Harten« ausweist. Kürzlich habe ich ihn vor dem Schwurgericht in Essen verteidigt, und er hat überschaubare neun Jahre und eine Drogentherapie bekommen, obwohl er einen Rocker der Freeway Riders mit einem Messer erstochen hat. Nun läuft ein neues Strafverfahren in Hagen gegen ihn. Der Vorwurf: Er soll mit anderen Bandidos dreizehnmal mit einem Maschinengewehr auf ein Lokal der Hells Angels in Köln geschossen haben. Die dort befindlichen Rocker sollen sich im letzten Moment auf den Boden geschmissen haben, ansonsten wären sie wohl von den Kugeln getroffen worden.

Schlussendlich kommt noch ein dritter Mandant, der wegen Drogenhandels und Ankaufs von Waffen acht Jahre und ebenfalls eine Drogentherapie bekommen hat. Er hatte aus einer sauerländischen Waffenfabrik über deren Mitarbeiter Waffen entwenden lassen und diese aufgekauft. Das Geld benötigte er, um seine Drogenabhängigkeit zu bezahlen; in Kürze sollte er deshalb auch in den Maßregelvollzug zur Behandlung seiner Drogensucht überwechseln. Ich gebe ihm wichtige Tipps zum richtigen Umgang mit den Therapeuten in der Therapieeinrichtung und die gut gemeinte Warnung mit: Wenn ein Proband die Therapie nicht besteht, wird er – so heißt es im Jargon – »abgeschossen« und muss bis zum letzten Tag seine Strafe verbüßen. Besteht er hingegen die Drogentherapie, hat er die Chance, dass fünfzig Prozent seiner Strafe erlassen werden, was natürlich eine Riesenchance ist.

15:45 Uhr, Abfahrt nach Berlin: Ich verlasse die JVA Bochum und telefoniere kurz mit der Kanzlei. Berlin ist eines meiner Hauptgerichte. Ich bin häufig hier, gerade weil ich viele sogenannte »Clan-Mandate« habe, eines meiner Spezialgebiete. Auf der Fahrt ruft mich meine Mitarbeiterin an und teilt mir mit, dass es eine neue Haftsache aus Norddeutschland gebe. Ein Unternehmer wird beschuldigt, eine Mitarbeiterin, mit der er jahrelang ein außereheliches Verhältnis gehabt haben soll, vergewaltigt zu haben. Der Mandant ist am heutigen Morgen in U-Haft gekommen und möchte, dass ich ihn verteidige. Da bei uns die Kapazitäten in der Kanzlei zurzeit restlos erschöpft sind, teile ich meiner Mitarbeiterin mit, dass wir den Fall zurzeit nicht übernehmen können. Wir bieten dem Mandanten allerdings an, ihm einen anderen professionellen Strafverteidiger zu empfehlen. Ich hätte den Fall gerne gemacht, aber man sollte sich nicht übernehmen. Der Mandant hört schließlich auf meine Empfehlung und beauftragt einen der renommiertesten Strafverteidiger Norddeutschlands mit seiner Verteidigung. Einige Tage später wird er gegen Kaution aus der Untersuchungshaft entlassen. Er bedankt sich persönlich bei mir in der Kanzlei und besteht darauf, dass ich gemeinsam mit dem Kollegen die Hauptverhandlung (die erst in einigen Monaten ansteht) übernehme. Ich sichere ihm dies zu, da der Aufwand aufgrund seiner Haftverschonung nun erheblich geringer scheint als zunächst angenommen.

19:40 Uhr, Berlin: Ich checke in einem Hotel am Ku'damm ein. Morgen früh ab 09:30 Uhr werde ich ein Mitglied einer großen, arabischen Familie vor dem Amtsgericht in Tiergarten verteidigen. Für heute Abend um 21 Uhr ist noch eine Besprechung mit dem Mandanten im Hotel angesetzt. Der Mandant kommt – auch dies erlebe ich bei arabischen Klienten oft – zwanzig Minuten zu spät. Wir sind uns dann allerdings schnell einig, wie die Strategie aussehen muss: Es geht um Auseinandersetzungen mit Polizeibeamten, vor allem um diverse Beleidigungen, dazu noch Fahren ohne Fahrerlaubnis. In einem der insgesamt fünf angeklagten Fälle – Widerstand gegen Vollstreckungsbeamte bei einer Festnahme durch Um-sich-Schlagen – hat mein Mandant ein Video, das zeigt, dass die Schilderung des Polizeibeamten nicht ganz der Realität entspricht. Bei den Beleidigungen wird es jedoch kaum möglich sein, die Vorwürfe der Polizisten zu entschärfen und auf einen Freispruch hinzuwirken. Mein Mandant schätzt meine offenen Worte und sieht das auch so.

Problematisch ist, dass er die Straftaten während laufender Bewährungszeit begangen haben soll. Bei vielen Gerichten ist es in einem solchen Fall ausgeschlossen, noch einmal Bewährung zu bekommen. In Berlin jedoch, so meine Erfahrung, sind die Entscheidungen oft etwas milder. Ich äußere dem Mandanten gegenüber deshalb meine Erwartungshaltung, dass wir trotz der schwierigen Ausgangslage noch eine Chance auf eine weitere Bewährungschance haben. Um 22:45 Uhr verabschieden wir uns. Ich ziehe mich auf mein Zimmer zurück und versuche abzuschalten.

Donnerstag: Berlin, Marl

08:15 Uhr, Berlin: Ich habe noch eine kurze Runde an der frischen Luft gedreht und einen meiner Lieblingsfrühstücksläden besucht. Dort gibt ausgezeichnetes »Healthy food« wie frisch gepresste Chlorophyllsäfte. Anschließend fahre ich mit dem Auto zum Amtsgericht Tiergarten. Vor dem bekannten Café vis à vis des Amtsgerichts Tiergarten sind oft Verteidigerkollegen anzutreffen, die noch einen Kaffee vor der Verhandlung trinken und mit ihren Mandanten die letzten Feinjustierungen bezüglich der Verteidigung vornehmen. Auch in Corona-Zeiten geht dies, zwar nicht im Café, aber draußen vor der Tür. Mein Mandant meldet sich bei mir auf meinem Handy, er hat wie auch am Vorabend wieder Verspätung. Er hätte allerdings einen Geschäftskollegen, der gleich einträfe und ein neues Mandat für mich hätte. Das ist typisch: Vertrittst du einen Mandanten, gerade aus einer arabischen Großfamilie, zur Zufriedenheit, wirst du rasch an den nächsten empfohlen. Schnell ist man dann der »Clan-Anwalt«. Gleiches gilt auch für andere Kreise: Hast du einen Rocker erfolgreich verteidigt, kommen weitere Rocker. Holst du eine Rotlicht-Größe raus, beauftragt dich schon bald die nächste.

09:25 Uhr: Mein Mandant ist zwischenzeitlich eingetroffen, und wir gehen gemeinsam durch die Schleuse zum Amtsgericht Tiergarten. Was dann passiert, hätte ich mir lieber erspart: Mein Anwaltsausweis ist abgelaufen, weshalb die Justizwachtmeister auch mich kontrollieren wollen (was bei einem gültigen Ausweis nicht geschehen wäre). Dies regt meinen Mandanten so sehr auf, dass er anfängt, die Wachtmeister zu beleidigen. Ich greife sofort ein und beruhige ihn. Nichts wäre schlimmer, als wenn jetzt ein Wachtmeister zum Richter ginge und ihm mitteilte, dass mein Mandant gerade bei Betreten des Justizgebäudes genau das wieder getan hat, was ihm auch in der Anklageschrift vorgeworfen wird: nämlich rüde, unterhalb der Gürtellinie liegende Beleidigungen gegenüber Staatsdienern abzugeben.

Im Gerichtssaal läuft es dann wesentlich besser: Der Richter ordnet die Verstöße trotz der laufenden Bewährung im unteren Bereich ein. Während der kurzen Verhandlungspause folgt allerdings das nächste Desaster: Der Angeklagte erkennt einen Polizeibeamten wieder, der ihn in gleich drei Fällen angezeigt hat. Er meint, der Polizeibeamte hätte ein persönliches Problem mit ihm, und es gibt ein kurzes verbales Gefecht zwischen den beiden. Ich stehe direkt daneben. Der Polizeibeamte geht daraufhin zum Richter und behauptet, mein Mandant habe ihn auf dem Flur »Bastard« genannt. Ich konnte dieses Wort nicht hören, der Richter reagiert aber auch hier wieder erstaunlich gelassen und sagt: Er wäre nicht dabei gewesen, und das sei nicht hier zu klären. Das anschließende Strafmaß von einem Jahr auf Bewährung entspricht unseren Vorstellungen. Auch wenn wir hier viel Glück gehabt haben, ist der Vormittag äußerst anstrengend, da ich mehr damit beschäftigt war, meinen Mandanten im Zaum zu halten, als tatsächlich zu verteidigen.

12:15 Uhr: Ich komme wieder am Hotel an. Ich muss mich etwas beeilen, da ich schon um 17 Uhr mit einem Fernsehteam verabredet bin, um für ein Frühstücksfernsehformat einen Beitrag über das Thema »Gefängnis« zu drehen. Während der Rückfahrt mit dem Auto meldet sich meine Mandantin Nadine Fährmann, die Ehefrau des Fußballprofis Ralf Fährmann. Nadine ist fassungslos, weil sie verdächtigt wird, einen Betrug zum Nachteil eines Fitnessstudios begangen zu haben. Mal wieder hat ein Inkassobüro eine Forderung aufgekauft, die zivilrechtlich bereits verjährt ist, weil sie aus dem Jahre 2017 stammt – und daher mit Ablauf des Jahres 2020 nicht mehr erfolgreich vor einem Zivilgericht durchgesetzt werden kann. Nun versucht man über den Umweg einer Strafanzeige doch noch an Geld zu kommen. Die strafrechtliche Verjährungsfrist beträgt nämlich fünf Jahre, und viele Staatsanwaltschaften bieten ohne tiefer gehende Prüfung eine Einstellung des Verfahrens gegen Zahlung der Forderung an. Und so hat das Inkassobüro hier Frau Fährmann wegen angeblichen Inkassobetrugs angezeigt. Anzunehmen, meine Mandantin, Ehefrau eines gut verdienenden Fußballprofis, habe einen Monatsbeitrag von 29,90 Euro erschwindeln wollen, ist nahezu grotesk. Nadine Fährmann und ich besprechen die Einzelheiten des Schriftsatzes, den ich kurz darauf per Telefon meiner Mitarbeiterin diktiere und noch am selben Abend abschicken werde. Das Strafverfahren wird folgerichtig kurze Zeit später eingestellt.

17:05 Uhr, Marl: Tatsächlich habe ich es noch fast pünktlich zum Fernsehdreh geschafft. Heute soll es unter anderem um meine Mandantin »Sunny« gehen. Sie hat lange im Frauenknast gesessen und kann von den Intrigen unter den Gefangenen berichten. Außerdem habe ich einen Gefängniswärter verteidigt, der kriminell wurde und gegen Bezahlung ein Handy für einen Insassen in den Knast geschmuggelt hatte. Ich selbst habe auch ein Buch über das Leben hinter Gittern geschrieben und werde hierzu als Experte befragt.

19 Uhr, Marl: Der Dreh in der Kanzlei ist abgeschlossen. Für heute Abend habe ich mir noch einen Mandanten in die Kanzlei bestellt. Die Sache ist allerdings so wichtig und umfangreich, dass wir mehr Zeit brauchen als die üblichen zwanzig Minuten. Der Mandant, ein Polizeibeamter, soll angeblich einen ursprünglich Beschuldigten im Dienstwagen angegriffen und schwer verletzt haben. Tatsächlich, so schildert mein Mandant glaubhaft, hat er nur Erste Hilfe geleistet, weil die Person fast an einem Gegenstand erstickt wäre, den sie sich wohl selbst in den Rachen gestopft hatte. An diesem Fall ist zu erkennen, dass die mediale Berichterstattung der letzten Zeit, insbesondere seit dem Fall George Floyd, deutliche Spuren hinterlassen hat. Die Vorgesetzten der Beamten reagieren auch bei kleinsten angeblichen Verfehlungen im Dienst sehr sensibel und leiten schnell Strafverfahren ein, um keine Zweifel an der Integrität der Beamten aufkommen zu lassen. Meines Erachtens wird hier oft übersensibel reagiert, was für viele Polizeibeamte ein Problem darstellt (auch wenn es sicher einige gibt, die sich etwas zuschulden kommen lassen). Die Vorwürfe gegen meinen Mandanten im Speziellen sind wohl haltlos. Wir schreiben eine mehrseitige Stellungnahme, wie sich das Ganze in Wirklichkeit abgespielt hat, und tatsächlich wird das Strafverfahren einige Wochen später eingestellt.

Um 20:20 Uhr naht der Feierabend. Ich muss mich zwar noch für den Prozess morgen vorbereiten. Da ich allerdings nur ein Plädoyer halten muss und diese in den meisten Fällen spontan vortrage, geht es nur noch darum, die Gedanken dazu zu sammeln und zu ordnen.

Freitag: Marl, Dortmund, Iserlohn, Marl

09:15 Uhr, Marl: Heute geht es zum Landgericht nach Dortmund. Meinem Mandanten wird gewerbsmäßige Hehlerei vorgeworfen, er soll Mitglied der sogenannten »Hilti-Bande« sein. Ein Seriendieb soll aus diversen Bauwagen zahlreiche hochwertige Werkzeugmaschinen gestohlen und bei meinem Mandanten zu Geld gemacht haben. Der Haupttäter wurde bereits zu viereinhalb Jahren Haft verurteilt. Mein Klient hat angesichts der Anzahl der Taten und der enormen Schadenssumme eigentlich keine Chance mehr auf eine Bewährung, zumal man, salopp gesagt, beim Landgericht das Wort »Bewährung« gar nicht zu kennen scheint. Ich habe meinem Mandanten gesagt, dass es eng wird. Er hat jedoch seinerseits gepunktet, indem er bei der Polizei gestanden und zahlreiche andere Personen der Tatbegehung bezichtigt hatte. Es gibt einige Strafverteidiger, die meinen, man dürfe nie ein vollumfängliches Geständnis machen, sofern andere Mittäter beteiligt sind. Ich bin zwar grundlegend kein Freund davon, andere zu belasten, im Ausnahmefall geht es aber leider nicht anders. Wenn der Mandant wie in unserem Fall ohne Anwalt bei der Polizei gestanden und andere belastet hat, ist es kaum mehr möglich, die Strategie zu ändern und zu schweigen oder die Tat zu bestreiten. Und auch wenn ich es nicht gerne mache:

Natürlich unterstütze ich den Mandanten in dem eingeschlagenen Kurs, was sich letztlich auszahlt: Der Mandant bekommt lediglich ein Jahr und zehn Monate, ausgesetzt zu einer drei Jahre dauernden Bewährung. In der Kurzfassung nennt man das in Fachkreisen: 1/10 auf drei Jahre. Der Mandant darf demensprechend innerhalb der nächsten drei Jahre keine neuen Straftaten begehen und muss die Bewährungsauflagen beachten, ansonsten müsste er mit einem Widerruf der Bewährung rechnen und dann die Strafe von einem Jahr und zehn Monaten absitzen. Der Mandant ist natürlich überglücklich und freut sich, dass er das Dortmunder Landgericht an diesem Tag schon um 11:30 Uhr verlassen kann.

12:20 Uhr, Iserlohn: Ich fahre direkt weiter nach Iserlohn im Sauerland. Hier befindet sich einer der Jugendknäste Nordrhein-Westfalens, in dem nicht nur Jungen, sondern auch Mädchen inhaftiert sind. Als Erstes treffe ich die gerade mal zwanzigjährige Vanessa, die vor einigen Jahren eine schreckliche Tat begangen hat, die in der Öffentlichkeit für großes Entsetzen sorgte. Sie hat ihrem gerade einmal drei Monate alten Sohn einen Cocktail aus Antidepressiva, Schlafmitteln und Tabletten gegeben und ihn damit vergiftet. Das Kind lag regungslos im Bett, während Vanessa auf eine Technoparty gegangen ist, um zu feiern. Der Prozess war sehr emotional, wenn Mütter morden, so ist es jedenfalls mein Gefühl, schwebt symbolisch gesprochen oft das tote Kind über dem Strafverfahren. Die Tragik und Traurigkeit des Ganzen greifen alle Prozessbeteiligten an, natürlich auch mich als Verteidiger, trotz aller gebotenen Professionalität.

Was viele nicht wissen: Diese Mütter haben oft ein regelrechtes Augenblicksversagen, sie handeln aus Überforderung, in einer tiefen Depression oder gar unter dem Einfluss von Betäubungsmitteln. Bereits wenige Sekunden nach der Tat bereuen die meisten Mütter die Tötung ihres Kindes und stehen fassungslos vor dem, was sie getan haben. Sie leiden oft ein ganzes Leben lang, was schon Strafe genug zu sein scheint. Bei Vanessa trat dieser Effekt nicht direkt nach der Tat, sondern erst einige Tage später ein. Ich glaube, dass ihr, auch aufgrund ihres jungen Alters, zunächst gar nicht bewusst war, was sie überhaupt getan hatte.

Heute sprechen wir aber nicht über die Tötung ihres Kindes, für die sie bereits zu sechs Jahren Gefängnis verurteilt worden ist. Sie soll hinter Gittern wieder kriminell geworden sein, wenn auch nur mit einer vergleichsweise kleinen Straftat: Sie soll einer Mitgefangenen aus deren Zelle Tabak gestohlen und in einen Hygienebeutel umgefüllt haben. Wir besprechen die Taktik für den Prozess und verabschieden uns wieder.

Ich nutze die Gelegenheit und besuche noch einen weiteren Mandanten, Yusuf, den wir schon als »Tempelbomber« kennengelernt haben. Nach 45 Minuten psychologischer Aufbauarbeit sitze ich dann wieder in meinem Auto vor der JVA in Iserlohn.

16:30 Uhr, Marl: In der Kanzlei erwarten mich einige aufgeregte Mandanten mit »Alltagsfällen«. Um 18 Uhr folgt dann noch eine umfangreichere Besprechung. Mein Mandant ist in der ersten Instanz zu drei Jahren und neun Monaten Haft verurteilt worden. Er soll einen unter dem Korsakow-Syndrom (eine Form der Gedächtnisstörung) leidenden leicht behinderten Mann aus einem Heim geholt und ihn um 280 000 Euro erleichtert haben, indem er ihm etwas von angeblich lukrativen Windparks und Solarenergieanlagen vorschwindelte. Mein Mandant hat mich als weiteren Verteidiger für die jetzt anstehende nächste Instanz hinzugeholt, was oft passiert, wenn jemand in der ersten Instanz nach seiner Erfahrung nicht optimal verteidigt worden ist. Tatsächlich gelingt es mir in der Berufungsinstanz zwischenzeitlich, ein Einstellungsurteil zu bewirken. Die zuständige Staatsanwaltschaft ging allerdings in Revision zum Oberlandesgericht, wo in Kürze eine mündliche Verhandlung ansteht. Ich sage dem Mandanten in aller Offenheit, dass ich hier noch einiges auf ihn zukommen sehe, zumal bei solchen Tatvorwürfen starke Emotionen mitspielen. Ich habe den Eindruck, dass die Staatsanwaltschaft den Fall »sehr persönlich« nimmt und alles daransetzt, den Mandanten noch irgendwie hinter Gittern zu bekommen. Wir müssen uns daher gut vorbereiten für die nächste Instanz.

Während der fast zweistündigen Besprechung platzt zwischendurch meine Mitarbeiterin herein. Eine aufgebrachte Mandantin aus dem Kosovo sitzt im Wartezimmer und heult. Ihr Ehemann sei heute festgenommen worden und soll am nächsten Morgen in Wuppertal dem Haftrichter vorgeführt werden. Ich unterbreche die Besprechung kurz und gehe in einen anderen Raum, wo mir die Ehefrau schildert, dass es um einen Corona-Soforthilfebetrug gehen soll. Angeblicher Schaden: 9000 Euro. Ich bin zunächst nicht sicher, ob die Ehefrau richtig informiert ist, da ich mir nicht vorstellen kann, dass jemand bei einem solch überschaubaren Vorwurf ernsthaft in Untersuchungshaft wandern soll. Dennoch sichere ich ihr zu, am nächsten Morgen beim Haftrichter zu sein und dafür zu kämpfen, dass ihr Mann nicht in Untersuchungshaft wandert. Um 20:50 Uhr verlasse ich die Kanzlei und freue mich auf ein Glas Wein zu Hause – auch wenn die Woche noch nicht vorbei ist.

Samstag: Marl, Wuppertal, Venlo, Duisburg, Marl

09:15 Uhr, Wuppertal: Am nächsten Morgen fahre ich bereits um 09:15 Uhr nach Wuppertal. Normalerweise besprechen wir am Samstagvormittag in der Kanzlei die Fälle, die unter der Woche zu kurz gekommen sind. Aufgrund des kurzfristig angenommenen Mandats ist dafür leider keine Zeit. Immer wenn ich das alte Wuppertaler Justizgebäude vor der Schwebebahn sehe, muss ich jedes Mal an den sogenannten Todesengel-Fall denken. Mein Vater verteidigte eine Krankenschwester aus Wuppertal, die bei elf Patienten Sterbehilfe geleistet hatte. Ein Fall, der damals um die Welt ging. Ich durfte seinerzeit als dreizehnjähriger Schüler am Tag des Plädoyers einen Overhead-Projektor in den großen Gerichtssaal tragen.

Direkt vor dem Gebäude steht die Ehefrau meines Mandanten mit ihren drei Kindern. Alle sind sehr aufgeregt, und die Frau will mir die 9000 Euro bar in die Hand drücken. Ich sage ihr, dass es natürlich gut sei, wenn man eine etwaige Schadenswiedergutmachung betreiben könne, ich müsse allerdings erst einmal schauen, wie die Vorwürfe genau lauten, und mit dem Haftrichter sprechen. Ich klingele an einem Seiteneingang des Gerichts und gehe hinab in die unterirdisch gelegenen Hafträume. Die Justizwachtmeister lassen mich zu meinem Mandanten in die Zelle. Er selbst ist total aufgeregt; er hat keine Vorstrafen und kann nicht begreifen, warum man ihn für eine solche Kleinigkeit einsperren will.

Vor dem Haftrichter selbst läuft die anschließende Anhörung allerdings gar nicht gut: Der Mandant kann noch nicht einmal angeben, wie alt seine Kinder sind. Zudem hat die Polizei ermittelt, dass an seiner Meldeanschrift wohl nur ein altes, einsturzgefährdetes Gebäude steht, wo niemand mehr wohnen kann. Der Richter scheint sich unsicher, ob er den Haftbefehl nun erlassen soll oder nicht. Ich erzähle dem Richter, dass die Angehörigen des Mandanten draußen vor der Tür stehen und 9000 Euro in bar dabeihätten. Der Schaden könnte wiedergutgemacht werden. Zudem gäbe es eine korrekte Wohnanschrift, die von den Angehörigen bestätigt werden könnte. Der Richter bittet mich daraufhin, den Sohn des Mandanten hereinzuholen. Als wir zu zweit zurück in die Hafträume möchten, wird dem Sohn jedoch der Zutritt verwehrt. Der Richter hatte in der Zwischenzeit gegen meinen Mandanten entschieden.

Mein Mandant, den ich noch in der Zelle treffe, ist außer sich vor Wut. War ich am Morgen noch der Hoffnungsträger, bin ich jetzt der Buhmann, auch gegenüber den Angehörigen: warum ich es denn nicht geschafft hätte, den Mandanten rauszuholen? Der Spruch: Strafrecht ist ein hartes Brot, kommt nicht von ungefähr. Als Verteidiger ist man schnell der Allergrößte, kann aber ebenso schnell tief fallen. Zu meiner Verteidigung muss ich anführen, dass Wuppertal in Strafverteidigerkreisen als das »Bayern Nordrhein-Westfalens« gilt und wohl kein anderes Gericht bei einer solchen Straftat einen Haftbefehl erlassen hätte. Als ich den Mandanten übrigens knapp zwei Wochen später in der Haftprüfung auf freien Fuß bekomme, wechselt mein Status wieder ins positive Extrem.

Doch an diesem Vormittag bin ich erst einmal ordentlich gefrustet, und ich fahre raus ins Grüne, um mit meiner Hündin Ananda einen ausgiebigen Spaziergang zu machen und dabei Abstand zu gewinnen.

14:00 Uhr, Venlo (Niederlande): Ich fahre über die Grenze, und kurze Zeit später komme ich an dem Wohnhaus meines nächsten Mandanten an. Er hat mir mitgeteilt, dass er zwei sechzig beziehungsweise achtzig Kilogramm schwere Kampfhunde in seinem Haus hält. Vor diesem Hintergrund lasse ich meine Hündin sicherheitshalber im Kofferraum. Das Haus ist teuer und stilvoll eingerichtet, feinste italienische Couchen und aufwendige Wandverzierungen. Die Hausangestellte, die ein eigenes kleines Haus im Garten des Mandanten bewohnt, bedient uns mit feinstem marokkanischen Minztee. Mein Mandant selbst, ein Endfünfziger, ist überaus erfolgreicher Recycling-Unternehmer. Nebenbei, sozusagen als Hobby, besitzt er eine Immobilie, in dem ein Edelbordell betrieben wird. Er selbst ist stark tätowiert und trägt teure Designerklamotten. An seinem Handgelenk baumelt eine 350 000 Euro teure Uhr, 17 weitere Uhren dieser oder ähnlicher Art sind nach seiner Schilderung erst vor Kurzem von der holländischen Staatsanwaltschaft beschlagnahmt worden. Sie hält meinen Mandanten nicht nur für einen seriösen Recycling-Unternehmer, sondern vorwiegend für einen der angeblich größten Kokain-Barone der Niederlande. Es gab eine anonyme Anzeige gegen ihn, und vor einigen Monaten wurde sein komplettes Firmengelände gefilzt – hollywoodreif. Weit über hundert Beamte waren im Einsatz, drei Helikopter, die gesamte Straße in dem Industriegebiet war abgesperrt worden. Mit Röntgengeräten wurde der gesamte Boden unter der Firmenhalle durchleuchtet, da hier angeblich Kokainfässer versenkt worden sein sollen. Polizeidrohnen flogen über das Gelände. Gefunden hat man am Ende: nichts – abgesehen von zwei Waffen. Dafür musste der Mandant nach niederländischem Recht einige Monate in Haft (nach deutschem Recht wäre für diesen Vorwurf keine Untersuchungshaft verhängt worden). Mein Kollege Peter Schouten, einer der besten Strafverteidiger der Niederlande, hat ihn kürzlich wieder aus der Haft herausgeholt.

Schouten selbst wollte bei dem heutigen Gespräch auch dabei sein, hat aber kurzfristig keinen Polizeischutz bekommen. Auf diesen ist er angewiesen, weil er in einem Mafiaprozess einen Kronzeugen vertritt und bereits mit dem Tode bedroht wurde. Wir nutzen deshalb die Möglichkeit, Peter Schouten anzurufen und uns telefonisch kurzzuschließen. Natürlich sind wir am Telefon sehr vorsichtig – Berufskrankheit: Wir Strafverteidiger gehen bei jedem Telefonat davon aus, abgehört zu werden.

Schouten ist ein smarter Typ, und nach wenigen Minuten bin ich im Bilde. In dem holländischen Strafverfahren wird voraussichtlich der Kokain-Vorwurf fallen gelassen, es droht nur eine Mini-Strafe für die zwei aufgefundenen Waffen. Für mich ist dies von Interesse, weil gegen den Mandanten auch in Deutschland ein Strafverfahren läuft, in dem ich ihn verteidige. Angeblich soll er Geldgeber für ein auf deutschem Boden betriebenes riesiges Amphetamin-Labor gewesen sein. Die deutsche Staatsanwaltschaft schaut natürlich auch auf das holländische Strafverfahren, weshalb ich dieses in die Verteidigungsstrategie mit einbeziehen muss.

Nach einigen weiteren Gläsern mit marokkanischem Minztee verlasse ich um 17 Uhr die Villa meines Mandanten. Ich finde es immer wieder unheimlich spannend, im Strafrecht auch über die Landesgrenzen hinauszuschauen.

20:30 Uhr, Marl: Beim zweiten Glas Weißwein klingelt mein Handy. Es ist »Chucky«, ein Türke und absolute Szenepersönlichkeit aus dem Ruhrgebiet. Chucky kennt jede Teestube, jedes Spielcasino und ist in den entsprechenden Kreisen bestens vernetzt. Unserer Kanzlei hat er bereits zahlreiche Mandate vermittelt. Er teilt mir mit, dass es heute eine große Durchsuchung in einer Stadt im Ruhrgebiet gegeben hat. Dabei sollen mehrere während der Corona-Pandemie illegal tätige Prostituierte entdeckt worden sein; ein Bekannter Chuckys soll der angebliche Betreiber des illegalen Bordells sein. Er sei zwar nur kurz mit zur Polizeiwache genommen worden und jetzt wieder auf freiem Fuß, er wolle allerdings sofort mit einem Anwalt sprechen. Dafür käme nur ich infrage. Das ehrt mich natürlich, einerseits. Andererseits genieße ich meinen wohlverdienten Feierabend. Ich lasse ihm über Chucky ausrichten, dass ein jüngerer Strafverteidiger aus meiner Kanzlei gleich zu einer abendlichen Besprechung kommen und das

Mandat gegebenenfalls annehmen werde. Auch wenn der Fall sicher spannend gewesen wäre: Man muss auch wissen, wann Feierabend ist. Schließlich gibt es noch andere Dinge, als im Dienst der Strafverteidigung tätig zu sein.

Sonntag: Marl

An Sonntagen mache ich in der Regel Sport, unternehme Spaziergänge in der Natur oder arbeite an einem meiner Buchprojekte. Heute habe ich allerdings ausnahmsweise einen Termin, und zwar bin ich um 15 Uhr in der Kanzlei mit einer Radiomoderatorin verabredet. Sie ist die Reporterin eines örtlichen Radiosenders und ich habe schon viele Sendungen mit ihr gehört. Ihre Stimme empfinde ich als sehr angenehm, weshalb ich sie angesprochen habe, ob sie Interesse hätte, an unserem Podcast mitzuwirken. Hans Reinhardt und ich sind gerade dabei, eine Podcast-Reihe mit dem Titel »Advokaten des Bösen« ins Leben zu rufen, die wie dieses Buch über wahre Strafrechtsfälle und deren Hintergründe berichtet. Wir besprechen die ersten Folgen, zeigen ihr einen unserer Aktenarchivräume, der als Studio vorgesehen ist, und sind uns rasch einig, dass es einen solchen Podcast, wie wir ihn machen wollen, noch nicht gibt.

19:30 Uhr: Ich bin wieder zu Hause und schaue auf den Plan für die nächste Woche. Zum Abschluss lese ich noch einmal kurz in die Akte, die für den Fall am Montagvormittag im Justizvollzugskrankenhaus von Fröndenberg im Sauerland relevant ist. Mein Mandant soll bei einem Streit seinen mutmaßlich besten Freund mit einem Samurai-Schwert fast umgebracht haben. Zeitgleich wurde mein Mandant mit mutmaßlich zwei Pfeilen aus einer Armbrust so beschossen, dass er einen zwanzig Meter langen Einstichkanal in der Herzgegend hatte und fast verstorben wäre. Der Mandant liegt deshalb auf der Intensivstation des Justizvollzugskrankenhauses, wo ich ihn morgen zum ersten Mal besuchen und sprechen kann. Nach kurzem Aktenstudium genieße ich den verbleibenden Abend und freue mich auf eine neue spannende Woche als Strafverteidiger.

8

WHITE COLLAR CRIME – WIRTSCHAFTSKRIMINALITÄT

Der Strafverteidiger: Hans Reinhardt

Es war der Kriminologe Edwin Hardin Sutherland, der erstmals in den 1940er-Jahren richtungweisend darauf hinwies, dass Kriminalität nicht ausschließlich ein Problem der Unterschicht ist. Sutherlands soziologische Untersuchungen nach der Weltwirtschaftskrise von 1929 kamen im Ergebnis zu dem anfangs nicht unumstrittenen und höchst unpopulären Schluss, dass die vermeintlich unbescholtene »Elite« keinesfalls frei von Kriminalität ist. Hierzulande fristete das Thema jedoch viele Jahre ein Nischendasein. Erst nach der erneuten weltweiten Finanzkrise im Jahr 2007, unter anderem verursacht durch Spekulationen auf dem US-amerikanischen Immobilienmarkt, erlebte die sogenannte White Collar Crime eine Art Renaissance.

Da die oberen Leute mit ihren weißen Hemdkragen aber in aller Regel auf einer ganz anderen Ebene das Recht brechen als »die kleinen Leute« und sich dabei auch anders verhalten, bleiben sie mitunter häufiger unentdeckt. Die *New York Times* hat dazu einmal ein passendes Zitat geprägt: »Die ›Weiße-Kragen-Kriminalität‹ (White Collar Crime) ist die einzige Kriminalität, die schön sein kann. Wenn du die Mona Lisa fälschst – das hat etwas Spektakuläres.«

Wirtschaftskriminelle sind wirklich eine ganz besondere Klientel. Es handelt sich oft um Männer in edel geschneiderten Maßanzügen, mit funkelnden Manschettenknöpfen und Seideneinstecktüchern, die sich allein schon äußerlich von den üblichen Mandanten unterscheiden. Nicht selten handelt es sich um echte Big-Bosse, die allein aufgrund ihres unternehmerischen Erfolgs, ihres Stolzes und ihres unermesslichen Selbstbewusstseins wenig Unrechtsbewusstsein in sich tragen. Wird solchen Macher-Typen ein interessantes und finanziell lukratives Geschäft angetragen, werden nicht selten alle Bedenken blitzschnell weggewischt. Und stattdessen ebenso blitzschnell eigene Rechtfertigungen konstruiert, insbesondere über juristisch zurechtgelegte Konstruktionen, die man dann später im Fall der Fälle aus der Schublade holen kann.

Das Paradebeispiel für eine illegale Geldvermehrung ist eine Briefkastenfirma, mit deren Hilfe sich so ziemlich alle Geschäfte verschleiern lassen. Auch die schmutzigen. Die Veröffentlichung der sogenannten Panama-Papers, einem 11,5 Millionen Dokumente umfassenden Datenleak, verschaffte der staunenden Öffentlichkeit vor Jahren Einblicke in eine Parallelwelt der kriminellen Extraklasse. Und irgendwann war auch ich mittendrin in der Welt des schmutzigen Geldes. Immer im Mittelpunkt: das schöne Panama.

DER FALL: OH WIE SCHÖN IST PANAMA

Wirtschaftsstrafrecht ist schlechthin das Einfallstor für internationale Verwicklungen. Dies war auch der Grund für mich, vor ein paar Jahren nach dreißigjähriger Strafverteidigertätigkeit noch einmal die Schulbank zu drücken. Eine Zertifizierung im Bereich des Steuerstrafrechts gab mir die Sicherheit, die sich in letzter Zeit häufenden Fälle im Sinne der Mandanten zielorientierter und kompetenter in Angriff nehmen zu können. Dazu musste auch ich aber erst einmal mühsam mit Begrifflichkeiten wie »Umsatzsteuerkarussell«, »Cum-Ex-Geschäfte«, »Goldfinger« und »Steuer CDs« in ihren einzelnen Verflechtungen warm werden.

Wie es dann der Zufall so wollte, erhielt ich im Frühjahr 2018 den Anruf eines potentiellen Mandanten mit der Bitte, mich unbedingt so schnell wie möglich sprechen zu dürfen. Es sei sehr wichtig und er könne am Telefon nicht reden, hieß es. Am liebsten würde er sofort kommen, allerdings käme er aus Norddeutschland, und deshalb würde es etwas Zeit in Anspruch nehmen. Daraufhin verabredete ich mich mit ihm in meiner Kanzlei für den nächsten Tag. Zum ausgemachten Termin erschien dann ein sportlicher Typ, braun gebrannt, optisch aber wirklich alles andere als ein Big Player. Der Mann stellte sich mir als Herr Buschmann vor und umschmeichelte mich damit, dass er auf Empfehlung anderer Mandanten gekommen, ich seine allerletzte Rettung sei. »Ich weiß wirklich nicht mehr ein noch aus«, schnaufte der Mandant noch einmal ganz tief durch. Dann begann er zu erzählen.

Sein Besuch in Deutschland, berichtete Buschmann, sei eigentlich nur als eine kurze Stippvisite bei seinen Eltern in Hamburg geplant gewesen. Zu Hause sei er nämlich schon seit langen Jahren in Mittelamerika in Panama City. Doch jetzt sitze er plötzlich ungewollt hier fest. Denn kaum sei er in Hamburg eingetroffen gewesen, habe es um ihn herum vor Polizeibeamten nur so gewimmelt. Das Bundeskriminalamt (BKA) selbst führe offensichtlich Ermittlungen gegen ihn im Zuge der aktuellen, spektakulären Enthüllungen durch die an die Presse durchgestochenen Panama Papers. Und habe ihm deswegen auch vorerst strikt untersagt, Deutschland wieder zu verlassen. Es müssen zunächst einige Dinge besprochen und auch Vernehmungen durchgeführt werden. Danach müsste man sich dann neu orientieren.

Wie sich herausstellen sollte, war Herr Buschmann von Haus aus Finanz- und Immobilienberater und in dieser Funktion Mitarbeiter der berühmt-berüchtigten panamaischen Anwaltskanzlei Mossack & Fonseca (M&F) sowie der ihr zuzurechnenden diversen Gesellschaften. Der Investmentbanker hat für die Vermögensverwaltungsabteilung von M&F gearbeitet und dort federführend einer Reihe sehr wohlhabender Kunden bei ihrem mutmaßlich illegalen Treiben in zuvor erworbenen Briefkastenfirmen zur Seite gestanden.

Das weltweit beliebte Geschäftsmodell von M&F funktionierte in etwa so: Ziel-Klientel sind reiche Kunden, die Vermögen vor dem Finanzamt verstecken beziehungsweise die Herkunft von größeren Geldbeträgen verschleiern, also unter anderem auch Drogengeld »waschen« wollen. Für gar nicht mal so viel Geld, oft nur rund tausend Dollar, konnte man dann bei M&F eine anonyme Briefkastenfirma kaufen, die im Grunde natürlich nur eine bloße Hülle war. Gegen Aufpreis stattete Mossack & Fonseca diese Scheinfirma mit Scheindirektoren aus, verschleierte so also auch nach außen den wahren Inhaber der Aktien dieser Firma. Ohne dass der wahre Eigentümer in Erscheinung treten musste, konnte er also machen, was er will.

Zurück zum Mandantentermin: Letztendlich, so berichtete mir Herr Buschmann, sei auch sein Name an zahlreichen Stellen in den der Presse zugespielten Panama-Papers aufgetaucht. Und dies sei erklärungsbedürftig.

Dazu muss man wissen: Die Panama-Papers beinhalteten 2,6 Terabyte (TB) an Daten (das entspricht in etwa dem Fassungsvermögen von zehn handelsüblichen (256 GB-)-Laptops). Bestehend aus sage und schreibe 4,8 Millionen E-Mails, 3 Millionen Datenbanken, 2,1 Millionen PDFs, 1,1 Millionen Fotodateien und 320 000 Textdateien aus einer internen Datenbank von Mossack & Fonseca. Beginnend in den 1970er-Jahren und endend im Frühjahr 2016. Es war bis heute das größte Leak (Loch), mit dem Journalisten jemals gearbeitet haben. Wichtige Politiker, internationale Verbrecher und bekannte Profifußballer wurden letztlich enttarnt, durch ins Ausland verlagerte Geschäfte (offshore) »Geld versteckt« zu haben. Aber auch Mitglieder diverser Mafia-Banden und korrupte Staats- und Regierungschefs wurden letztlich durch die Panama-Papers als Inhaber von Offshore-Firmen enttarnt. Der isländische Premierminister musste beispielsweise zurücktreten, ebenso ein Ethiker des Fußball-Weltverbandes Fifa.

Alle anderweitig beteiligten Personen befanden sich im Ausland, insbesondere in Staaten, die nicht auslieferten, und er hatte jetzt Bekanntschaft mit dem deutschen BKA gemacht, das ruhig abgewartet hatte, bis er freiwillig den deutschen Boden betreten hatte. »Das hinterlässt ein mulmiges Gefühl«, sagte er mir. »Komme ich denn jetzt gar nicht mehr zurück zu meiner Familie in Panama?«

In der Tat war das eine sehr knifflige Situation. Denn nicht nur die deutschen Behörden lauerten, auch die panamaischen und US-amerikanischen Staatsanwaltschaften hatten jede Menge Fragen an Herrn Buschmann, weil er Millionen Dollar durch Offshore-Konten geschleust und Briefkastenfirmen gegründet haben soll, um Vermögen und Einkünfte vor den US-Steuerbehörden zu verschleiern.

In der Folgezeit fand die eine oder andere Vernehmung mit dem BKA sowie der Staatsanwaltschaft in München statt. Da Herr Buschmann bereit war, zu kooperieren, den Ermittlern mehrere Datenträger übergab und umfangreich über seine früheren Kunden auspackte, kam er vorerst um einen Haftbefehl herum. Nachdem einige Monate ins Land gegangen waren, war das Thema Haftbefehl im November 2018 dann aber plötzlich doch brandaktuell. Mich erreichte ein erneuter Anruf von Herrn Buschmann, ein Hilferuf. »Ich bin in Paris am Flughafen, die Amis halten mich auf aufgrund eines amerikanischen Haftbefehls fest und wollen mich in die USA ausliefern«, berichtete er mir. Obwohl ich ihn nur hören konnte, sah ich ihn regelrecht vor mir: die Stirn voller Schweißperlen und die Augen so weit aufgerissen, als ob ihm gerade in der Saunakabine von innen die Klinke abgebrochen wäre.

Kurz darauf war auch mir die brenzlige Lage klar, da diverse Medien inzwischen über ihre Ticker berichtet hatten, dass die US-Justiz im Zusammenhang mit den Panama-Papers soeben in Paris einen deutschen Investmentmanager (meinen Mandanten Buschmann) und in London einen deutschen Adeligen, seines Zeichens Erbe eines gigantischen Kaffeeimperiums in Mittelamerika, festgenommen hatte. Sowohl Buschmann als auch dem Unternehmer wurden von der US-Justiz Geldwäsche und Steuerbetrug vorgeworfen. Der Kaffee-Mogul sollte Steuern hinterzogen haben, indem er heimlich an der US-Steuerbehörde IRS vorbei Briefkastenfirmen installiert und Konten eingerichtet hat. Bei der Vernehmung behauptete er, dass sämtliche Firmen seiner über hundert Jahre alten Mutter gehörten, die keinen amerikanischen Pass besitzt und auch nicht in den USA steuerpflichtig ist.

Herrn Buschmann warfen die US-Behörden hingegen die Rolle des Chefstrategen vor: Er sollte gezielt Stiftungen und Briefkastenfirmen in Panama, Hongkong und den Britischen Jungferninseln gegründet und unterhalten haben, um für Kunden Geld vor den Behörden zu verstecken. »Der Erbe des Kaffeeimperiums und sein Vermögensverwalter«, titelte damals eine Tageszeitung. Was die amerikanischen Behörden damals aber vermutlich nicht wussten, war, dass Herr Buschmann zu diesem Zeitpunkt schon mit der Staatsanwaltschaft München umfangreich kooperiert hatte. Und das war – so sollte es sich kurz danach erweisen – ein großer Pluspunkt.

Ich nahm seinerzeit Kontakt auf mit einem Strafverteidigerkollegen in Paris. Gleichzeitig wurde Rücksprache mit dem BKA in Deutschland gehalten sowie der Staatsanwaltschaft München. Letzten Endes gelang es dann tatsächlich durch einen juristischen Klimmzug, die bevorstehende Auslieferung von Herrn Buschmann nach New York quasi in letzter Sekunde zu verhindern. Und zwar so: Indem das gegen Herrn Buschmann laufende deutsche Ermittlungsverfahren von der Qualität her in den Rang einer Haftsache hochgestuft wurde. Mit der Konsequenz, dass dann im internationalen Verkehr dem deutschen Haftbefehl eines deutschen Staatsangehörigen der Vorrang eingeräumt werden musste. Die Folge war schließlich eine Auslieferung Buschmanns im Januar 2019 nach Deutschland – und nicht in die USA. Meinem Mandanten fiel dadurch ein riesengroßer Stein vom Herzen. In den USA hätte sich Herr Buschmann sicher einer langjährigen Gefängnisstrafe ausgesetzt gesehen. Denn dort gibt es einen besonderen Straftatbestand, den unser Rechtssystem überhaupt nicht kennt. Es handelt sich um die sogenannte »Conspiracy« (Verschwörung), die sinngemäß Folgendes unter Strafe stellt: »Ein Zusammenschluss von zwei oder mehr Personen, um eine unrechtmäßige Handlung zu begehen oder eine rechtlich statthafte durch unrechtmäßige Mittel auszuführen.«

Nach weiteren klärenden Gesprächen in München und Fortführung der Kooperationsbereitschaft befand sich Herr Buschmann schließlich kurz danach wieder auf freiem Fuß. Er hatte nur zwischendurch für mehrere Wochen die Bekanntschaft mit französischen Gefängniszellen gemacht und regelrechte Panik davor bekommen, in die Vereinigten Staaten ausgeliefert zu werden. Dass US-Behörden über das FBI mitunter wohl auch nicht davor zurückschrecken, im Ausland

Personen, die sie mit Haftbefehl suchen, zu überwältigen und unter Verletzung völkerrechtlicher Gepflogenheiten in die USA zu verfrachten, sorgte bei Herrn Buschmann für regelrechte Verfolgungsängste. Am 11. Juli 2019 fand bei der Staatsanwaltschaft in München dann eine der vorerst letzten Vernehmungen statt: Neben mir und einem amerikanischen Anwalt waren außerdem drei Vertreter der Staatsanwaltschaft München, vier vom Bundeskriminalamt in Wiesbaden und sechs (!) Vertreter vom US-Justizministerium dabei. Im Rahmen eines mehrtägigen Vorgespräches konnte die Situation seinerzeit geklärt werden und die Überstellung Buschmanns in die Vereinigten Staaten gegen Hinterlegung einer sechsstelligen Kaution verhindert werden.

Laut Medienberichten wurden in Deutschland im Zuge der Panama-Papers-Enthüllungen rund 2000 Verfahren gegen Steuerhinterzieher eingeleitet. Etliche Banken und Vermögensverwalter mussten Bußgelder in Millionenhöhe zahlen. Die Gründer der Kanzlei M&F blieben dagegen bisher weitgehend unbehelligt. Deutsche Behörden erwirkten zwar im Herbst 2020 internationale Haftbefehle gegen die zwei früheren Eigentümer der panamaischen Kanzlei Mossack & Fonseca. Das Duo wird aber wegen Beihilfe zur Steuerhinterziehung und Bildung einer kriminellen Vereinigung weltweit gesucht. Sollte einer von ihnen in nächster Zeit versuchen, in Europa einzureisen, würde man ihn festnehmen.

DIE ANGST IM NACKEN

Schweigen? Kooperieren? Oder doch taktieren? Im Wirtschaftsstrafrecht ist auf Verteidigerseite mehr denn je Flexibilität, Handlungsschnelligkeit und Fingerspitzengefühl gefragt. Wie im Fall Buschmann überschlagen sich in einem Wirtschaftsverfahren oftmals binnen weniger Augenblicke die Ereignisse und spülen plötzlich Strategien nach vorn, die noch kurz davor keine echte Option waren. Wäre Herr Buschmann nicht bereit gewesen, mit den deutschen Behörden zu kooperieren, säße er hundertprozentig heute noch im Knast – entweder in Deutschland, Frankreich, den USA oder Panama. So ist er als eine der vier Most Wanted Persons des Panama-Papers-Komplexes bis heute aber immerhin in Freiheit.

Richtig glücklich ist er aber wohl nicht. Auch wenn sein Verfahren in Deutschland irgendwann einmal endgültig abgeschlossen ist und es dabei glimpflich für ihn ausgeht, so existieren dann immer noch die Haftbefehle in den USA und Panama gegen ihn. Das heißt: Eine Einreise zu seiner Familie in seine Heimat ist seit nunmehr fast drei Jahren unmöglich. Sich hier eine Existenz aufzubauen ist kaum möglich, wegen der fehlenden Kontakte, aber auch wegen seines Alters. Zuletzt muss er immer noch damit rechnen, je nach Gutdünken entsprechender ausländischer Agenten »entführt« zu werden – die Angst davor sitzt ihm immer im Nacken.

Aber auch als Verteidiger muss man in bestimmten Bereichen stets auf der Hut sein: So kann beispielsweise durch die Entgegennahme von Anwaltshonorar aus möglicherweise »schmutzigen« Geldern mitunter ein riesengroßes Problem erwachsen. Namentlich ein eigener Geldwäsche-Verdacht. Strafverteidiger leben aber nur dann gefährlich, sprich sie könnten sich selbst durch eine Bargeldannahme wegen Geldwäsche strafbar gemacht haben, wenn sie zum Zeitpunkt der Annahme ihres Honorars sichere Kenntnis von dessen illegaler Herkunft hatten. Dies wurde mit Urteil des Bundesverfassungsgerichts vom 30. März 2004 klargestellt. Sichere Kenntnis ist identisch mit positivem Wissen. Aber Vorsicht: Der gleichzeitig arbeitende anwaltliche Berater könnte bei einer Bargeldannahme als Honorar in die Strafbarkeitsfalle tappen. Die Ausnahme der sicheren Kenntnis gilt nach den Entscheidungsgründen des Bundesverfassungsgerichtes nämlich nur für Strafverteidigerhonorare.

9

AUF INTERNATIONALEM PARKETT

Der Strafverteidiger: Hans Reinhardt

Inhaftierungen im Ausland, zweifelhafte Auslieferungsgesuche, Strafverfolgung über Ländergrenzen hinweg, europäische Haftbefehle und Ermittlungsverfahren: Internationales Strafrecht hat in den vergangenen Jahren mehr und mehr an Bedeutung gewonnen. Die Ermittlungsbehörden vieler Länder sind immer stärker vernetzt, ausländische Gesetze und Regelungen nicht selten gravierend abweichend von den hiesigen und auch hochkomplex.

Egal ob illegaler Menschen- oder Waffenhandel, Geldwäsche oder Steuerhinterziehung, Computer- oder Internetbetrug – all diese Delikte finden schon seit jeher auch auf internationaler Ebene statt. Doch nach welchem Strafrecht sind die mutmaßlichen Täter zu verurteilen? Welche Gerichte sind zuständig? Wer darf wohin ausgeliefert werden? Und in welchem Land wird am Ende eine mögliche Strafe vollstreckt?

Für Straftaten, die im Ausland begangen werden, gilt in aller Regel zunächst einmal gemäß dem Territorialitätsprinzip das am Ort des Geschehens anwendbare Strafrecht. Doch wo beispielsweise liegt dieser Ort, wenn ein erpresserischer Anruf bei einem deutschen Unternehmen aus dem Ausland geführt beziehungsweise ein Erpresser-Brief oder eine Erpresser-

E-Mail aus dem Ausland verschickt worden ist? Und wie verhält es sich im Spannungsfeld von drei, vier, fünf oder mehr beteiligten Nationen oder Nationalitäten? Wie lassen sich da Verknüpfungen am Ende rechtswirksam entknoten?

Für bestimmte international geschützte Rechtsgüter sieht das sogenannte Weltrechtsprinzip unabhängig vom Ort der Tat und der Nationalität des Täters verbindlich die Anwendbarkeit des deutschen Strafrechts vor. »Das deutsche Strafrecht gilt weiter, unabhängig vom Recht des Tatorts, für folgende Taten, die im Ausland begangen werden«, heißt es zu Beginn in § 6 StGB. Aufgelistet wird bei diesen Taten auch der Betäubungsmittelhandel.

Begeht ein deutscher Staatsangehöriger eine Straftat im Ausland, ist grundsätzlich auch in Deutschland ein Ermittlungsverfahren einzuleiten. Im Betäubungsmittelhandel gilt dies sogar, wenn ausländische Täter mit eingebunden sind. So konnte ich vor mehr als zehn Jahren in Duisburg der als »Drogenmädchen« in die Boulevard-Schlagzeilen geratenen Sabrina A. als Pflichtverteidiger beigeordnet werden. Sabrina war im Sommer 2007 auf dem Weg zum Flughafen im türkischen Urlaubsort Antalya festgenommen worden. Mit sage und schreibe fünf Kilo Heroin im Gepäck. Die Mischung aus Korruption, Geldgier und juristischer Gleichgültigkeit, die ich anschließend im Zuge von Sabrinas (internationaler) Verteidigung in der Türkei miterleben musste, hat mich regelrecht schockiert.

DER FALL: »DROGENMÄDCHEN« SABRINA

Türkisfarbenes Meer, traumhaft weißer Strand und herrlicher Sonnenschein: Für ein paar Tage lang war die Welt für Sabrina A. aus Duisburg-Rheinhausen, damals zwanzig, in allerbester Ordnung. Sabrina sah wirklich sehr jung aus, sodass der ihr später vom Boulevard verpasste Spitzname »Drogenmädchen« ehrlicherweise passte wie die Faust aufs Auge. Dabei hatte sie mit ihren zwanzig Jahren wahrlich schon einiges erlebt; in ihrem Leben war schon eine ganze Menge schiefgelaufen. Die Schule hatte sie nach der sechsten Klasse verlassen, eine gescheiterte Ehe hinter sich und auch schon ein Kind zur Welt gebracht.

Aber als Sabrina damals am 12. Juli 2007 mit ihrem Freund Christian in den südtürkischen Badeort abreist, ist das alles ausgeblendet und kein Thema. Urlaub ist angesagt. Die Reise in die Sonne hatte Sabrina (damals im zweiten Monat schwanger) angeblich geschenkt bekommen. Ein Freund ihres getrennt lebenden Ehemanns soll so nett gewesen sein, ihr und Christian vier Tage Wellness-Urlaub in der Türkei zu spendieren. Inklusive Flug und Fünf-Sterne-Hotel und allem Drum und Dran.

Schon am zweiten Urlaubstag soll Sabrina aber plötzlich Rückreisepläne geschmiedet haben. Angeblich, so lautete damals ihre Version, habe sie einen Telefonanruf erhalten, dass ihre Mutter schwer erkrankt sei. Daraufhin habe sie sofort zurück nach Deutschland gewollt. Zwei Urlaubsbekanntschaften – die späteren Mitangeklagten – sollen ihr dann kurzerhand geholfen, blitzschnell einen Rückflug organisiert und sogar das Flugticket bezahlt haben. Als Gegenleistung dafür sollte Sabrina nur eine Tasche mitnehmen – mit Kleidung und Süßigkeiten. Ihren Freund Christian ließ Sabrina noch einen Tag länger Urlaub machen.

Sie selbst wollte schnellstmöglich fliegen, erreichte aber noch nicht mal das Flughafengebäude. Was sie nicht bemerkte: Türkische Fahnder hatten sie schon länger ins Visier genommen. Die Polizei schlug zu, als Sabrina in einem Taxi auf dem Weg zum Flughafen saß. Eine Großaktion. Sabrina musste ihren Koffer öffnen. Gut versteckt unter einem doppelten Boden fand die Polizei ein Geheimfach. Darin waren fünf Kilo Heroin. »Mit Drogen habe ich nichts zu tun«, beteuerte die entsetzte Sabrina. Die Ermittler fuhren mit ihr zurück ins Hotel. Im Hotelzimmer eines ihrer zwei Begleiter fanden die Beamten später dann noch einmal drei Koffer mit weiteren fünfzehn Kilo. Marktwert: insgesamt rund eineinhalb Millionen Euro. Später kommt dann auch heraus, dass zwei türkische Polizeibeamte – als Hotelboy und Kellner getarnt – in dem Hotel verdeckt ermittelt haben.

Wenige Tage nach Sabrinas Festnahme saß ihr Freund Christian weinend vor meinem Schreibtisch und verstand die Welt nicht mehr. Die Reise sei ein Geschenk gewesen, man sei kurzfristig für einen erkrankten Bekannten eingesprungen, ansonsten wäre die Reise verfallen. Der Fahrer eines Fahrdienst-Shuttles habe die Koffer aus dem Hotel abgeholt und allein zum Flughafen befördert. Sie hatten die Koffer gar nicht mehr in der Hand gehabt, deshalb sei auch der hohe Gewichtsunterschied nicht aufgefallen. Trotzdem landete Sabrina im türkischen Knast und brachte Monate später in türkischer Untersuchungshaft sogar ihr Kind zur Welt. Der kleine Jason wog bei der Geburt drei Kilogramm.

Als ich später gefragt wurde, ob ich den Fall übernehmen könnte, habe ich sofort zugesagt. Es war schnell klar, dass Sabrina vor Ort unbedingt Hilfe brauchte. Es wurde ein türkischer Anwalt eingeschaltet und eine Reise in die Türkei geplant. Einige Monate später fand in Izmir in einem ehemaligen Militärgericht der Strafprozess statt. Als beigeordneter Pflichtverteidiger war ich vor Ort. Nachdem ich anfangs von der türkischen Justiz sehr beeindruckt gewesen bin, hat sich das im Lauf des Verfahrens praktisch auf null reduziert. Die Entwicklung des Verfahrens nahm nämlich groteske Züge an. Es begann schon damit, dass die Reihenfolge der jeweiligen Gerichtsverhandlungen (an einem Tag sind immer mehrere

Anhörungen angesetzt) von einem sogenannten Gerichtsdiener bestimmt wurde. Ich weiß es noch wie gestern, denn dieser Gerichtsdiener sprach mich damals unverhohlen an und erklärte mir, dass er durchaus bereit sei, gegen Übergabe eines Fünfzigeuroscheins den Fall »Sabrina« zuerst aufzurufen. Und so kam es, dass ich tatsächlich erstmals Schmiergeld zahlte, um wertvolle Zeit zu gewinnen. Ich kann mich noch gut erinnern, dass es mich damals innerlich echt geschüttelt hat, als Organ der Rechtspflege in einem Gerichtsgebäude jemandem einen Geldschein zuzustecken – und auf diese Weise Einfluss auf die Prozessordnung zu nehmen.

Im Gerichtssaal war der Raum einem römischen Amphitheater nachempfunden. Auf den aufsteigenden Sitzreihen konnte jeder Besucher das Prozessgeschehen eingehend und genauestens verfolgen. Unterstützt wurde dies noch durch einen mehrere Meter großen Flachbildschirm, der sich hinter der Richterbank befand. Der gesamte Verlauf der Gerichtsverhandlung einschließlich sämtlicher Erörterungen wurde wörtlich festgehalten und konnte auf dem Bildschirm nachgelesen werden. Dies beeindruckte mich, weil damit die Öffentlichkeit in die Lage versetzt wurde, das gesamte Prozessgeschehen jederzeit nachvollziehen zu können. Kleiner Schlenker nach Deutschland: Ein üblicher Strafprozess vor großen Strafkammern an den Landgerichten wird keinesfalls wörtlich protokolliert. Hierzulande darf man sich nicht wundern, wenn in Hauptverhandlungsprotokollen am Ende lediglich die Namen der beteiligten Personen notiert worden sind – aber keine Inhalte.

Im Lauf der Hauptverhandlung stellte sich damals heraus, dass das Gericht offensichtliche Beweisprobleme ausgemacht hatte. Dazu muss man wissen, dass in der Türkei zwei Polizeisysteme nebeneinander existieren, einmal die staatliche Polizei und einmal die Militärpolizei (seinerzeit von Atatürk eingeführt, um islamistische Auswüchse der staatlichen Polizeibehörden unter Kontrolle zu halten). Im Prozess fehlten wesentliche Aktenbestandteile. Es konnten keine Observationsmaßnahmen nachvollzogen werden, Aufzeichnungen von Telefonüberwachungen waren nicht mehr zugänglich, und insbesondere schien niemanden die Frage zu interessieren, wohin in Deutschland denn das Rauschgift gehen sollte und wer dort als potentieller Abnehmer infrage gekommen wäre. Stattdessen gab es eine offensichtliche bürokratische Verhinderung sich gegenüberstehender Polizeibehörden. Christian, der Freund von »Sabrina«, berichtete mir damals auch von tagelangen Vernehmungen auf einer Militärbasis in der Türkei, durchgeführt von Mitarbeitern der Militärpolizei. Davon war im Prozess in Izmir zu keinem Zeitpunkt die Rede. Es wurde sogar behauptet, derartige Vernehmungen habe es nie gegeben.

Fakt ist: Aufgrund der offensichtlichen Beweisproblematik machte der Vorsitzende Richter damals irgendwann den Vorschlag, gegen Bereitstellung einer Kaution in Höhe von 20 000 Türkischen Lira (seinerzeit etwa 10 250 Euro) den Haftbefehl außer Vollzug zu setzen, sodass Sabrina sich wieder frei bewegen könne. Um die Kaution zu beschaffen, wurde der Prozess um mehrere Wochen vertagt. Die Eltern von Sabrina mobilisierten ihren großen Freundeskreis, um die Kaution »einzusammeln«; sie selbst verfügten nicht über ausreichend Mittel. Und siehe da – sie schafften es. Doch auf Begeisterung folgte eine Bauchlandung. Denn kaum war der Geldbetrag an den türkischen Verteidigerkollegen überwiesen worden, war es für einen anderen Posten verwendet worden. Der türkische Kollege verrechnete den Betrag einfach mit einer noch offenen Honorarrechnung.

Als dann später die Verhandlung weiterging und der Vorsitzende nach der Einzahlung der Kaution fragte, musste ihm mitgeteilt werden, dass der Geldbetrag nicht (mehr) zur Verfügung stand. Daraufhin zog sich das Gericht kurzerhand für 45 Minuten zur Beratung zurück, betrat danach erneut den Verhandlungssaal, und der Vorsitzende Richter verkündete das Urteil: sechs Jahre und drei Monate Gefängnis. Dieser Urteilsspruch war für Menschen mit einem vernünftigen Rechtsverständnis ein echter Skandal, denn er geschah ohne weitere Durchführung einer Beweisaufnahme. Diese wurde letztendlich einfach abgebrochen. Es gab keine Schlussplädoyers und auch keine Schlussworte der Angeklagten. Nach einem Jahr Haft wurde Sabrina mit ihrem Sohn Jason nach Deutschland abgeschoben. In Deutschland wurde sie später begnadigt, da das fragwürdige Zustandekommen des Urteilsspruchs keine Grundlage für die Vollstreckung einer weiteren Strafe darstellte.

Der Fall Sabrina ist ein trauriges Musterbeispiel für internationale Strafverteidigung mit einer erschreckend weit auseinanderklaffenden Lücke zwischen Theorie und Wirklichkeit. In Gesetzen ist juristisch alles klar geregelt, in der Realität regieren dagegen Schmiergeld, Eitelkeiten, Egoismus und Willkür – genau wie in einer Bananenrepublik. Recht schockierend. Der türkische Strafprozess ist an die deutsche Strafprozessordnung angelehnt und setzt genauso die Durchführung einer Beweisaufnahme voraus mit entsprechenden Schlussvorträgen, dem letzten Wort und einer ausführlichen Würdigung aller Umstände, die für und gegen den Angeklagten sprechen. Zuletzt gilt auch der Grundsatz »Im Zweifel für den Angeklagten«. Wegen gekränkter Eitelkeit eines türkischen Richters wurden im Fall Sabrina jedoch mal eben binnen weniger Minuten elementare Grundsätze der Prozessordnung einfach außer Kraft gesetzt, nur um die Sache abzuschließen. Skandalös, wie ich finde.

Auch das Gebaren ausländischer Anwälte ist leider nicht immer in Einklang mit den Grundpfeilern unserer Rechtsordnung zu bringen. So war es dem türkischen Kollegen im

Fall Sabrina eigentlich streng untersagt, einen zweckbestimmten Kautionsbetrag mit eigenen Honoraransprüchen zu verrechnen. Aber: Wo kein Kläger, da kein Richter. Mein Appell an sein Rechtsgefühl und seine Menschlichkeit prallten vollständig an seiner Geldgier ab.

NAIV UND DILETTANTISCH: DER ALDI-ERPRESSER

Im Fall des österreichischen Aldi-Erpressers dagegen, der von Thailand aus fünfzehn Millionen US-Dollar abräumen wollte, war es das Gebaren inländischer (deutscher) Ermittler im Ausland, das man durchaus als schlitzohrig bewerten kann, aber unterm Strich vielmehr als schmutzig und skandalös bezeichnen muss. Die deutsche Strafjustiz hatte sich seinerzeit eingeschaltet und einen internationalen Haftbefehl angestrebt, da wegen des Sitzes des erpressten Unternehmens Aldi in Mülheim an der Ruhr auch ein deutscher Tatort gegeben war. Über einen Zeitraum von mehreren Wochen hatte ein zunächst unbekannter Täter die Firmensparte Aldi-Süd ins Visier genommen und versucht, das Unternehmen zu erpressen. »Wir fordern 15 Millionen US$ Losegeld«. So stand es in einer Mail, die von Thailand aus verschickt worden war. Ein »ö«, um Lösegeld zu schreiben, war auf der Tastatur nicht vorhanden. Darüber war eine Zeichnung von Robin Hood eingefügt – mit russischen Schriftzeichen. Das Geld in Höhe von fünfzehn Millionen US-Dollar sollte binnen 36 Stunden an eine russische Hilfsorganisation mit dem Namen »Robin Hood« fließen, die Abwicklung über Konten in Kanada und Kambodscha erfolgen. Andernfalls wurde damit gedroht, mit Botox vergiftete Lebensmittel bei Aldi auszulegen.

Bei den Erpresser-Telefonaten und der Mail-Korrespondenz stellte sich dann aber schnell heraus, dass die Kommunikation über die angezeigte Rufnummer und die IP-Adresse einem österreichischen Auswanderer in Pattaya zuzuordnen war. Dem Beschuldigten wurde dann seitens Aldi beziehungsweise der bereits im Namen von Aldi verhandelten Polizistin »Frau Berger« vorgespiegelt, man wolle die Forderung erfüllen, müsse aber noch einige Telefongespräche beziehungsweise Mail-Kontakte durchführen zwecks deutschsprachiger Koordination. Das Hinhalten des Erpressers führte dazu, dass man im Wege der Rechtshilfe in Thailand durch eine Zusammenarbeit der thailändischen Polizei mit dem BKA die Verhaftung und Überstellung des Österreichers nach Deutschland einstielen konnte.

Nach seiner Festnahme befand sich mein späterer Mandant zunächst 35 Tage in thailändischer Haft, in einer Zelle mit 43 anderen Mithäftlingen unter unwürdigsten Bedingungen. Das war alles andere als ein Zuckerschlecken. In der thailändischen Tagespresse war dann auch schon kurz danach zu lesen, dass mein Mandant angeblich fünfzehn Millionen Dollar eingestrichen habe. Die deutschen Ermittler hatten bei den thailändischen Behörden sowie der thailändischen Presse in Thailand die Legende gestreut, dass die gesamte Erpressungssumme in Höhe von 400 Millionen Baht ausbezahlt worden sei. Was tatsächlich erstunken und erlogen war – aber gleich doppelt Wirkung entfaltete. Einerseits stimmte die damals zuständige thailändische Staatsanwältin mit dem wohlklingenden Namen Patraporn Pommanuchatip nur deswegen einer Auslieferung des Österreichers nach Deutschland zu. Ohne diese Information wäre das sicher nicht passiert. Andererseits brachten die geschickt platzierten »Fake News« den Auswanderer in seiner Zelle arg in die Bredouille. Die Mitgefangenen neideten ihm die vermeintlich eingestrichene Millionenbeute und rückten ihm bedrohlich auf die Pelle. Dermaßen in Angst versetzt und zusätzlich flankiert mit dem Versprechen, zur Aufklärung des Falls und für maximal sechs Monate nach Deutschland ausgeflogen zu werden, unterzeichnete der Frührentner dann auch seine Bereitschaft zur Auslieferung.

Als mein Mandant in Duisburg angekommen war, hatte ich das Mandat übernommen. Für mich war schnell klar: Die Devise kann nur lauten, zu retten, was noch zu retten ist. Und dafür galt es herauszustellen, dass das Verbringen des Mandanten von Thailand aus in den Duisburger Knast letztlich auf illegale Weise zustande gekommen war. Es stellte sich hier die rechtliche Frage, ob eine rechtswidrig herbeigeführte Auslieferung ein Strafverfolgungshindernis begründen könnte. Eine Auslieferung erweist sich nämlich dann als unzulässig, wenn sie gegen Völkerrecht verstößt, insbesondere wenn der ersuchte Staat (hier Thailand) über Tatbestandsmerkmale in Unkenntnis gesetzt beziehungsweise getäuscht wird. Die Täuschung lag darin, dass gezielt der Eindruck erweckt worden ist, Aldi hätte tatsächlich Erpressungsgelder gezahlt, was aber definitiv nicht der Fall war. Sicher ist aber: Im Rahmen ihrer Ermittlungen dürfen sich Polizeibeamte nicht der Täuschung bedienen, weil dies nach Artikel 20 Absatz 3 des Grundgesetzes – »Die Gesetzgebung ist an die verfassungsmäßige Ordnung, die vollziehende Gewalt und die Rechtsprechung sind an Gesetz und Recht gebunden.« – und dem Rechtsstaatsprinzip absolut ausgeschlossen ist. Bei einer Verwertung für den Strafprozess geht es im Kern um die Frage der Abwägung zwischen dem öffentlichen Interesse an der Strafverfolgung einerseits und dem Interesse der staatlichen Souveränität des betroffenen Drittstaates Thailand sowie weiterhin den Interessen des Ausgelieferten auf der anderen Seite. Es gilt das sogenannte »Clean-Hands-Prinzip«. Das bedeutet, dass der Staat selbst mit sauberen Händen vor Gericht treten muss und nur dann ein staatlicher Strafanspruch erfolgreich durchgesetzt werden kann.

Bei der Strafverteidigung des Auswanderers wollte ich aber bei aller theoretischer Chance auch nicht den Blick auf die Realität verlieren. Der Mandant saß durch die geschaffenen Fakten nun mal in Duisburg im Knast. Und darüber hinaus stand auch völlig außer Frage, dass er es war, der versucht hatte, sich in geradezu dilettantischer Perfektion (beispielsweise durch Verwendung seiner eigenen IP-Adresse im Internet) mit dem Discounter-Giganten Aldi anzulegen. Das Beharren auf die Chance auf eine mögliche Wiederherstellung des Status quo, also der Rückführung nach Thailand wegen einer wahrscheinlichen Rechtswidrigkeit seiner Auslieferung, hätte in jedem Fall einer akribischen Aufarbeitung bedurft. Weitere Ermittlungen hätten mehrere Monate Zeit verschlungen. Zeit, die mein Mandant weiterhin in Untersuchungshaft gesessen hätte.

Im Ergebnis haben wir seinerzeit einen juristischen Deal geschlossen. Von den festgelegten zwei Jahren und neun Monaten Haft musste noch die Zeit der Untersuchungshaft in Deutschland in Abzug gebracht werden, die erlittene Haft in Thailand wurde sogar dreifach angerechnet. Konkret bedeutete das: Der Möchtegern-Erpresser wurde mit dem Urteil aus der Haft entlassen und konnte sofort in seine Heimat Österreich reisen. Die Strafe verbüßte er im offenen Strafvollzug, die Reststrafe wurde zur Bewährung ausgesetzt. Die wohl größte Strafe für den Auswanderer war jedoch: Eine Einreise in seine Zweitheimat Thailand war nicht mehr möglich.

10

JUGENDSTRAFRECHT: ERZIEHUNG VS. STRAFE

Die Strafverteidiger:
Burkhard Benecken und Hans Reinhardt

Ein dreizehnjähriger Killer mit blutbeschmierten Händen wird den Rat eines Strafverteidigers in Deutschland nicht suchen. Denn Personen bis zum dreizehnten Lebensjahr gelten in Deutschland als Kind und können – etwas zugespitzt formuliert – tun und machen, was sie wollen. Schlagen, vergewaltigen, andere Menschen umbringen – sie werden strafrechtlich dafür nicht belangt, denn als unter Vierzehnjährige sind sie strafunmündig. Ohne Wenn und Aber. Ein Kinderstrafrecht gibt es nicht.

Im deutschen Strafrecht wird zwischen dem Jugendstrafrecht und dem Erwachsenenstrafrecht unterschieden. Jugendstrafrecht wird zwingend bei Tätern angewendet, die zum Zeitpunkt einer Tat Jugendliche, das heißt vierzehn bis siebzehn Jahre alt, sind. In aller Regel, aber keinesfalls bindend, gilt das Jugendstrafrecht aber auch für Täter, die zur Tatzeit Heranwachsende, sprich achtzehn bis zwanzig Jahre alt, waren. Auf jeden Beschuldigten, der im Tatzeitpunkt mindestens 21 Jahre alt und älter ist, wird Erwachsenenstrafrecht angewendet.

Jugendstrafrecht bedeutet aber nicht, dass für jüngere Straftäter per se andere oder nur bestimmte Delikte gelten.

Sämtliche Straftatbestände, die im Strafgesetzbuch aufgelistet sind – von Mord bis Vergewaltigung, von Freiheitsberaubung bis Urkundenfälschung, von Raub bis Betrug –, gelten in der Praxis ohne Einschränkung auch für Jugendliche und Heranwachsende. Das heißt: Verurteilt wird ein Jugendlicher beispielsweise in einem Prozess am Ende genauso wegen schweren Raubes wie ein Erwachsener. Der elementare Unterschied im Jugendstrafrecht ist die Rechtsfolgenseite: Anders als im Erwachsenenstrafrecht gibt es keine fest anzuwendenden Strafrahmen von beispielsweise sechs Monaten bis zu zehn Jahren für eine gefährliche Körperverletzung, sondern es ist nach erzieherischen Gesichtspunkten eine sinnvolle Strafe im Einzelfall festzusetzen. Danach kann es auch bei einer gefährlichen Körperverletzung lediglich zehn Sozialstunden geben, wenn dies für die Erziehung des Betroffenen richtig erscheint.

Denn im Jugendstrafrecht steht der Gedanke, den Straftäter durch Erziehung für seine weitere Zukunft zu sozialisieren, mehr im Vordergrund als die Absicht, ihn zu bestrafen. »Short Sharp Shock« ist die Devise: Junge Menschen, die noch prägbar, noch beeinflussbar, noch erziehbar und noch nicht langjährig »versaut« sind, sollen im Fall der Fälle mit einer kurzen (*short*), scharfen (*sharp*) Erziehungsmaßnahme (*shock*) zurück auf den rechten Weg gebracht werden. So zum Beispiel durch den 2012 eingeführten Warnschussarrest. Dieses Abschreckungskonzept lebt von der These, Kriminalität könnte dadurch verhindert werden, dass dem potentiellen Täter eine Anschauung vom Gefängnisleben gegeben und als konkrete Drohung vermittelt wird. Bei schweren Straftaten und entsprechender Vorstrafen-Historie eines jungen Straftäters ist es aber auch möglich, dass ein Jugendlicher oder Heranwachsender »aus dem Stand« eine mehrjährige Jugendhaftstrafe zu befürchten hat.

Arbeitsauflagen, Teilnahmen an Kursen oder Beratungsgesprächen, Freizeitarreste, Dauerarreste, Jugendstrafe und Warnschussarrest: Das Jugendstrafrecht sieht zahlreiche andere Sanktionen vor als das Erwachsenenstrafrecht, wo sich alles, was die Strafe angeht, starr an dem im Gesetz festgeschriebenen Strafrahmen orientiert. Freizeitarreste beziehungsweise Wochenendarreste bedeuten, dass der Jugendliche oder Heranwachsende jeweils eine bestimmte Anzahl an Wochenenden oder Nachmittagen in einer speziellen Jugendarresteinrichtung verbringt, die einem Gefängnis sehr ähnlich ist. Dauerarreste, wie der Name schon verrät, einen dauerhaften Aufenthalt von mindestens einer bis maximal vier Wochen in einer solchen Arrestanstalt.

Viele Strafverteidigungen von Heranwachsenden zeichnen sich vor allem dadurch aus, möglichst viele Umstände herauszuarbeiten und vorzutragen, die für die Unreife des Mandanten sprechen. Damit er am Ende nach dem Jugendstrafrecht und nicht nach Erwachsenenstrafrecht verurteilt wird. Denn: In der Regel ist die Verurteilung nach Jugendstrafrecht erheblich milder als eine Verurteilung nach Erwachsenenstrafrecht. So gibt es auch keine lebenslange Haftstrafe bei Tötungsdelikten, sondern es gilt eine prinzipielle Höchststrafgrenze von zehn Jahren. Ein »junger« Mörder kann somit in aller Regel maximal zu zehn Jahren Jugendhaft verurteilt werden. Mit einer Ausnahme: In Mordfällen, in denen die Richter bei einem heranwachsenden Täter eine besondere Schwere der Schuld feststellen, gilt seit dem Jahr 2012 nach § 105 Absatz 3 des Jugendgerichtsgesetzes (JGG) ein Höchstmaß von fünfzehn Jahren Jugendhaft. Das hat der Bundesgerichtshof 2016 nach dem Mord an einer Vierzehnjährigen mit der Verhängung von dreizehn Jahren und sechs Monaten Jugendhaft bestätigt. Die Schülerin hatte die Beziehung zu dem zwanzigjährigen Täter beendet. Der wiederum hatte sie am Folgetag auf ihrem Heimweg von der Schule in einem Waldstück überrascht, von hinten mehrfach mit einer Bierflasche auf den Kopf geschlagen und ihr anschließend mit zwei Messern mindestens 78 Stiche in den Oberkörper, den Hals und den Kopf versetzt, in deren Folge die Vierzehnjährige wenig später verstorben war.

Als Strafverteidiger ist es im Jugendstrafrecht oft auch bei durchaus gravierenden Taten immer noch realistisch, am Ende für den jungen Mandanten eine Sanktion zu erreichen, die nicht in einer freiheitsentziehenden Maßnahme wie einem Jugendarrest oder einem Jugendknastaufenthalt besteht. Natürlich geht das nur, wenn der junge Täter »mitspielt«, Einsicht zeigt und glaubhaft versichert, in Zukunft anders beziehungsweise gesetzestreu zu handeln. Nicht selten ist sogar bei gefährlichen Körperverletzungen oder Raubdelikten – das sogenannte »Abziehen« (insbesondere von Handys) ist seit Jahren unter Jugendlichen eine sehr oft zu beobachtende Raubvariante – am Ende eine Verwarnung mit Sozialstunden möglich. So etwas wäre bei Erwachsenen undenkbar, da bei einem Raub die im Gesetz festgeschriebene Mindesthaftstrafe bereits ein Jahr beträgt.

Ein wichtiges Ziel bei der Strafverteidigung eines Jugendlichen oder Heranwachsenden ist auch das Sauberhalten des Führungszeugnisses. Denn es ist nicht gerade selten der Fall, dass ein potentieller Arbeitgeber in einem Bewerbungsverfahren das Führungszeugnis des möglichen neuen Mitarbeiters einsehen möchte und damit die Spreu vom Weizen trennt. Hier schafft das Jugendstrafrecht eine deutliche Vergünstigung: Verurteilungen zu Jugendstrafen bis zu zwei Jahren auf Bewährung werden nicht in das Führungszeugnis eingetragen.

Verteidigt man denn im Jugendstrafrecht genauso wie bei Erwachsenen? Ja und nein. Natürlich versucht man auch bei Jugendlichen immer das Optimum herauszuholen. Wenn ein

Freispruch möglich ist, geht man natürlich in diese Richtung, dazu sind wir verpflichtet. Unserer Kanzlei liegt im Jugendstrafrecht stets das Ziel zugrunde, bei den Mandanten einen nachhaltigen positiven Effekt zu erzielen. Jugendliche müssen einsehen, dass ein Leben ohne Straftaten der bessere Weg ist. Besteht zu einem jungen Mandanten ein vertrauensvolles Verhältnis, kann der Impuls durch einen Strafverteidiger mitunter mehr erreichen als der Rat der Eltern oder Lehrer. Auf Strafverteidigerseite kann man bei Jugendlichen auch mal den einen oder anderen Tipp oder Ratschlag abgeben, was sich bei einem erwachsenen Mandanten eher selten anbietet. Nach dem Motto: »Aber jetzt mal ganz ehrlich unter uns, unabhängig davon, was wirklich passiert ist: Du solltest in Zukunft unbedingt die Finger von den Drogen lassen, denn du merkst ja, dass schon Marihuana gerade in der heutigen Form von Haze ganz schnell Psychosen verursachen kann. Ich bin nun wirklich kein Moralapostel, sondern dein Verteidiger, aber ich kann dir nur eins sagen: Ich habe viele junge Menschen gesehen, die aufgrund des Drogenkonsums in eine völlig falsche Richtung gelaufen sind. Und all die, die irgendwann, nachdem sie dann mit einer Straftrat aufgefallen sind, aufgehört haben, haben fast immer die Kurve gekriegt. Also unter uns (Männern): Lass es und kümmere dich lieber um deine hübschen Mitschüler/-innen, da hast du mehr von als von den Drogen oder irgendwelchen scheinbar coolen Aktionen mit deinen Freunden.« Solche eindringlichen und gleichzeitig empathisch geführten Ratschläge verleiten womöglich zum Umdenken und setzen den ersten Schritt in Richtung Resozialisierung.

Was bestimmte Delikte angeht, so werden diese im Jugendbereich mitunter scheinbar noch abgestumpfter, menschenverachtender, brutaler und intensiver ausgeführt. Häufig wohl beeinflusst durch übermäßigen Konsum von Filmen im Internet oder Fernsehen oder irgendwelchen anonymen Kontaktbörsen im Darknet, in denen sich junge Täter zuletzt sogar mit ihren Taten gebrüstet haben. Man denke nur an den Kindermörder von Herne, Marcel H., der europaweit Schlagzeilen geschrieben hat, als er vor wenigen Jahren in einer Chatbörse im Netz praktisch live seine blutbeschmierten Hände präsentiert und vor dem soeben von ihm ermordeten Nachbarskind posiert hat. Zu welch unvorstellbaren Taten junge Straftäter in der Lage sind, sollen im Folgenden zwei Fälle aus unserer Strafverteidigerpraxis unter Beweis stellen.

INSIDE 1: ZWEI VERPFUSCHTE LEBEN FÜR EIN PAAR OHRFEIGEN

Der Strafverteidiger: Burkhard Benecken

Kevin Z. war im Sommer 2020 gerade einmal neunzehn Jahre alt, als er in Marl, der Stadt, in der unsere Anwaltskanzlei seit fast einem halben Jahrhundert beheimatet ist, ein tragisches Geschehen verursacht hat, das ihn, vor allem aber auch sein ein Jahr älteres Opfer, wohl für das ganze Leben gezeichnet hat. Die Essener Staatsanwaltschaft ist davon überzeugt, dass Kevin Z., vermutlich angetrieben von einer Mischung aus halbstarkem Imponiergehabe, jugendlicher Kränkung durch ein paar Ohrfeigen und einem Drogenrausch, in voller Absicht hinterrücks mit einem Pkw auf zwei junge Männer zugefahren ist, sodass diese erst im hohen Bogen durch die Luft und dann einer von ihnen gegen eine Garagenwand geschleudert wurden. Beide Männer überlebten, in einem Fall gleicht das praktisch aber einem Wunder. Als sieben Monate später, im März 2021, der Strafprozess wegen versuchten Mordes vor der Essener Jugendkammer als Schwurgericht begann, kam das schwer verletzte zwanzigjährige Opfer auf Krücken gestützt in den Gerichtssaal. Der Mann sei praktisch jeden Tag in Therapie, hieß es vonseiten seines Anwalts. Zahlreiche Operationen stünden noch bevor.

Einen Tag vor der mutmaßlich mörderischen Auto-Attacke vom 26. August 2020 soll es zwischen Kevin Z. und einem der späteren Opfer am Rande eines Zechgelages mit Wodka und Marihuana zu einem handfesten Streit gekommen sein. Der andere sei »richtig aggressiv« geworden, so hat es Kevin Z. später bei der Polizei ausgesagt. Der Zwanzigjährige habe unbedingt gewollt, dass er ihm eine weitere Flasche Wodka besorge. Nachdem er sich geweigert habe, soll er ihm erst einen leichten Schlag ins Gesicht und dann eine schallende Ohrfeige gegeben haben. Außerdem soll er ihm zehn Euro aus dem Portemonnaie geklaut haben. »Um sich dafür zu rächen«, so heißt es später in der Anklage der Staatsanwaltschaft gegen meinen Mandanten, soll Kevin Z. am fraglichen Tag unter dem Vorwand, dem späteren Opfer Marihuana verkaufen zu wollen, ein Treffen an einem Garagenhof vereinbart haben. Nach Überzeugung der Staatsanwaltschaft soll Kevin Z., da er nicht allein zu dem Treffen erscheinen wollte, drei seiner Freunde überredet haben, bei ihm im Pkw mitzufahren. Ein vierter Freund folgte dem Renault Megane auf seinem Motorroller. Schon hier soll nach Angaben der Begleiter meines Mandanten die Rede von einem Racheakt für die demütigenden Ohrfeigen und die gestohlenen zehn Euro gewesen sein. »Wollen wir da mal vorbeifahren?«, soll mein Mandant gefragt haben. Nur um die absolute Rückendeckung zu haben, habe man die Gruppe auf fünf Mann aufgestockt.

Am Treffpunkt angekommen, stiegen die Teenager um meinen Mandanten zunächst aus und liefen auf die beiden späteren Opfer zu. Es entwickelte sich ein Streitgespräch, kurz danach zogen beide Parteien wieder ab. »Ich habe Megaangst gehabt«, soll mein Mandant später bei der Polizei ausgesagt haben. Immerhin habe er ja in Wirklichkeit gar kein Marihuana dabeigehabt. Um das nicht zugeben zu müssen, nestelte er zum Schein im Kofferraum herum, dann hätten die zwei späteren Opfer aber plötzlich von selbst beschlossen: »Ach, scheiß drauf. Lass uns gehen.«

Was dann passiert ist, beschreibt die Staatsanwaltschaft nach Abschluss der Ermittlungen so: »Kevin Z. räumte den Kofferraum wieder ein, und kurze Zeit später stiegen er und die Zeugen niedergeschlagen und frustriert wieder in der vorherigen Sitzordnung in den Pkw. Der Angeklagte startete den Motor und fuhr den beiden späteren Geschädigten folgend runter von dem Garagenhof.« Möglicherweise hat einer der Beifahrer Kevin Z. dann auf die wahnsinnige Idee einer Art Amokfahrt gebracht. Im Auto sollen laut Anklage jedenfalls die Worte gefallen sein: »Stell dir mal vor, irgendein Kranker würde die jetzt einfach so anfahren.« Kurz danach soll Kevin Z. mit dem Fahrzeug tatsächlich ruckartig einen Schlenker gemacht, beschleunigt und zielgerichtet auf die zwei laufenden Personen zugefahren sein. Von hinten kommend wohlgemerkt. Einer der beiden wurde auf die Motorhaube aufgeladen, durch die Luft geschleudert und auf dem Boden abgeworfen, wo er mit dem Hinterkopf aufschlug. Der zweite, der schwerst verletzt überlebte, schlug bei der Kollision mit dem Hinterkopf auf die Windschutzscheibe auf und wurde anschließend gegen die Wand einer Garage katapultiert. Auch der Renault mit Kevin Z. und seinen drei Begleitern an Bord raste ungebremst gegen die Wand der Garage. Der Wagen war zum Zeitpunkt des Zusammenpralls offenbar auf Tempo vierzig beschleunigt worden. Durch die Kollision war die Wand so stark beschädigt worden, dass die Garage aus Sicherheitsgründen eine Zeit lang nicht mehr benutzt werden konnte.

Die beiden Unfallopfer überlebten schwer verletzt. Der eine erlitt ein offenes Schädel-Hirn-Trauma und zahlreiche Knochenbrüche, der andere Hautabschürfungen und Blutungen. Für den leichter Verletzten fühlte sich der Unfall nach eigenen Angaben an wie ein Schlag in den Rücken, wodurch er über ein Auto auf eine Rasenfläche geflogen sei. Bei dem Schwerverletzten ist die Erinnerung an das Unfallgeschehen bis heute komplett ausgelöscht. Auch einige Tage seiner Kindheit und Jugend seien komplett weg. Er lag insgesamt acht Wochen im Krankenhaus, zwei davon im Koma.

Mein Mandant hat vor meiner Einschaltung bei der Polizei die Situation im Pkw so geschildert, dass er plötzlich gemerkt habe, wie seine Augen immer schwärzer und seine Ohren immer tauber geworden seien. Ein Gefühl, als wäre er ein Roboter oder eine Leiche. Er sei einfach tot gewesen. Solche abenteuerlichen Geschichten erzählen gerade junge Mandanten gerne, die anwaltlich nicht oder schlecht beraten sind. Im Jugendgefängnis musste ich meinem Mandanten erst einmal ordentlich »den Kopf waschen«, damit er einen solchen Unsinn nicht noch einmal bei Gericht erzählt. Tatsächlich hat sich mein Mandant im Gerichtsprozess sodann äußerst einsichtig und reumütig gezeigt und seine frühere Blackout-Schilderung als Lüge enttarnt. Dies hat ihm ganz erhebliche Pluspunkte eingebracht, sodass die Jugendkammer des Landgerichts Essen trotz der immensen Brutalität der Tat auf lediglich fünf Jahre Jugendhaft entschieden hat. Da im Jugendstrafrecht fast immer ein Drittel der zu verbüßenden Strafe, gelegentlich sogar die Hälfte der zu verbüßenden Strafe erlassen werden, bietet dieses Urteil meinem Mandanten eine gute Zukunftsperspektive.

INSIDE 2: KINGS OF COOL

Der Strafverteidiger: Hans Reinhardt

»Es ist bestes Skorpion-Wetter. Ab in den Wald.« Diese zwei völlig harmlos anmutenden Sätze in einer WhatsApp-Gruppe bildeten zwischen Dezember 2017 und Januar 2018 für fünf junge Männer aus Essen, Gelsenkirchen und Wuppertal, allesamt zwischen 17 und 24 Jahre alt, das Startsignal für mindestens sechs abscheuliche Gruppenvergewaltigungen. Die fünf miteinander verwandten Freunde nannten sich selbst Skorpione. Als eine Art Geheimcode für: von vorn ungefährlich aussehen und dann von hinten überraschend zustechen. Ihre WhatsApp-Gruppe tauften sie »Spinnen GE«. Spinnen wegen der imitierten Eigenart der Gliederfüßer, ein Netz für den Beutefang zu nutzen. GE für Gelsenkirchen. Vor knapp zwei Jahren wurden die fünf Männer aus dem Ruhrgebiet zu Jugendhaftstrafen von bis zu sechs Jahren und drei Monaten verurteilt, weil sie in unterschiedlichen Besetzungen mehrere Schülerinnen erst in eine Falle gelockt und dann gemeinsam gedemütigt und vergewaltigt haben. Oder wie sie es nannten: einen Skorpion gemacht haben.

Die Vergewaltigungen liefen alle nach einem im Vorhinein fest vereinbarten Plan ab: Einer der Jugendlichen spielte den Lockvogel, verabredete sich mit einem späteren Opfer zum Chillen. Die anderen kamen scheinbar zufällig hinzu. Dann wurden die Teenager-Mädchen unter einem Vorwand in ein Auto gelockt, an abgelegene Orte gefahren. Die Türen wurden verriegelt, den Mädchen wurden die Handys abgenommen. Sobald sich ein Mädchen weigerte, wurde zunächst gedroht: »Wenn du jetzt nicht mit jedem von uns schläfst, kommst du nicht mehr nach Hause.« Dann wurde die Drohung erweitert: Grün und blau schlagen wollten die Männer die völlig eingeschüchterten und ihnen hoffnungslos ausgelieferten Mädchen, wenn sie sich nicht fügten.

Die erste Vergewaltigung passierte im Dezember 2017. Einer der jungen Männer hatte sich mit Kimberly aus Gelsenkirchen verabredet. Das Mädchen hatte sich zwar zunächst gewundert, als im Pkw noch drei weitere Männer saßen, die sie überhaupt nicht kannte, die Erklärung, dass das drei Cousins seien und einer nur noch schnell nach Hause in den Essener Süden gefahren werden müsse, hatte sie jedoch zunächst beruhigt. Dass dann an einer Tankstelle noch zwei weitere Typen hinzustiegen, hatte man ihr damit erklärt, nun noch schnell ein anderswo geparktes Auto abholen zu müssen. Kimberly wunderte sich zwar, dass die Fahrt in Gebiete führte, die sie nicht kannte. Da es im gemeinsamen Bekanntenkreis aber nicht unüblich war, einfach mal kilometerweit durch die Gegend zu »cruisen«, machte sie sich weiter keine Gedanken. Erst nachdem das Fahrzeug in einem unbekannten Waldgebiet anhielt, dämmerte Kimberly, dass die vier Jungs nun offenbar Sex wollten, versuchte aber noch irgendwie der Situation zu entgehen. Vergeblich. Drei Jungs warteten jeweils draußen am Auto, während drinnen der vierte Kimberly sexuell demütigte und missbrauchte. Als das Mädchen zwischendurch regelrecht bettelte, nach Hause gebracht zu werden, ließ einer der Vergewaltiger den Satz fallen: »Das ist wie beim Kuchen. Jeder möchte ein Stück, es ist unfair, wenn einer kein Stück bekommt.« Dem Mädchen half kein Flehen und Weinen, kein Bitten und kein Würgereiz. Es wurde viermal nacheinander vergewaltigt.

Fünf weitere Mädchen durchliefen anschließend dasselbe Schicksal wie Kimberly. Auch diese Teenager sollte irgendwo hinkommen, meist in der Dunkelheit, meist auf einen Parkplatz, um angeblich von dort aus gemeinsam mit einem der späteren Vergewaltiger einen Ausflug zu machen: in ein Café oder in eine Shisha-Bar. Doch einmal im Auto angekommen, waren plötzlich noch weitere Männer dabei oder stiegen unterwegs hinzu. Sie verspotteten die Mädchen schon während der Fahrt als hoffnungslos unterlegen und fuhren an entlegene Orte, an denen niemand die Schreie, die Hilferufe der Mädchen hören konnte. In unbekannte Wälder im Ruhrgebiet oder auf ein Feld. Einzig die letzte Vergewaltigung passierte in einem Hotelzimmer in Bochum. Auch in diesem Fall waren die jungen Männer nach dem üblichen Tatmuster zunächst mit dem Mädchen in ein entlegenes Waldstück gefahren. Weil das Mädchen dort aber Widerstand geleistet hatte, waren die Männer in ein Hotel gefahren in der Hoffnung, dort verliere es ihre Hemmungen. Im Hotelzimmer hieß es dann irgendwann plump: »Wir vergewaltigen dich jetzt.« Und: »Du kommst nicht eher nach Hause, bevor du dich nicht ausgezogen hast.« Das Mädchen ließ schließlich abwechselnd vier Vergewaltigungen über sich ergehen.

Festgenommen worden waren die Angeklagten, nachdem mehrere Mädchen Strafanzeige erstattet hatten. Anschließend hatten die Ermittler einen Großteil der Übergriffe rekonstruiert, indem sie die Chatverläufe aus der Gruppe »Spinnen GE« ausgewertet hatten. Völlig unverblümt hatten die jungen Männer da ihre Erlebnisse beschrieben, wenn sie sich mal wieder »ein Mädchen besorgt« hatten. Nach den Vergewaltigungen wurde teilweise gegenüber den abwesenden Gruppenmitgliedern geprahlt. »Du hast gestern echt etwas verpasst, Bruder«, heißt es beispielsweise in einem Post. Und weiter: »Ja, brutale Titten hat die. Arsch hat die auch. Zwei Stück auf einmal. Du hast was verpasst.«

In den Chats zeigte sich überdeutlich: Die jungen Männer wussten genau, dass sie gegen den Willen der Mädchen handelten. Sie verhöhnten und verspotteten ihre Opfer. Einer schrieb beispielsweise: »Bei mir kommen die Frauen aus meinem Auto wieder raus, die müssen erst mal zur Therapie.« Die Ermittler schlossen nach Auswertungen der Chats keinesfalls aus, dass es noch weitaus mehr Fälle gegeben hat, die Opfer jedoch aus Scham geschwiegen haben.

Im anschließenden Strafprozess präsentierten sich die jungen Vergewaltiger zunächst selbstbewusst, saßen grinsend wie »Kings of cool« auf ihren Bänken, begrüßten sich herzlich und strahlten Gelassenheit aus. Skorpione seien einfach »cool«, hatte einer im Prozess die Wahl ihres Gruppennamens erklärt. »Mit fünf Jungs ist es nicht schwer, Macht zu haben«, brüstete sich ein anderer im Prozess. Doch die Fassade bröckelte von Tag zu Tag. Erst folgten zögerliche Entschuldigungen, dann flossen auf der Anklagebank sogar Tränen. Der Vorsitzende Richter bescheinigte den Vergewaltigern beim Urteil ein »völlig frauenverachtendes, selbstherrliches Bild«. Die Opfer, alle sechzehn bis achtzehn Jahre alt, hatten im Prozess von Albträumen und Nervenzusammenbrüchen nach den Taten berichtet – manche konnten monatelang nicht zur Schule gehen.

GRUPPENDYNAMIK VOLLER GRAUSAMKEIT

Die Taten der fünf »Skorpione« haben mir vor Augen geführt, dass Strafverteidigung oft nichts anderes ist, als buchstäblich im Dreck zu wühlen. Wenn es dann aber gelingt, den Dreck beiseitezuschaufeln, und dahinter eine Vorgeschichte zutage kommt, die oft bis in die früheste Kindheit zurückreicht, dann ist eine wichtige Arbeit im Rechtsstaat geleistet worden.

Dieser Fall der Gruppenvergewaltigung durch jugendliche Täter unterstreicht die Erkenntnisse der polizeilichen Kriminalstatistik, wonach bei Jugendlichen eine erhöhte Gewaltbereitschaft bei gesunkener Hemmschwelle notiert wird. Dabei offenbart sich ein ganzes Netz von begleitenden Faktoren.

Konflikte werden mit Gewalt gelöst. Es geht um ein starkes Ringen um Selbstwertgefühle. Respekt wird falsch interpretiert und ausgelebt in der Viktimisierung anderer. Hinzu kommen oft mangelnde Sprachkenntnisse, Sozialneid und Langeweile. Gewalt gibt ein Gefühl der Überlegenheit.

Die meisten Jugendlichen, die eine aggressive Phase durchlaufen, werden später friedliche Erwachsene und treten nie wieder in Erscheinung. Die ständige Berieselung mit pornografischen Botschaften verändert auch das Verhalten von Jugendlichen, insbesondere verstärkt durch Medien, die gezielt Sex für Werbung im TV und Internet einsetzen.

Im Fall der Skorpione haben junge Männer eine verhängnisvolle Gruppendynamik voller Grausamkeit und Empathielosigkeit entwickelt, in der jeder Einzelne das Gefühl auslebte, der Stärkste, der Größte, der Coolste zu sein. Im Internet zuhauf dargebotene »Gangbang-Partys« (viele Männer haben Sex mit wenigen Frauen) waren letztlich Einladung und Vorbild für die Taten. Die Jugendlichen bekamen das jeden Tag zu sehen. Die Frau wurde zum Objekt, das schließlich Gewalt auszuhalten habe.

11

PROMINENTE UND DER EINFLUSS DER MEDIEN

Der Strafverteidiger: Burkhard Benecken

Vor Gericht sind alle Menschen gleich – sollte man meinen. Kaum richtet sich ein Strafverfahren jedoch gegen eine prominente Person, spielt plötzlich ein Faktor eine Rolle, der eigentlich keine spielen dürfte – das Vorurteil. Hinzu kommt, dass auch das Medieninteresse förmlich explodiert. Jeder Klick, jede Zeile, jedes Bild zählt, während das Gleichheitsgebot dahinschmilzt. Und nicht nur die Promis, sondern vor allem auch die Entscheider bei den Staatsanwaltschaften und Gerichten überfällt scheinbar eine gewisse Ohnmacht. Die gewohnten Routinen, die gewohnte Professionalität geraten durch ein prozessuales Blitzlichtgewitter fast immer ins Wanken. Vom Vorurteil zur Vorverurteilung ist es da nicht weit.

Oft ist zu hören, berühmte Menschen bekämen überall einen Promibonus. Vor Gericht jedoch ist ein bekannter Name selten hilfreich. Nehmen wir ein paar berühmte Fälle: Michael Jackson. O. J. Simpson. Ingrid van Bergen. Jörg Kachelmann. Uli Hoeneß. Bernie Ecclestone. Ernst August von Hannover. Ihre Namen haben in den vergangenen Jahren in Zusammenhang mit strafrechtlichen Gerichtsauftritten einen nachhaltigen Medienwirbel verursacht. Sobald ein Prominenter vor Gericht auftauchen muss, spielt die Medienwelt regelrecht verrückt, und die Berichterstattung ufert aus. Völlig Banales wird auf einmal wichtig, die kleinste strafrechtliche Verfehlung wird zum Skandal hochstilisiert. Doch wie läuft mediale Berichterstattung in Promi-Prozessen wirklich ab? Inwieweit wird überhaupt noch neutral berichtet? Und überschreiten die Gerichte im Schlagschatten eines Promi-Verfahrens schlicht ihre Kompetenzen?

Es ist schon fast grotesk, aber einer der vom Vorwurf her kleinsten Strafprozesse meiner Karriere war gleichsam einer, der medial am meisten Beachtung fand: der Fall Gina-Lisa Lohfink. Es war im Jahr 2016, als Gina-Lisa – die im Jahr 2007 in der Model-Castingshow von Heidi Klum bekannt geworden war – sich vor Gericht gegen einen Strafbefehl wehrte*: Ihr wurde vorgeworfen, zwei Männer fälschlich beschuldigt zu haben, sie unter K.o.-Tropfen gesetzt und vergewaltigt zu haben. Ein Strafbefehl, das muss man wissen, ist eine Art schriftliches Urteil ohne Hauptverhandlung. Wer dagegen Einspruch einlegt, muss sich in einer ganz normalen Gerichtsverhandlung der Anklage, die im Wortlaut dem Strafbefehl entspricht, stellen. Der Fall Gina-Lisa wurde sodann vor einer Einzelrichterin am Amtsgericht in Berlin-Tiergarten verhandelt. Dies ist die niedrigste Gerichtsinstanz, die es gibt. Und ich habe, obwohl ich mit vielen medial sehr beachteten Strafverfahren in meiner Karriere betraut war, einen solchen Medienauflauf wirklich noch nie erlebt. Unvorstellbar! Draußen vor dem Berliner Amtsgericht marschierten scharenweise feministische Demonstrantinnen auf, drinnen gab kein Journalist auch nur einen Zentimeter Platz frei, jeder wollte dabei sein.

* Der Erlass eines Strafbefehls kommt nur bei kleineren Straftaten in Betracht, weil das Gesetz durch Strafbefehl keine höheren Strafen als Geldstrafe (bis zu 360 Tagessätzen) oder Freiheitsstrafe bis zu einem Jahr zulässt, wenn deren Vollstreckung zur Bewährung ausgesetzt wird und der Angeklagte einen Anwalt hat.

Am ersten Tag waren es noch rund 25 bis 30 Reporter. Nachdem dann eine *Stern*-Journalistin, die die Story hinter dem Fall Lohfink als eine der wenigen neben der *Süddeutschen Zeitung* gewissenhaft und angemessen recherchiert hatte, online ihren Artikel (»Chronik einer angekündigten Schändung«) zündete, waren es am zweiten Hauptverhandlungstag schon rund siebzig Journalisten im und vor dem Gerichtssaal. Am Ende berichtete sogar Radio Neuseeland über diesen Fall einer mutmaßlich falschen Verdächtigung, der vom Vorwurf her im nun wirklich unteren Bereich rangiert. Das zeigt auch das Urteil: 80 Tagessätze à 250 Euro. Eine Verurteilung zu einer Strafe, die so gering ist, dass sie noch nicht einmal ins Führungszeugnis eingetragen wird.

Dieses Urteil ist aus meiner Sicht skandalös und grob falsch. Hierfür sind einerseits die Medien verantwortlich, andererseits die zuständige Berliner Staatsanwältin, die Berliner Richterin und der später zuständige Berliner Richter am Kammergericht, die allesamt dem Druck der Medien schlichtweg nicht gewachsen waren, den Pfad von Recht und Gerechtigkeit verließen und nur eines im Sinn hatten: die Berliner Justiz vor der Öffentlichkeit reinzuwaschen. Denn nichts hassen Teile der Justiz mehr, als wenn die Medien auf sie einprügeln und ihnen ein nicht ordnungsgemäßes Vorgehen nachgesagt wird.

Dem Model wurde der Prozess wegen vermeintlich falscher Anschuldigungen gemacht. Gina-Lisa hatte zwei Männer beschuldigt, mit ihr im Juni 2012 sexuelle Handlungen durchgeführt zu haben, obwohl sie mehrfach währenddessen »Nein«, »Hilfe« und »Hört auf« gerufen hatte. Mein Verteidigerkollege Christian Simonis und ich hatten im Prozess schweres Geschütz aufgefahren, hatten auf die aus unserer Sicht unfassbar langsamen (nahezu vier Jahre in Anspruch nehmenden) und schwachen (die Akte wurde über Monate überhaupt nicht bearbeitet) Ermittlungen hingewiesen. Als wir dies im Gerichtsverfahren thematisierten, schaltete sich sogar der Berliner Justizsenator in ein laufendes Verfahren ein und gab eine mediale Stellungnahme ab. Dies ist sicher einzigartig in der deutschen Rechtsgeschichte, dass sich die Politik in ein laufendes Strafverfahren einmischt. Jeder mit dem Lohfink-Verfahren Vertraute hat zudem sofort erkannt, dass es dem Justizsenator nur darum gehen konnte, die von Simonis und mir schwer »beschossene« Staatsanwältin zu schützen und ihre unseres Erachtens miserable Ermittlungsarbeit zu vertuschen. Als wir dann im Lauf des Verfahrens noch eine absolut glaubwürdige Zeugin (Mitarbeiterin einer hohen Bundesbehörde) fanden, die angab, Opfer desselben mutmaßlichen Täters geworden zu sein, der bei ihr nach demselben Muster vorgegangen sein soll wie bei Gina-Lisa, wollte die Staatsanwältin diese Zeugin noch nicht einmal anhören. Ich behaupte: Bei jeder anderen Staatsanwaltschaft Deutschlands wäre spätestens nach Auftauchen dieser Zeugin einer der beiden mutmaßlichen Täter in Untersuchungshaft gekommen.

Was viele nicht wissen: Ursprünglich ist gegen die beiden Herren nicht nur wegen des Verbreitens von Videos aus der mutmaßlichen Tatnacht, sondern auch wegen Vergewaltigung ermittelt worden. Die Männer sind vom Vorwurf der Vergewaltigung keinesfalls freigesprochen worden, wie viele Medien berichteten. Vielmehr hat die besagte Staatsanwältin die Verfahren wegen Vergewaltigung sang- und klanglos eingestellt. Dabei ist hervorzuheben, dass einer der beiden mutmaßlichen Täter nicht nur von Gina-Lisa, sondern von zwei weiteren Frauen völlig unabhängig voneinander fast der gleichen Tatbegehung in Form einer Vergewaltigung bezichtigt worden war. Gegen die beiden anderen Damen, die den Herrn angezeigt hatten und denen die Staatsanwältin augenscheinlich auch nicht geglaubt hat, hat die Staatsanwältin keine Verfahren wegen falscher Verdächtigung eingeleitet. So viel zum »Promi-Bonus«, den Gina-Lisa zu spüren bekam. (Späte Genugtuung erfuhr Gina-Lisa im Frühjahr 2021, als die Medien berichteten, dass einer der beiden wegen Drogenhandels zu einer siebenjährigen Haftstrafe verurteilt worden sei und in Berlin im Gefängnis säße. »Karma is a bitch«, kommentierte meine Mandantin diese Meldung.)

Das gerichtliche Verfahren in Berlin war allerdings keinen Deut besser als die staatsanwaltschaftliche Vorarbeit: Die Amtsrichterin hatte mir schon vor dem Prozess in einem Vieraugengespräch in ihrem Amtszimmer eindeutig signalisiert, dass sie Frau Lohfink so oder so verurteilen werde. Und mir war klar: Die Medien würden zusätzlichen Druck aufbauen, dem diese Richterin sicher nicht gewachsen war. Egal welche Entwicklung der Prozess nehmen würde. Umso höher rechne ich es Gina-Lisa an, dass sie trotz meiner Warnung, sie sei absolut chancenlos bei dieser Richterin, den Weg der Gerechtigkeit nicht aufgegeben hat.

Tatsächlich passierten dann im Gerichtsverfahren Dinge, die meine schlimmsten Befürchtungen sogar noch übertrafen. Als Simonis und ich monierten, dass die Pressesprecherin des Berliner Gerichts Medienvertretern gegenüber bewusst wahrheitswidrig behauptet hatte, sie hätte Hinweise darauf, dass mein Verteidigerkollege und ich Störenfriede in den Gerichtssaal beziehungsweise auf den Flur bestellt hätten, und darum baten, sie als Pressesprecherin für den Prozess abzulösen, zerbrach das Tuch zwischen Gericht und uns Verteidigern endgültig. Es folgten Befangenheitsanträge. Der Ton wurde ein anderer. Das Urteil fiel genauso aus, wie die Richterin es mir bereits angekündigt hatte: Schuldig!

Simonis und ich kritisierten öffentlich, dass Lohfink nach unserer Auffassung schreiend ungerecht behandelt worden war, und gingen in Sprungrevision zum Kammergericht, um

Gina-Lisa eine komplett neue Beweisaufnahme vor dem Berufungsgericht zu ersparen. Sie war vor dem Saal kollabiert und mit den Nerven am Ende. Was dann kam, entbehrt jeder Beschreibung. Der Vorsitzende Richter des Kammergerichts wollte offensichtlich Rache nehmen an uns Verteidigern für das, was wir aus seiner Sicht der Berliner Justiz vor der breiten Presseöffentlichkeit angetan hatten. Solche bösen Verteidiger, die auf angebliche Missstände hinwiesen, müsste man unbedingt durch den Schmutz ziehen. Der Vorsitzende des Kammergerichts in Berlin sonnte sich regelrecht in seinen Ausführungen vor der Presse. Das erkennbare Ziel war, uns »Advokaten des Bösen« über die Medien niederzumachen. Es war der Auftritt eines Mannes, der sich genauso aufführte wie ein kleines beleidigtes Mädchen, dem man soeben den wöchentlichen Besuch im Pferdestall verboten hat. Es ging nicht um Recht, sondern um Abrechnung. Für mich der befangenste Richter aller Zeiten.

Feigerweise zeigte er seine Befangenheit erst ganz am Ende der Revisionsverhandlung, zu einem Zeitpunkt, als kein Ablehnungsantrag mehr gestellt werden konnte. Die von einem der anerkanntermaßen besten Revisionsrechtler Deutschlands geschriebene Revisionsschrift, die lediglich meine Unterschrift trug, wollte er als regelrecht »anfängerhaft« zerpflücken. Es ging eindeutig nur darum, vor der anwesenden Presse ein Verteidiger-Bashing zu inszenieren. Dabei schaute er mehrfach in die großen Augen der ebenfalls anwesenden Pressesprecherin, die es ersichtlich genoss, dass dieser Richter die Verteidigung endlich in die Schranken wies. Seine Unterstellungen gingen letztlich so weit, dass er Gina-Lisa vorwarf, die Gerichtsauftritte gemeinsam mit mir bewusst inszeniert zu haben, um die Publicity später auskosten zu können. Mit Verlaub, aber dieser Gedankenstrang war so unfassbar eindimensional und unschlüssig, dass es in einer Jura-Klausur dafür kaum mehr als ein Ungenügend gegeben hätte. Eine Frau sucht also die Schlagzeilen durch einen Gerichtsprozess, indem sie eine Vergewaltigung erfindet und sich durch ein gegen ihren Willen verbreitetes billiges Sex-Video, auf dem sie erkennbar weggetreten mehrfach »Nein« ruft, als Flittchen erniedrigt? Diese These ist im selben Maße ernst zu nehmen wie die abenteuerliche Aussage des Berliner Justizsenators zu der angeblich so hervorragenden Ermittlungsarbeit der Staatsanwältin.

»Wenn ich wirklich Publicity gesucht hätte, dann erstens niemals mit einem solchen Thema«, hat mir Gina-Lisa einmal erzählt. »Und wenn ich ein solches Thema für PR missbraucht hätte, wie mir unterstellt wurde, hätte ich zweitens etwas anderes erfunden, was Fame garantiert: Es wäre für mich ein Leichtes gewesen, den ein oder anderen weltbekannten Fußballprofi, der bei mir auf dem Hotelzimmer zu nächtlicher Zeit war, zu Unrecht der Vergewaltigung zu bezichtigen. Ich hätte sicherlich nicht zwei Nobodys ausgesucht, die keine Sau kennt.«

Der Richter am Berliner Kammergericht ließ es sich auch nicht nehmen, die *Stern*-Reporterin, die wie bereits erwähnt als eine der wenigen richtig recherchiert hatte, öffentlich ein Stück weit anzugehen. Warum: Auch die Journalistin hatte, wie wir Verteidiger, in aller Öffentlichkeit deutliche Worte gegen Teile der Berliner Justiz geäußert.

Am Ende blieb es bei dem Urteil der ersten Instanz (20 000 Euro Geldstrafe). Auch wenn meine Mandantin das Strafverfahren wie erwartet nicht gewinnen konnte, so ist sie doch auch als große Siegerin aus dem Verfahren hervorgegangen. Sie hat nicht nur dem Druck der zu Teilen befangenen Berliner Justiz standgehalten, sie hat vor allem entscheidend dazu beigetragen, dass das Sexualstrafrecht zugunsten der Opfer geändert wurde. Schon während des Prozesses wurde aufgrund der starken Außenwirkung des Lohfink-Verfahrens schlagartig die Politik aktiv und änderte im Strafgesetzbuch die Regelung zur Vergewaltigung. Seitdem reicht in Deutschland ein bloßes »Nein« des Opfers für eine strafbare Vergewaltigung aus. Zuvor mussten die geschädigten Frauen körperlichen Widerstand geleistet haben, um als vergewaltigt zu gelten. In Juristenkreisen wird die Neufassung des § 177 StGB zu Recht auch als »Gina-Lisa-Paragraf« bezeichnet.

Nicht nur bei Gina-Lisa, sondern bei jedem in die Schlagzeilen geratenen Promi-Strafverfahren greifen Medienberichte stark in die Persönlichkeitsrechte des einzelnen Promis ein. Noch bevor ein Urteil gesprochen wurde, scheint die Öffentlichkeit schon genau Bescheid zu wissen; Vorverurteilungen nehmen ihren Lauf, Gerichte geraten unter Druck. Die betroffenen Promis müssen, selbst nach einem Freispruch, mit ihrem einmal angekratzten Image leben. Einige kommen damit besser klar, andere weniger. Millionäre, wie beispielsweise Bernie Ecclestone*, geraten bei Einstellungen ihrer Strafverfahren gegen schwindelerregende Millionenzahlungen in der Öffentlichkeit reflexartig unter den Verdacht, sich freigekauft zu haben.

Einen steinigen, aber bemerkenswert einzigartigen Weg wählte mein Wiener Mandant, der Starkoch Juan Amador, vor einigen Jahren, als er mit der Strafjustiz in Berührung gekommen war.

---

* Bernie Ecclestone war 2014 am Landgericht München angeklagt gewesen, weil er ein früheres Vorstandsmitglied der Bayerischen Landesbank bestochen haben soll mit dem Ziel, dass die Bank ihre Formel-1-Anteile an einen von ihm bevorzugten Investor verkauft. Der Prozess hatte damals zunächst medial groß begleitet begonnen, war schließlich aber nach mehreren Wochen und Verständigungsgesprächen durch eine Verfahrenseinstellung gegen Zahlung einer Rekordsumme von hundert Millionen US-Dollar eingestellt worden.

DER FALL: JUAN AMADOR – BITTERSÜSSE ENTSCHEIDUNGEN

Harte Arbeit, ehrlicher Lohn. Weil jahrelang fast alles, was der Wiener Sternekoch Juan Amador angefasst hatte, irgendwie zu Gold geworden war, war ihm irgendwann kein neues Projekt zu viel, kein Angebot zu teuer. Alles lief stets nach dem Motto: höher, schneller, weiter. Juan Amador hatte einen sensationellen Aufstieg erlebt. Vom schikanierten Lehrling aus dem baden-württembergischen Strümpfelbach zum jüngsten deutschen Drei-Sterne-Koch aller Zeiten und Inhaber eines kleinen Koch-Imperiums. In der Blütezeit seiner Karriere hatte der Deutsche mit spanischen Wurzeln eine 600 Quadratmeter große Kochschule und zahlreiche Restaurants eröffnet. Er hatte sechsstellige monatliche Fixkosten, ohne auch nur eine Flasche Olivenöl gekauft zu haben. Doch Ende 2008 erwischte auch ihn die Bankenkrise. Viele Menschen waren schlicht nicht mehr bereit und auch nicht mehr in der Lage, sich wie bisher des Öfteren ausschweifende Besuche in edlen Restaurants zu gönnen. Vorbei waren auch bei Amador die Zeiten von restlos vollen Reservierungsbüchern über Monate im Vorhinein. Vorbestellungen wurden weniger, Tische blieben leer. Juan Amador blies auf dem Gipfel seiner Schaffenskraft plötzlich eiskalter Wind ins Gesicht. Er drohte an seinen Fixkosten zu ersticken.

Zunächst wollte er gar nicht wahrhaben, was da vor sich ging. Der Sternekoch beschloss, sich zu verkleinern, kaufte sich teuer aus lähmenden Pachtverträgen heraus. Doch all das reichte nicht: Irgendwann waren seine finanziellen Reserven bis auf den letzten Cent aufgebraucht. Eine schnelle Pleite konnte Amador zunächst noch abwenden. Doch dann traf er eine verhängnisvolle Entscheidung – und setzte auf das falsche Pferd. Eine Aktiengesellschaft. Ein versprochener Rettungsanker, der zur zerstörerischen Abrissbirne mutieren sollte. Juan Amador hatte schlicht zu spät gemerkt, dass die Aktiengesellschaft restlos pleite war. Und er selbst auch. Seine Konten waren leer geräumt. Am Ende stand er ganz allein da, vor einem Scherbenhaufen. Selbst die Auflösung seiner Lebens- und Rentenversicherungen, der Verkauf seiner Harley, das geliehene Geld von ein paar Freunden – es hatte alles nichts mehr geholfen. 2012 war der Starkoch am Boden angekommen und musste Insolvenz anmelden. Eine Nachricht, die natürlich nicht im Verborgenen blieb, sondern die rasend schnell die Runde machte.

Spontan reifte in Juan Amador damals die bittersüße Erkenntnis, dass er jetzt eigentlich nur noch zwei Möglichkeiten hat – wobei die eine von vornherein mit einem Augenzwinkern versehen war. »Entweder du erschießt dich oder du kriegst das wieder hin«, sagte er zu sich und hatte in diesem Moment schon entschieden, sich selbst aus dem Dreck zu ziehen. Man musste Juan Amador gar nicht groß erklären, dass er in der Insolvenz-Angelegenheit am besten mit offenen Karten spielen sollte. Das war ihm selbst von Anfang an klar. Es entsprach auch seinem Naturell: immer den Stier bei den Hörnern packen. Also das Problem angehen, auch wenn's wehtut. Und so rief der Gastronom, kaum dass der Insolvenzantrag gestellt war, einen befreundeten Journalisten an, packte aus und legte sofort alle Karten auf den Tisch. Ohne Abstriche, ohne Netz und doppelten Boden. Geduldig stellte sich Amador anschließend auch den Fragen weiterer Reporter, die auf die Sensationsstory angesprungen waren, beantwortete auch hier alles geduldig, gewissenhaft, ehrlich und beschönigte nichts. Das zu schnelle Wachstum. Die Schnapsidee mit der Aktiengesellschaft. Die ausbleibenden Gäste nach der Krise. Die alles auffressenden Kosten. Die zwangsläufig folgende Pleite. »Ich habe mich selbst in die Scheiße hineingeritten«, sagte Juan Amador, »Jetzt muss ich auch zu den Folgen stehen.«

Als später gegen ihn das Strafverfahren wegen Insolvenzverschleppung eröffnet wurde, gelang es, einen öffentlichen Strafprozess zu vermeiden und schon im Vorfeld eine Einstellung gegen Zahlung einer Geldauflage zu erreichen. Die Offenheit und die Bereitschaft, seine angehäuften Schulden im Rahmen der Insolvenz zurückzuzahlen, erwiesen sich dabei als ein großer Pluspunkt. Amadors Geschichte wurde in den Medien mehrheitlich mit Zustimmung und Anerkennung aufgenommen. Sein Vorgehen hat augenscheinlich imponiert. Von der Pleite ist so auch kaum etwas hängen geblieben. Heute lebt er der Liebe wegen in Wien, wo er ein erfolgreiches Restaurant betreibt und erstmals drei Michelin-Sterne nach Österreich holen konnte. Seine »zweite Halbzeit« hat Juan Amador souverän für sich entschieden.

Ich habe aus Juans Fall auch vieles für mich mitgenommen, bestätigt dieser doch den vor mir verinnerlichten Grundsatz: Du sollst die Macht der Medien für dich zu nutzen versuchen – du musst dabei aber stets offen und ehrlich sein.

PROMIS POLARISIEREN, DIE PRESSE PAKTIERT

Juan Amador hat am Ende eine Verfahrenseinstellung erwirkt. Mit einem Freikaufen durch einen Promi-Bonus hat das Ergebnis aber nichts zu tun. Prominente haben wie bereits erwähnt keinen Bonus bei der Justiz, sondern vielmehr einen Malus, weil sich kein Gericht und keine Staatsanwaltschaft eine Promi-Bevorzugung unterstellen lassen will. Für einen Promi ist oft schon das Einleiten eines Ermittlungsverfahrens rufschädigend. Das Strafverfahren selbst darf aber nicht schon die Strafe sein. Gerade für solche Fälle hat der Gesetzgeber die Verfahrenseinstellung nach § 153a StPO vorgesehen. Übrigens kommen auch und vor allem Normalbürger vor Gericht bei passenden Voraussetzungen in den »Genuss« dieser Regelung. So können Gerichte und Staatsanwälte entlastet, Verfahren pragmatisch und schnell erledigt werden. Dass die Summe der in der Verfahrenseinstellung festgelegten Geldauflage in der Regel bei einem Normalbürger niedriger ausfällt als bei einem Promi, ist eine weitere Ausprägung des »Promi-Malus«. Bei Prominenten vermuten die Staatsanwaltschaften regelmäßig hohe Einnahmen und verschätzen sich dabei häufig gravierend zuungunsten des Prominenten. Normalbürger haben oft das Glück, dass ihre wahren Vermögensverhältnisse bei den Staatsanwaltschaften nicht bekannt sind. Von daher zahlen Promis in der Regel mehr für eine Verfahrenseinstellung.

Aber nicht nur das: Prominente werden regelmäßig medial durch den Kakao gezogen. Dies musste auch schon Fußball-Nationalspieler Leon Goretzka erleben. Man glaubt es kaum, aber auch der heutige Bayern-München-Star, der allgemein als einer der bodenständigsten, klügsten und smartesten Charakterköpfe in der Fußballbundesliga gilt, ist schon einmal angeeckt. Im Jahr 2015 drohte der damaligen Schalker Nummer 8 ein Fahrverbot, 120 Euro Bußgeld und zwei Punkte in Flensburg, weil er mit Tempo 110 bei erlaubten 70 km/h zu schnell auf der Autobahn A46 bei Wuppertal unterwegs gewesen sein soll. Als ich den Nationalspieler seinerzeit deswegen vor dem Amtsgericht in Hattingen verteidigte und er vor dem Gerichtstermin von einem Fahrer draußen abgesetzt wurde, der im Auto wartete, hatte keiner mitbekommen, dass ein Reporter den schwarzen VW Touareg heimlich fotografiert hatte, weil er auf dem Behindertenparkplatz angehalten hatte. Die Schlagzeile und das Foto in der einschlägigen Boulevardpresse waren Leon Goretzka sicher: »Das ist richtig frech: Raser-Prozess! Und Goretzka parkt falsch.« Selbst nach einem erfolgreichen Abwenden des Fahrverbots überdauerte im Blätterwald der Zungenschlag der angeblich dreisten Parknummer: »Goretzka kriegt jetzt Nachhilfe in Sachen Verkehr«.

Um von vornherein jede Negativschlagzeile zu vermeiden, gibt es auch immer wieder Prominente, die mit der Staatsanwaltschaft einen Strafbefehl verabreden, also ein Urteil im schriftlichen Verfahren, nur damit sie nicht in der öffentlichen Hauptverhandlung vor Gericht erscheinen müssen, die Presse dort Details breitschlägt und den Ruf ruiniert. Ein solches Vorgehen ist auch aus Verteidigersicht sinnvoll, wenn an den Vorwürfen etwas dran ist und der Promi unbedingt aus der Presse herausgehalten werden soll. Unerträglich ist dieses Vorgehen allerdings bei solchen Prominenten, die offensichtlich unschuldig sind und damit gute Chancen auf einen Freispruch haben. Dies ist sicherlich einer der deutlichsten Nachteile von Prominenz. Da wird ein Strafbefehl »geschluckt«, nur um das Image nicht zu gefährden.

NOCH MAL ZUR ROLLE DER MEDIEN

Zuletzt sei noch mal nach der Neutralität der medialen Berichterstattung in Promi-Prozessen gefragt. Schon 2010/11 beim Vergewaltigungsprozess gegen Wettermann Jörg Kachelmann habe ich beobachtet – und verschiedene Journalisten haben das so bestätigt –, dass bei spektakulären Großprozessen tatsächlich eine Lageraufteilung erfolgt. Auf der einen Seite eine Berichterstattung pro Beschuldigtenseite und konträr dazu eine Berichterstattung kontra. Im Fall Gina-Lisa gab es medial zum einen das Team Gina-Lisa, zum anderen das Team Gerlach (benannt nach dem Verteidiger einer der beiden von Gina-Lisa Beschuldigten). In diesem speziellen Fall habe ich aus diversen Quellen erfahren, dass ein großes Nachrichtenmagazin die Berichterstattung im Lohfink-Verfahren zunächst regelrecht verschlafen hatte. Man hatte dort erst die Nase hochgenommen und gemeint, über ein Celebrity-Sternchen wie Gina-Lisa nicht berichten zu müssen. Dann platzierte der Nachrichten-Mitbewerber anlässlich des ersten Hauptverhandlungstages allerdings die »Bombe« und schrieb von einer »angekündigten Schändung«. Danach musste dann auch das zunächst schlagzeilenlos gebliebene Nachrichtenmagazin auf den Zug des Falls aufspringen. Da die Pro-Lohfink-Seite allerdings schon von dem Konkurrenten besetzt war, blieb letztlich nur noch eine Berichterstattung kontra Gina-Lisa. Das ging dann am Ende tatsächlich so weit, dass man sich auf die Seite eines mittlerweile wohl zu sieben Jahren Haft verurteilten Drogendealers geschlagen hat, nur weil man unbedingt etwas anderes schreiben wollte als die »Gegenseite«. Klicks um jeden Preis sind in Zeiten schnelllebiger und hart umkämpfter Online-Berichterstattung einigen Medien wichtiger als alles andere. Mit seriöser Berichterstattung hat das aus meiner Sicht nichts zu tun.

Wenn man als Strafverteidiger in Promi-Prozessen auftritt, dann muss man mit den geschilderten Nachteilen leben. Kann man das nicht ertragen, sollte man sich besser nicht auf öffentlichem Parkett bewegen.

Die Verteidigung von Prominenten unterscheidet sich aber auch in einem positiven und ganz wesentlichen Punkt von der Verteidigung von Nichtprominenten: Celebrities haben oft eine ganz enge, fast schon freundschaftliche Bindung zu ihrem Strafverteidiger. Sie wissen nämlich: Ihr Anwalt unterliegt der Verschwiegenheitsverpflichtung. Er darf nichts sagen, was seinem prominenten Mandanten schaden könnte, und ohne ausdrückliche Erlaubnis darf er ohnehin nicht über den Fall sprechen. Im Lauf eines Verfahrens nehmen Prominente ihren Verteidiger deshalb oft als allerengsten Vertrauten wahr.

Ein solches Vertrauensverhältnis haben die meisten Prominenten nicht mal zu ihrem Partner, weil viele die ständige unterschwellige Befürchtung haben, dass im Falle etwa einer Trennung der einst geliebte und vertraute Partner auspacken und über etwaige Verfehlungen berichten könnte.*

Mich erfüllt die Verteidigung von Prominenten einerseits mit Stolz, andererseits ist sie mir schon immer eine besondere Freude gewesen, aufgrund der vertrauensvollen Anerkennung, vor allem aber, weil es gerade in diesem Verhältnis noch stärker auf das psychologische Fingerspitzengefühl ankommt als auf den juristischen Sachverstand. Viele Prominente sprechen im Zuge des Verfahrens mit mir über ihre Ängste und Sorgen, und nicht selten vertrauen sie meinen Ratschlägen. Schließlich wissen meine Mandanten, dass von den vielen Geschichten, die sicherlich ein gefundenes Fressen für die Medien wären, nie im Leben etwas an die Öffentlichkeit dringen wird.

---

* Berühmtsein kann einsam machen, haben Forscher der 2008 veröffentlichten Studie *How power corrupts relationships: Cynical attributions for others' generous act* herausgefunden. Das Ergebnis ist, dass viele Prominente sich am liebsten mit anderen Prominenten treffen und sich nach außen hin abgrenzen. Sie werden, so heißt es in der Studie, zu Architekten ihrer eigenen Einsamkeit.

12

KEINE STRAFE OHNE SCHULD

Der Strafverteidiger: Hans Reinhardt

Es war im Jahr 1966, als Rolf Bossi, zweifellos einer der bekanntesten deutschen Strafverteidiger aller Zeiten, ein Stück Rechtsgeschichte geschrieben hat. Seine hartnäckigen Interventionen in zwei Prozessen gegen den seinerzeit von ihm verteidigten sadistischen Kindermörder Jürgen Bartsch vor den Landgerichten in Wuppertal und Düsseldorf revolutionierten damals regelrecht die Strafjustiz. Seither steht nämlich die psychiatrische Begutachtung eines Beschuldigten als eine Art Eckpfeiler für die oftmals extrem schwer zu fassende Beurteilung der Frage der Schuldfähigkeit. Psychologie und Psychiatrie bekamen im Gerichtssaal eine Stimme. Nicht das »Ob«, sondern das »Warum« ein Mensch einen anderen getötet haben könnte, rückte durch den Münchener Strafverteidiger in den Vordergrund, wurde diskutabel und interessant. Er hat das Bewusstsein dafür geschaffen, dass manche Menschen krank sind und Gerichte diesen Umstand bei einem Urteil berücksichtigen müssen.

Rolf Bossi hat zahlreiche prominente Mandanten vor Gericht vertreten, und häufig rückte er dabei die Frage der Schuld beziehungsweise Schuldfähigkeit in den Vordergrund. In Serie schlug er dabei am Ende eine viel geringere Strafe heraus, als die Angeklagten zu träumen gewagt hatten. Neben Kindermörder Jürgen Bartsch verteidigte er in seiner Laufbahn unter anderem auch den Oetker-Entführer Dieter Zlof, den Gladbecker Geiselgangster Dieter Degowski, außerdem die Schauspielerin Ingrid van Bergen, die ihren dreizehn Jahre jüngeren Geliebten in ihrer Villa am Starnberger See erschossen hatte. Im Mauerschützenprozess argumentierte er 1991, die Schüsse seien durch das DDR-Grenzgesetz gerechtfertigt gewesen. Eine bitterböse Bezeichnung bekam Bossi seinerzeit nach der Verteidigung eines Soldaten, der seine Freundin in der heimischen Badewanne erstochen, zerstückelt und die Leichenteile teils im Klo hinabgespült, teils rund um Bayreuth verteilt hatte. Als »Spezialist für Geschnetzeltes vom Menschen« wurde er damals in den Medien bezeichnet. Der Strafverteidiger hat auch in diesem Fall das Unmögliche möglich gemacht: einen Freispruch vom Mordvorwurf und die Einlieferung des Soldaten in die geschlossene Psychiatrie.

Kindermörder Jürgen Bartsch, seinerzeit selbst erst neunzehn Jahre alt, hatte im Raum Wuppertal binnen vier Jahren vier kleine Jungen in eine Höhle gelockt, um sie dort auf unvorstellbar grausame Weise zu Tode zu quälen. Bartsch hatte seine acht, elf, zwölf und dreizehn Jahre alten späteren Opfer erst gezwungen, sich zu entkleiden, um sich dann an ihnen zu vergehen, sie zu töten und die Leichen zu zerstückeln. Der Täter, der sich selbst eine »Bestie« nannte, war nach Ansicht eines Psychiaters triebhaft sexuell besessen von kleinen Jungen. Zu seiner Perversion gehörte es, dass er diese Jungen auf entsetzliche Weise quälen musste.

Nach einem ersten Urteil des Landgerichts Wuppertal (lebenslange Haft) und der anschließenden Aufhebung nach Bossis erfolgreicher Revision durch den Bundesgerichtshof erhielt Bartsch bei der zweiten Verhandlung in Düsseldorf zehn Jahre Jugendhaft. Außerdem ordnete das Gericht die

Einweisung in ein psychiatrisches Krankenhaus an. Dass es Strafverteidiger Rolf Bossi im Fall Bartsch gelungen war, auch tiefe Einblicke in die Psyche und Kindheit des Täters mit einzubeziehen und dadurch nachzuweisen, dass das Verbrechen Symptom einer seelischen Krankheit war, hat die Strafjustiz richtungweisend verändert. Gutachten der forensischen Gerichtspsychiatrie zur Frage der Schuldfähigkeit sind inzwischen in fast allen größeren Strafverfahren Standard.

Die bewährtesten Klassifikationssysteme für psychische Störungen sind heute die »International Classification of Diseases in Version 10« (kurz: ICD-10) der Weltgesundheitsorganisation WHO und das »Diagnostic and Statistical Manual of Mental Disorders in Version 5« (kurz: DSM-5) der American Psychiatric Association. Diese Systeme beinhalten sowohl explizite Kriterien für Symptome und Syndrome als auch klare diagnostische Entscheidungsregeln. Das Gesetz geht hier von einer zweistufigen Methode aus. Die erste Stufe beinhaltet psychische Befunde wie Geisteskrankheiten, Affekte, Vollrausch, Schwachsinn, Paranoia und Neurosen. Auf der zweiten Stufe wird der Schweregrad geprüft, um feststellen zu können, inwieweit von Einsichts- oder Steuerungsfähigkeit gesprochen werden kann.

Nach § 20 StGB handelt jeder Beschuldigte, der bei Begehung einer Tat wegen einer krankhaften seelischen Störung (beispielsweise Schizophrenie), wegen einer tief greifenden Bewusstseinsstörung (beispielsweise Vollrausch), wegen einer Intelligenzminderung (Schwachsinn) oder wegen einer schweren anderen seelischen Abartigkeit (beispielsweise Triebstörungen) unfähig ist, das Unrecht der Tat einzusehen oder nach dieser Einsicht zu handeln, ohne Schuld. Er ist schuldunfähig, sodass eine Bestrafung ausscheidet. Ist die Einsichts- und Steuerungsfähigkeit aus den gerade genannten Gründen erheblich eingeschränkt, liegt verminderte Schuldfähigkeit im Sinne des § 21 StGB vor. In diesem Fall kann der Täter dennoch bestraft werden, allerdings kann seine Strafe dabei gemildert werden.

Wer ohne Schuld handelt, muss freigesprochen werden, kann aber im Wege einer Maßregel dann auch zum Schutz der Allgemeinheit in die Psychiatrie eingewiesen werden. Was letztendlich für einen Mandanten sogar das echte »Lebenslänglich« bedeuten kann, weil die Anordnung der Maßregel der Unterbringung in einem psychiatrischen Krankenhaus (§ 63 StGB) auf unbestimmte Zeit angelegt ist. Erst wenn ein Gutachter die Person als »geheilt« einstuft, kann eine Entlassung zur Bewährung erfolgen.

Als Strafverteidiger überhaupt zu erkennen, dass jemand, den man verteidigt, schuldrelevant psychisch beeinträchtigt sein könnte, ist in vielen Fällen gar nicht so einfach und bedarf einer sorgsamen Analyse der Akten. Dabei rede ich jetzt nicht von den Tätern, die sichtbar verwirrt mit ihren Augen rollen, ständig Flüche aussprechen, innere Stimmen hören oder in »Scream«-Manier anderen Personen Messer wetzend hinterherrennen. Sondern von denen, wo eine schuldrelevante Beeinträchtigung nicht sichtbar ist. Wie heißt es so treffend: Man kann den Menschen nur vor den Kopf gucken. Das eine ist das, was der Beschuldigte sagt, das andere ist das, was man glauben kann oder nicht widerlegen kann. Zu Letzterem ist es wichtig, objektive Anhaltspunkte zu finden, die dann die eine oder andere Bewertung nachdrücklich unterstützen.

Bei jedem vorsätzlichen Delikt kann ein Gericht am Ende nur dann eine rechtswirksame Verurteilung gegen einen Täter oder eine Täterin wegen einer Straftat aussprechen, wenn es zuvor drei Stufen erklommen hat: Tatbestand, Rechtswidrigkeit und Schuld. Nur wenn an alle drei Aspekte ein grüner Haken gesetzt werden kann, liegt eine Straftat vor. Auf der

Stufe Tatbestand geht es um die Umschreibungen eines Delikts in einer Strafvorschrift. Auf der Stufe Rechtswidrigkeit um mögliche Rechtfertigungsfragen wie zum Beispiel Notwehr. Und auf der Stufe Schuld steht die Frage im Fokus, ob jemand für seine Handlungen juristisch schuldhaft zur Verantwortung gezogen werden kann.

Anhand dreier bemerkenswerter Fallkonstellationen lässt sich gut veranschaulichen, dass mitunter schon Nuancen auf der Schuldstufe eine Verurteilung kippen oder entscheidend beeinflussen können.

DER FALL: FREISPRUCH TROTZ SIEBZIG MESSERSTICHEN

Als Uwe P. vor Jahren wieder aufwachte, befand er sich in einer kleinen Zelle, und sein Hemd war voller Blut. Er war noch benommen, aber langsam kam die Erinnerung zurück. Gestern hatte der Tag mit guter Laune begonnen. Sein Verein stand im Pokalendspiel. Die Sonne schien, im Stadion war die Stimmung gut. Das Siegestor versetzte auch ihn in Euphorie. Darauf muss getrunken werden, dachte er damals spontan. Doch er war allein. Also ging er in das nahe gelegene Vereinslokal. Nach mehreren Bier kam er mit einem jungen Typen ins Gespräch. Der war irgendwie nett, ein Kumpel. Er lud ihn noch auf ein Bier zu sich nach Hause ein. Dort nahm das Drama seinen Lauf: Der Alkoholpegel bei den Männern stieg und stieg. Keiner der beiden wäre auch nur annähernd als nüchtern oder nur angetrunken zu bezeichnen gewesen.

Plötzlich lag die Hand des Gastes auf Uwe P.s Hosenschlitz. Er stieß sie zurück. Doch der Mann gab nicht auf, wurde zudringlich, indem er ihn mit der einen Hand gewaltsam festhielt, um mit der anderen Hand seine Hose öffnen zu können. Uwe P. gelang es, sich zu befreien. »Ich will das nicht«, schrie er immer wieder. Auf keinen Fall wollte er Sex mit einem anderen Mann. Daraufhin schlug der andere Mann ihm mit der Faust ins Gesicht, zweimal. Uwe P. schrie und schrie, lief panisch in seiner Wohnung umher, rannte schließlich in die Küche. Der Mann setzte nach und drückte ihn gegen die Arbeitsplatte. Da gelang es Uwe, an ein Küchenmesser zu kommen. Er nahm es in die Hand. Stach zu. Siebzig Mal. Der andere Mann war chancenlos. Er sank zu Boden. Blut spritzte aus zahlreichen Öffnungen im gesamten Oberkörper. Nach wenigen Sekunden war er tot. Verblutet.

Uwe P. griff zum Telefon und rief die 110. Als die Polizei erschien, sagte er nichts, gar nichts. Schnell wurde ein Haftbefehl wegen Mordes erlassen. Der hinzugezogene Psychiater kam lediglich zu verminderter Zurechnungsfähigkeit wegen alkoholbedingter Enthemmung. Immerhin hatte eine Blutalkoholkontrolle einen Wert von mehr als zwei Promille zur Tatzeit ergeben. Nichtsdestotrotz war eine sehr hohe Haftstrafe zu erwarten.

Ich weiß noch genau, dass ich mir die Akten damals immer wieder vorgenommen und regelrecht mit der Lupe nach einer Erklärung für diesen Tatablauf gesucht habe. Es musste einfach eine ganz besondere Ausnahmesituation vorliegen, wenn jemand, der sonst nie für Gewalt bekannt war, so dermaßen die Fassung verliert. Bei der dritten Durchsicht der Liste der sichergestellten Gegenstände fiel mir endlich ein besonderes Kleidungsstück auf. Die Unterhose des Angeklagten. Sie war stark mit Kot verschmutzt. So komisch sich das auch anhört: Aber die Unterhose war seine Rettung. Nun konnte zur Überzeugung aller Beteiligten nachvollziehbar dargestellt werden, dass er aus Todesangst die Grenzen zulässiger Notwehr überschritten hatte. Der sogenannte Notwehrexzess stellt einen Entschuldigungsgrund dar und fußt auf einer psychischen Ausnahmesituation des Angegriffenen. In § 33 StGB heißt es entsprechend: »Überschreitet der Täter die Grenzen der Notwehr aus Verwirrung, Furcht oder Schrecken, so wird er nicht bestraft.« So bizarr es auch erscheinen mag: Uwe P. war hier »entschuldigt« in einen Blutrausch geraten und hatte sich dabei selbst vor Angst in die Hosen gemacht. Er wurde freigesprochen.

DER FALL: DER SATANISTENMORD VON WITTEN

Blutrünstige 66 Messerstiche und Hammerschläge gegen Kopf und Körper eines völlig arglosen Bekannten: Der »Satanisten-Mord von Witten« sorgte vor Jahren europaweit für Schlagzeilen. Um eine »nutzlose Seele« zu opfern und in die »Armee Satans« aufgenommen zu werden, hatte das schräg-schrille Satanisten-Paar Daniel und Manuela R. am 6. Juli 2001 einen Arbeitskollegen zu einer Abschiedsparty in ihre Wohnung eingeladen – und dann dort zu Tode gemetzelt. Im Mordprozess hatten die Angeklagten mit verspiegelten Sonnenbrillen, rausgestreckten Zungen und bizarren Posen für Verstörung und Aufsehen gesorgt. Beide gestanden die Tat. Allerdings beriefen sie sich darauf, Satan habe ihnen den Mord befohlen. Sie seien nur ein Werkzeug gewesen. Das Verhalten der Beschuldigten war derart auffällig, dass nach Durchführung einer umfangreichen forensischen Exploration sämtliche Sachverständige zu dem Ergebnis kamen, man habe es hier mit einem krankhaften Narzissmus zu tun, der die Schuldfähigkeit eingeschränkt hatte. In den Gutachten hieß es unter anderem, die Satanisten seien beziehungsunfähig gewesen und hätten sich in ihren verqueren Überzeugungen gegenseitig ergänzt. Beide seien auf die Aufmerksamkeit von außen angewiesen gewesen. Sie hätten sich in Tagträume geflüchtet, sich immer weiter von der Außenwelt abgekapselt und sich mit einer »Aura des Schreckens« umgeben. Am Ende hatten sie laut

Gutachten den Gedanken, einen Menschen zu töten, »um Frieden zu finden«. Am 31. Januar 2002 verurteilte das Landgericht Bochum die zwei Satanisten wegen Mordes zu fünfzehn beziehungsweise dreizehn Jahren Haft. Parallel wurden beide Angeklagte in die geschlossene Psychiatrie eingewiesen.

Anders als seine Frau, die ihre Haftzeit im Maßregelvollzug verbüßte und sich währenddessen in der Therapie vom Satanismus abwendete, war Daniel R. nach der Verurteilung zunächst weiter auf Konfrontationskurs gegangen, hatte sich Psychiatern verweigert und den Ritualmord von Witten lange geleugnet. Aus der Haft heraus veröffentlichte er ein Buch (*Fehlercode 211*), in dem er seiner Frau Manuela die gesamte Verantwortung für die Tat zuschrieb. Er widerruft darin sein Geständnis und behauptet, er habe nie an Satan geglaubt. Angeblich sei er überhaupt nicht im Zimmer gewesen und habe das Geständnis bei Gericht nur abgelegt, um Manuela zu schützen.

Erst später hatte er sich dann doch mit der Tat auseinandergesetzt und sie erstmals weinend als »blanken Horror« bezeichnet. Außerdem hatte er seinen Namen geändert, um ein neues Leben beginnen zu können. Die Strafe von Daniel R. wäre schon im Sommer 2016 abgelaufen gewesen, sie wurde aber verlängert, weil ein kurzer Aufenthalt in der geschlossenen Psychiatrie ausnahmsweise nicht auf die Haftzeit anzurechnen war. Inzwischen ist auch er auf freiem Fuß.

DER FALL: »TOCHTERLIEBE«

Helga D., 49 Jahre alt, liebte ihre Mutter abgöttisch. Sie kümmerte sich mit ihrer ganzen Kraft. Ein Heim kam nicht infrage. Die Pflege übernahm sie allein. Bis in den Tod und über den Tod hinaus. Dann wurde Helga verhaftet. Eines Tages hatte sie ihre Mutter mit einem Kissen erstickt, anschließend mit ihr noch mehrere Nächte das Bett geteilt, sie morgens gewaschen und angezogen, zu ihr gesprochen. Nachbarn hatten schließlich irgendwann das Ordnungsamt wegen eines beißenden Geruchs verständigt, der durch die Wohnungstür bis in den Hausflur drang – und der an verwesendes Fleisch erinnert hat.

Helga D. wurde zunächst festgenommen, wurde dann aber mit Blick auf denkbare psychische Probleme vorläufig in einem psychiatrischen Krankenhaus untergebracht. Ihre Lebensgeschichte wurde aufgearbeitet, eine frühkindliche strenge Erziehung in einem katholischen Haushalt. Man sagte, sie sein ein »spätes Mädchen«, habe keinen Mann. Ich hatte doch meine Mutter, erklärte sie den Therapeuten. Nach einjährigem Therapieaufenthalt in einem geschlossenen psychiatrischen Krankenhaus folgte die Gerichtsverhandlung. Es war eine schwere Entscheidung für das Schwurgericht. Zum Tatzeitpunkt, so die einhellige Meinung, war Helga nicht schuldfähig gewesen. Eine Psychose hatte ihre Handlungsfähigkeit beherrscht. Dies sei nun in der therapeutischen Behandlung derart aufgearbeitet worden, dass sie keine Gefahr mehr darstelle. Die Aggressionen hätten sich allein gegen die Mutter gerichtet. Dass andere Personen durch Helga etwas drohe, stufte ein Sachverständiger als nahezu ausgeschlossen ein. Ihre Zukunftsprognose war positiv. Sie wurde von der heimtückischen Tötung ihrer Mutter freigesprochen und konnte nach Hause gehen.

Nach einer Woche erhielt dann der Vorsitzende Richter Besuch. »Helga sei da«, hieß es aus dem Vorzimmer. Sie wurde hereingebeten und fragte den Vorsitzenden Richter spontan: »Warum haben Sie mich nicht bestraft? Warum bin ich nicht im Gefängnis? Ich habe doch meine Mutter getötet.« Der Richter verwies Helga auf seine sehr ausführliche Urteilsbegründung.

Sie sei schuldunfähig gewesen – und in einem solchen Fall dürfe die zweifellos festgestellte Tötung nicht mehr zu einer Verurteilung führen. »Juristengeschwätz«, murmelte Helga. Der Richter habe versagt. Er solle sich besser vorsehen. Daraufhin kaufte sich der Vorsitzende Richter einen Baseballschläger, der bis zu seiner Pensionierung noch über ein Jahr lang in seinem Dienstzimmer stand. Bis auf die Tatsache, dass sich Helga später das Leben nahm, waren keine weiteren Auffälligkeiten mehr feststellbar.

13

LEAKS DER GEGENSEITE: FILTERN, SCANNEN UND LÖSCHEN

Der Strafverteidiger: Hans Reinhardt

Spektakuläre Verbrecher werden in den Medien in aller Regel bei vollem Namen genannt. So war der Berliner Arno Funke in den 1980er- und 1990er-Jahren Dagobert, der raffinierte Kaufhaus-Erpresser. Ein gewisser Thomas Drach war der schweigsame Entführer des Hamburger Literaturwissenschaftlers und Tabak-Erben Jan Philipp Reemtsma. Und Josef Fritzl, der seine Tochter im niederösterreichischen Amstetten 24 Jahre lang in einem Kellerverlies gefangen gehalten und mit ihr sieben Kinder gezeugt hat, wurde von einigen Medien »Inzest-Monster von Österreich« genannt.

Der Name Ronald Biggs wird der jüngeren Generation dagegen wahrscheinlich schon kein Begriff mehr sein. Dabei war sein Name in den 1960er-Jahren in aller Munde. Ronald Arthur Biggs war »Ronnie«. Seit seinem spektakulären Postzugraub auf der Strecke von Glasgow nach London, bei dem er 1963 mit mehreren Komplizen 2,6 Millionen britische Pfund erbeutet hatte, war Ronnie, der brutale Geldtransport-Räuber, für die meisten Briten trotz alledem mehr der beneidenswerte, unwiderstehliche Kumpel – einer, der sich in seinem Leben einfach mehr getraut hat als sie selbst. 1965 wurde die Geschichte des legendären Postraubes mit dem Titel *Die Gentlemen bitten zur Kasse* als TV-Dreiteiler verfilmt und war sogar ein echter Erfolgsschlager. Solche Gentlemen-Gaunereien wurden später in Hollywood mit der Filmserie *Ocean's Eleven* erneut aufgegriffen. Es ging immer darum, möglichst trickreich und mit Insiderwissen, aber stets ohne Gewaltanwendung einen einzigartigen Coup hinzulegen, der derart professionell und perfekt durcharrangiert worden war, dass es einem die Sprache verschlug.

Ein frappierend ähnlich gestrickter Fall brachte mich als Strafverteidiger vor gut zwei Jahren ziemlich ins Schwitzen, denn die Fülle der angewendeten Tricks und Methoden der Ermittler verlangte akribische und sensible Vorbereitungen. An Geschick, Perfektionismus und ja sogar auch der Beutehöhe stand die Tat der von Ronnie Biggs kaum nach.

Im Dezember 2018 waren – unter anderem unter Beteiligung eines V-Manns und weiterer verdeckter Ermittlungsmethoden – mehrere Mitglieder einer ausgebufften Geldtransporterbande aus dem Clan-Milieu verhaftet worden, die als falsche Geldboten mit spektakulären, kinofilmreifen Überfällen Schlagzeilen gemacht hatte. Ihr wahres »Meisterstück« hatte die Gang im Dezember 2017 im westfälischen Gronau, der Heimatstadt von Panik-Rocker Udo Lindenberg, hingelegt. Ein bis ins kleinste Detail ausgeklügelter Plan, ein täuschend echt umlackierter Geldtransporter und jede Menge wertvolles Insiderwissen verhalfen der Gruppe mit einem Schlag zu einer Beute von 1,8 Millionen Euro – und anschließend rund ein Jahr lang zu einem Leben mit Luxus-Limousinen, Goldbarren und Urlauben auf den Malediven. Die Tat war in der Fahndungsphase sogar in der ZDF-Fernsehsendung *Aktenzeichen XY … ungelöst* nachgestellt worden.

Auf die Spur der Verbrecher waren die Ermittler erst durch einen Hinweis aus der Schweiz gekommen. Ein im Zeugenschutz befindlicher V-Mann hatte Hinweise auf Mitglieder eines arabischen Clans im Ruhrgebiet geliefert, anfangs ging es um Rauschgifthandel und Betrügereien durch eine Bande von »falschen Polizisten«. Belauschte Telefonate führten anschließend eher zufällig zu einem Mitglied der Großfamilie, das offensichtlich auch Mitglied der Geldtransporterbande aus dem Ruhrgebiet war. Die polizeiliche Ermittlungskommission »Rose« beschattete den Mann, überwachte sein Handy, brachte neben einer Wanze auch einen GPS-Peilsender an mehreren gemieteten Luxuswagen an und kam so letztlich auch dem Bandenchef auf die Spur. Nachdem der dann tatsächlich großspurig und detailverliebt mit seiner Freundin über seine bisherigen Taten geplaudert, sich insbesondere für den jüngsten Millionen-Coup von Gronau gerühmt hatte, zogen die Ermittler die Schlinge zu. Unmittelbar vor der Umsetzung eines geplanten Überfalls auf die Bundesbank klickten die Handschellen.

Der selbst ernannte Kopf der Bande hatte nach seiner Festnahme im Gefängnis über die Ermittlungsbehörden ein Mobiltelefon zugespielt bekommen – und dann unwissend, dass dieses Gerät über polizeiliche Kanäle vollständig abgehört wurde, selbstverliebt all seine Super-Coups skizziert. Als Verteidiger eines der mitangeklagten Komplizen galt es an dieser Stelle keine Zeit zu verlieren und die eine oder andere Frage schnellstmöglich auf eine Lösung abzuklopfen: Was genau wissen die Ermittler jetzt alles? Ist das, was die Strafverfolgungsbehörden durch den V-Mann, die Telefonüberwachung, die GPS-Bewegungsprofile und das zugespielte Zellen-Handy zutage gefördert haben, am Ende alles auch wirklich beweistechnisch zulässig und uneingeschränkt verwertbar? Und was machen die anderen Festgenommenen? Taktieren sie, schweigen sie? Gehen sie in die Offensive und bestreiten, schweigen sie oder legen sie (passiv) den Kopf auf den Tisch und gestehen? Und welche Verteidigungsstrategie bietet am Ende meinem Mandanten die überzeugendsten Perspektive?

DER FALL: KOMM UND KLAU – DER GEFAKETE GELDTRANSPORTER

Alles begann in einem Sonnenstudio in der Ruhrgebietsstadt Recklinghausen, wo sich im Jahr 2016 die Wege meines Mandanten Hamit A., 46 Jahre, und seines fast zwanzig Jahre jüngeren späteren Komplizen Zakaria S. (beide Namen geändert) gekreuzt hatten. Beide Männer kannten sich bereits aus früheren Zeiten, als Hamit noch gemeinsam mit der Mutter von Zakaria in einem italienischen Restaurant gearbeitet hatte. »Alter, du hier?«, entfuhr es Zakaria, der sich weit und breit gerne Big Zak nennen ließ, als ihm an diesem Abend Hamit bei der Buchung einer Zehnerkarte fürs Sonnenbaden an der Studiotheke gegenüberstand. »Arbeitest du hier? Oder bewachst du den Laden?« Hamit, der die dunkelblaue Uniform eines Sicherheitsunternehmens trug, händigte ihm erst seine Chipkarte aus und antworte dann sachte: »Beides, mein Freund! Denn der Laden gehört mir.« Tagsüber arbeitete Hamit als Werttransportfahrer bei einem Sicherheitsunternehmen, abends schaute er in seinem Sonnenstudio nach dem Rechten. Am liebsten hätte er nur im Studio gearbeitet, aber das warf letztlich einfach noch nicht genug ab.

Zwischen den beiden Männern entwickelte sich ein Gespräch, bei dem Hamit irgendwann Zakaria sein Leid klagte. »Der Sicherheitsjob macht mich fix und fertig, Alter. Ständig Zusatzschichten und Überstunden. Und am Ende wird zu Hause auch nur gemotzt.« Big Zak erzählte Hamit im Gegenzug von seinen Zukunftsplänen, seiner Familie und seiner behinderten Tochter. In den kommenden Tagen kam Zak fast täglich bei Hamit im Sonnenstudio vorbei. Die Plauderei der beiden Männer drehte sich fast jedes Mal schnell nur um ein Thema: Hamits ungeliebter Job bei der Sicherheitsfirma – und die Suche nach einem Weg, endlich davon wegzukommen.

Im Lauf der Zeit gab Hamit immer mehr Interna über die Sicherheitsfirma preis, so zum Beispiel auch, dass aufgrund von Personalknappheit diverse Sicherheitsvorschriften einfach nicht eingehalten würden. Zakaria spitzte stets seine Ohren und hatte irgendwann richtig Blut geleckt, ein ganz dickes Ding drehen zu können. Immer wieder fragte er Hamit regelrecht aus. Früher oder später kam er dann auch mal auf den Punkt: »Da kann doch für uns bestimmt richtig was drin sein, was meinst du, Bruder?«, fragte Big Zak. »Nicht mit mir«, erwiderte Hamit zunächst. Doch nach wenigen Wochen und nach weiteren Pläne-schmieden-Gesprächen mit Hamit hatte ihn sein Kumpel weichgekocht. Hamit willigte ein. Aber nur unter der Bedingung, bei keinem Ding wirklich hautnah dabei sein zu müssen. »Ich gebe dir Tipps und mehr nicht. Ich kann bei keiner Nummer dabei sein. Das ist mir echt zu heiß«, sagte er. Inzwischen träumte auch er mit offenen Augen, durch einen Jackpot-Coup am Ende so viel Geld auf die hohe Kante legen zu können, dass er in seinem Leben nie wieder arbeiten und selbst für den Fall einer Scheidung nicht auf ein Luxusleben verzichten musste. »Noch mal: Ich steuere wirklich nur mein Wissen bei«, lautete seine Bedingung. Ein Handschlag besiegelte dann schließlich den kriminellen Pakt. Als Gegenleistung sollte Hamit, das sagte ihm Big Zak fest zu, nach jedem einzelnen erfolgreichen Coup mindestens 100 000 Euro aus der Beute erhalten. Oder wie er es wörtlich nannte: »Du kriegst immer ein großzügiges Geschenk!«

Schon am Tag darauf ging Big Zak bei Hamit in die Lehre. Lehrmeister Hamit verriet ihm fortan sämtliche geheimen

Tricks, weihte ihn ein in alle bestehenden Sicherheitslücken, die ihm im Lauf der vergangenen Monate bei seinen Touren durch Dortmund und Umgebung aufgefallen waren. Vom jederzeit möglichen Diebstahl aus einem nicht vorschriftsmäßig abgestellten und ungesicherten Geldtransporter bis hin zur heimlichen Leerung eines Geldautomaten mit Schlüsseln. Zakaria stellte derweil in *Ocean's-Eleven*-Manier ein professionelles Team zusammen, bestehend aus vier engen Bekannten, die er teilweise aus dem Knast kannte. Und die ebenso verbrecheraffin und ebenso gierig auf das ganz große Geld waren wie er.

Der erste Coup brachte dann auch schon gleich eine halbe Million Euro ein. Hamit wusste, dass ein Geldtransporter auf einer bestimmten Tour im Ruhrgebiet zuletzt wegen Personalknappheit immer nur mit zwei Mitarbeitern besetzt war. Er wusste auch, dass die zwei Mitarbeiter entgegen der Vorschriften bei der Befüllung eines Münzautomaten beide aus dem Transporter ausstiegen. Und er wusste auch, dass kein Fahrerpaar zuletzt die Alarmanlage in dem Transporter – wie eigentlich streng vorgeschrieben – über die Telefonzentrale der Firma hatte scharf stellen lassen. Im November 2016 war es dann so weit: Während zwei Sicherheitsmitarbeiter gerade (vorschriftswidrig) den bekannten Geldautomaten im Innern eines Gebäudes befüllten, schlossen Zakaria und einer seiner angeworbenen Komplizen heimlich mit einem Nachschlüssel, den ihnen Hamit überlassen hatte, das abgestellte Geldfahrzeug auf, entriegelten die Schleusen, öffneten mehrere Plomben und stahlen Bargeld in Höhe von exakt 517 373,46 Euro. »Mit dem Schlüssel einfach hin und – tack – aufgemacht«, frohlockte Zak später in einem der prahlerischen Telefonate mit seiner Geliebten.

Knapp ein halbes Jahr später schlug die Bande um Big Zak abermals zu und erbeutete weitere 254 000 Euro. Am 23. Juni

2017 leerten Zakaria und ein Komplize gezielt nur wenige Stunden nach einer Auffüllung einen Geldautomaten mit einem Generalschlüssel. Den Schlüssel hatte Hamit, der in den Tagen zuvor mehrfach als Notfallfahrer eingesetzt worden war, aus einer Mappe einfach verschwinden lassen, weil er wusste, dass die Vollständigkeit der Mappen in der Firma nicht regelmäßig kontrolliert wird.

Der spektakulärste Coup folgte dann am 19. Dezember 2017 bei einer Supermarktkette im westfälischen Gronau. Intern hatte Big Zaks Bande die Aktion »Komm und Klau« getauft – in Anlehnung an die zwei »K« im Namen der Supermarktkette. Der nachgestellte Fall war Ende 2018 auch ausführlich Thema in der ZDF-Sendung *Aktenzeichen XY … ungelöst*.

Ein halbes Jahr lang hatte die Bande die Gegebenheiten bei der westfälischen Supermarktkette ausgekundschaftet. Danach stand ein »Fünf-Punkte-Masterplan«. Erstens: Die Geldabholung findet immer in der rückwärtig gelegenen Garage statt. Zweitens: Zur Vorbereitung der Geldübergabe rufen die Geldboten stets zehn Minuten vor ihrer Ankunft in dem Supermarkt ein erstes Mal an, damit die Mitarbeiter die Geldkassetten schon einmal aus der Sicherheitszentrale in den Keller bringen können. Drittens: Ein zweiter Anruf folgt dann unmittelbar bei Ankunft an dem Supermarkt, damit der wartende Mitarbeiter im Keller das Rolltor runterlassen, den Geldtransporter rückwärts in die Tiefgarage einfahren lassen und das Rolltor dann wieder hochfahren lassen kann. Viertens: Bei der Übergabe müssen die Plompen an der Geldkassette gescannt und dem Supermarktmitarbeiter eine Quittung übergeben werden. Fünftens: Der Mitarbeiter bekommt eine leere Geldkassette für die nächste Abholung ausgehändigt.

Um der Aktion »Komm und Klau« von Anfang an den perfekten Anstich zu verleihen, hatte sich Big Zak – das hatte er seiner Geliebten einmal anvertraut – akribisch vorbereitet.

Nichts, aber auch gar nichts wollte er dem Zufall überlassen. Über das Internet orderte er sich einen VW T5 Transporter, genau das Auto, das auch die echte Sicherheitsfirma verwendete. Das Fahrzeug wurde von weiß auf schwarz umlackiert und bekam ein echtes Kennzeichen eines Sicherheitswagens verpasst. »Ich habe einfach einem Typen bei so einem Schilder-Laden erzählt, dass ich meins verloren habe, und der Typ hat gesagt: Ja klar, kriegst du, macht fünfzig Euro«, beschrieb Big Zak die Besorgung der Kennzeichen. Parallel dazu wurden von einem anderen Bandenmitglied in nächtelanger Fleißarbeit mit zuvor am Stück bestellter und anschließend passgenau zurechtgeschnittener Magnetfolie die Beschriftungen der Sicherheitsfirma millimetergenau an den vorgesehenen Stellen an dem VW-Bus platziert. »Tack, tack, tack, die Folie geht runter in fünfzig Sekunden, und das Fahrzeug ist wieder unauffällig ganz in Schwarz.« Big Zak freute sich diebisch, dass sein Plan aufzugehen schien. Selbst an die Imitation der T-Shirts, die die Mitarbeiter der Sicherheitsfirma trugen, hatte er gedacht. Schließlich hatte ihm Hamit als Mitarbeiter auch ein Logo der Firma als Datei überlassen. Ein niederländisches Versandhaus für Kampfsport lieferte mit den täuschend echt aussehenden T-Shirts die letztlich perfekte Verkleidung als Geldbote. Doch das alles betraf erst einmal nur die Optik. Die wahre »Meisterprüfung« wartete im Inneren der Garage. Hier durfte einfach nichts schiefgehen.

14.18 Uhr: Big Zak rief aus dem bereits präparierten Transporter bei dem Supermarkt an und meldete das Eintreffen in zehn Minuten. Er hatte sich zuvor vergewissert, dass der echte Geldtransporter zu diesem Zeitpunkt noch nicht bei der Firma erscheinen würde. Denn eines hätte den Super-Coup ja sofort auffliegen lassen: Wenn plötzlich zeitgleich zwei Geldtransporter vorgefahren wären.

14.28 Uhr: Ein Supermarktmitarbeiter begab sich in Absprache mit einer Kollegin in den Kellerraum, in dem die Geldkisten zur Abholung bereitgestellt werden. Damit der Supermarktmitarbeiter in der Tiefgarage beim Ablauf keinen Verdacht schöpft, hatte sich Big Zak für das Prozedere der Geldübergabe besonders akribisch vorbereitet. Hier musste einfach jedes kleine Detail stimmen. Um dem Supermarktmitarbeiter das Gefühl zu vermitteln, er drucke wie üblich den Kassenbon vor Ort aus, nachdem er die Plombe der Geldkassette gescannt hat, hatte Big Zak sich Scanner und Drucker zugelegt – und das Prozedere im Vorfeld immer wieder geübt. »Der Scanner macht einfach nur Düüüt und der Drucker Tsss«, lautete Big Zaks Plan. Alles nur ein Ablenkmanöver. In Wirklichkeit hatte er im Vorfeld von Hamit einen Zweitausdruck von einem Originalbeleg bekommen, diesen vierzig Mal auf spezielles Thermo-Bonpapier kopiert, die Schnipsel passgerecht ausgeschnitten und mit 14.00 Uhr beginnend minütlich eine andere Ausdruckzeit auf die einzelnen Bons kopiert. Im entscheidenden Moment der Geldübergabe – so der Plan – musste Big Zak dann nur noch seine besondere Fingerfertigkeit beweisen, einen Scan- und Druckvorgang geräuschvoll imitieren – und dann blitzschnell den vorgefertigten Bon mit der aktuell passenden Uhrzeit hervorzaubern und unterschreiben.

14.29 Uhr: Es war so weit: Big Zak rief ein weiteres Mal aus dem Fake-Transporter in der Sicherheitszentrale an und erklärte, dass er bereits vor dem Rolltor warten würde und es eilig habe.

14.30 Uhr: Der Supermarktmitarbeiter stellte über die Videoüberwachung der Garageneinfahrt das Eintreffen des Fake-Geldtransporters fest und öffnete das Zufahrtstor. Big Zak und ein Komplize fuhren den VW T5 in die Tiefgarage ein.

Beide Männer sind verkleidet als Geldboten und tragen Replikate von Schusswaffen.

14.32 Uhr: Der Coup kommt in die heiße und entscheidende Phase. Big Zak scannt wie geplant mit seinem Handscanner zum Schein die Plombe der Geldkiste ein und betätigt den ebenfalls besorgten mobilen Drucker, der mit einem »Tsss« einen Leerbon ausdruckt. Unter dem Vorwand, etwas vergessen zu haben, begibt sich Zak sodann ganz kurz zu dem Transporter und sucht aus der von ihm dort positionierten Tüte mit den zuvor gefälschten Bons diejenige mit dem passenden Zeitstempel für die Abholzeit heraus – und übergibt sie dem Mitarbeiter.

»Und dann hat der Typ uns sogar noch geholfen, die Kiste ins Auto reinzuschieben«, lachte sich Big Zak später im Fahrzeug über den von vorn bis hinten reibungslos abgelaufenen Coup kringelig. Nicht nur der Bon, auch der umlackierte, mit Magnetfolie, Aufklebern und mit einer Doublette eines tatsächlich existierenden Kennzeichens versehene Sicherheitstransporter hatte damals so täuschend echt ausgesehen, dass der Supermarktmitarbeiter Big Zak und seinen Komplizen nichtsahnend eine Geldkassette mit sage und schreibe 1,8 Millionen Euro übergeben hatte.

Dass es sich um eine perfekte Täuschung gehandelt hat, wurde den Mitarbeitern des Supermarktes in Gronau erst klar, als kurz danach noch ein Geldtransporter vorgefahren war. Diesmal der richtige. Da waren Big Zak und seine Bande jedoch längst verschwunden. In ein bis zwei Kilometern Entfernung von dem Gelände wurde dann ein Fahrzeugtausch durchgeführt, das Geld aufgeteilt und das Geldtransporterfahrzeug in den nächsten Tagen sofort in den Kongo zur Verschrottung verschifft.

TECHNIKEN, TRICKS UND LEAKS DER POLIZEI

Genau wie wir Strafverteidiger unsere bevorzugten Methoden, Systematiken und Strategien haben und das eine oder andere Mal auch ein wenig in die Trickkiste greifen, tun das auch die Ermittlungsbehörden. Sie observieren, belauschen, überwachen und spionieren aus. Und das – so fair kann man durchaus sein – im Großen und Ganzen vom Ergebnis her überwiegend gar nicht mal schlecht. Allerdings gehen die Ermittler keineswegs immer de lege artis vor, sodass es mitunter intensiver Überprüfungen von Zulässigkeit und Verwertbarkeit von bestimmten vorgelegten Beweismitteln bedarf. Gar nicht selten werden Ermittlungsverfahren beispielsweise von den sogenannten Wahllichtbildvorlagen* begleitet, auf denen Zeugen einen Verdächtigen angeblich erkannt haben. Auf deren ordnungsgemäße Durchführung lohnt es sich als Strafverteidiger ganz besonders zu achten, denn gerade hier arbeiten Ermittler mitunter sehr nachlässig, um nicht zu sagen schlampig. Außerdem klaffen Aufwand und Ertrag von bestimmten Maßnahmen allein bei Betrachtung der Kostenseite oftmals meilenweit auseinander.

Im Fall der Geldtransporterbande spielte den Ermittlern der EK »Rose« neben abgehörten Pkw-Gesprächen die über zuvor heimlich angebrachte Abhörwanzen – die sogenannte

---

* Wahllichtbildvorlagen dienen laut einem Runderlass des Innenministeriums von Nordrhein-Westfalen »der Identifizierung von namentlich bekannten Personen als Tatverdächtige durch Zeuginnen und Zeugen in strafrechtlichen Ermittlungsverfahren«. Die Zeuginnen und Zeugen entscheiden bei Vorlage jedes einzelnen und vor Präsentation des nächsten Lichtbildes unmittelbar, ob dies die von ihnen zu identifizierende Person abbildet. Die Wahllichtbildvorlage ist auch im Falle der Identifizierung einer Person weiter durchzuführen und erst zu beenden, wenn den Zeuginnen und Zeugen alle, jedoch mindestens acht Lichtbilder vorgezeigt wurden.

Innenraumüberwachung – zutage geförderte Naivität, Narzissmus und Redseligkeit des Bandenchefs in die Karten. Es war bekannt, dass Big Zak ein echter Poser und Prahlhans mit ausgeprägtem Mitteilungsbedürfnis war. Was er im Rahmen der überwachten Pkw-Gespräche ja auch bereits mustergültig unter Beweis gestellt hatte. Einem seiner später mit ihm Verurteilten hatte er kurz vor seiner Festnahme noch diesen Satz per WhatsApp geschrieben: »In zwei Wochen bin ich Multi.« Vor dem Hintergrund der bekannten Angeberei und Wichtigtuerei war ihm seinerzeit nach der Festnahme über die Ermittlungsbehörden ganz gezielt ein Mobiltelefon in der Justizvollzugsanstalt zugespielt worden. Sozusagen ein dinglicher »Zinker«*. Und tatsächlich: Big Zak fiel darauf herein – und plauderte sich über das angezapfte Zellen-Handy letztlich um Kopf und Kragen. Auch ein anderes Bandenmitglied hatte irgendwann im Rausch des Reichtums keine Sicherheitsbedenken mehr. Via WhatsApp übersendete das Bandenmitglied nach dem Gronau-Coup stolz ein Foto mit zehn Geldbündeln von 500-Euro-Scheinen und schrieb dazu nur »500 000«.

Während mein Mandant Hamit aufgrund einer frühzeitigen Kooperationsbereitschaft (ein anderer Weg war aufgrund der erdrückenden Beweislage kaum möglich) am Ende um eine langjährige Freiheitsstrafe und entsprechende Untersuchungshaft herumkam und mit drei Jahren Haft wegen Beihilfe sehr zufrieden sein konnte, kassierte Big Zak am Ende zwölf Jahre. Die Urteilsverkündung wurde im Zuschauerraum

* Zinker bedeutet in Knastkreisen so viel wie Spitzel oder Verräter. Neuerdings werden dafür in der Umgangssprache auch häufiger die Begriffe »Snitch« oder »31er« verwendet. Der Begriff »31er« geht zurück auf den § 31 Betäubungsmittelgesetz, wonach es Gerichten möglich ist, Strafen zu mildern oder sogar komplett fallen zu lassen, wenn ein Täter durch seine Aussagen zur weiteren Aufklärung der Tat oder zur Verhinderung weiterer Betäubungsmitteldelikte beiträgt.

von bitteren Tränen verfolgt. Die Freundin eines der Bandenmitglieder konnte offenbar überhaupt nicht fassen, was da gerade passierte. Sechs von sieben Angeklagten mussten ins Gefängnis. Nur die ebenfalls angeklagte Freundin von Big Zak kam mit einer einjährigen Bewährungsstrafe davon.

Das Überwachen von Autos ist als verdeckte Maßnahme bei den Ermittlungsbehörden sehr beliebt, weil es im Gegensatz zur akustischen Überwachung von Wohnungen viel unkomplizierter umsetzbar ist. Die Abhörwanzen werden in den Autos installiert, indem polizeiliche Ermittler sich unbemerkt Zugang verschaffen und sie an passender Stelle anbringen. Nicht selten bestellen Polizeibehörden sogar ganz offiziell beim Autohersteller einen Nachschlüssel, sodass keine Spuren beim Öffnen des Autos entstehen. All das, was danach im Auto gesprochen wird (Unterhaltungen mit Beifahrern, Selbstgespräche oder auch Telefonate), wird von den Ermittlern aufgezeichnet beziehungsweise live mit angehört. Wenn die Strafverfolgungsbehörden zusätzlich wissen wollen, wo sich die Autos der verdächtigen Personen befinden, werden für Observationszwecke auch GPS-Sender eingesetzt. Auf diese Art und Weise können Bewegungsprofile erstellt werden. Insbesondere bei Betäubungsmitteldelikten ist das ein gerne eingesetztes Hilfsmittel der Ermittler, um beispielsweise regelmäßige Grenzfahrten zu dokumentieren oder aber auch um Bunkerstätten ausfindig zu machen.

Das Abhören von Telefonen ist aber immer noch die absolute Standardmaßnahme der Polizei. Die sogenannte Telekommunikationsüberwachung (TKÜ) wird öfter angewendet, als man denkt. Im Grunde muss jeder Straftäter eigentlich wissen, dass sein Telefon völlig ungeeignet ist, um verdächtige Dinge zu kommunizieren, die niemand mithören soll. Gerade deswegen bedienen sich Verbrecher nicht selten auch einer »Geheimsprache«. Anbahnungen und Abwicklungen von Rauschgiftgeschäften werden oftmals am Telefon oder in Handynachrichten in Wortspiele, Schlüsselworte oder Anspielungen verpackt. Da ist dann von »Reifen« (Heroin), »weißen Jacken« (Kokain) oder »Pfannkuchen« (Crack) die Rede; übersetzt beschreiben die Synonyme mal die Art der Drogen, mal die Mengen und mal den Preis.

Anordnen muss eine TKÜ grundsätzlich ein Richter, bei Gefahr im Verzug reicht die Staatsanwaltschaft. Deren Anordnung muss jedoch innerhalb von drei Tagen durch den Richter bestätigt werden. Der Überwachte muss einer schweren Straftat nach § 100a StPO verdächtig sein, andere Ermittlungsmöglichkeiten müssen aussichtslos oder besonders erschwert sein. Die Telekommunikationsdienstleister sind zur Mitwirkung und Ermöglichung der Überwachung verpflichtet. Ist eine TKÜ angeordnet, werden alle Verbindungsdaten an die Ermittlungsbehörden weitergeleitet – Kennungen, Rufnummern, SIM-Karten-Nummer, Standorte der Telefonate. Die Aufzeichnungen der Gespräche und SMS landen automatisch auf dem Computer des zuständigen Kommissariats. Bemerken kann man den Umstand, dass man abgehört wird, heutzutage wohl nicht mehr. Die Zeiten, in denen tatsächlich noch Tonbandgeräte verdächtige Geräusche auslösten – etwa ein »Knacken« oder Ähnliches –, sobald angerufen wurde, sind längst vorbei. Gespräche werden heutzutage über Datenleitungen in Netzwerken übermittelt. Davon kann technisch niemand etwas mitbekommen.

In Messenger-Diensten wie WhatsApp, Signal oder Telegram werden Nachrichten auf dem Telefon des Senders verschlüsselt, bevor sie gesendet werden. Entschlüsselt werden sie erst wieder, wenn sie beim Empfänger eintreffen. Diese sogenannte Ende-zu-Ende-Verschlüsselung (end-to-end encryption) sorgt dafür, dass die Nachrichten von der Polizei zwar abgefangen, aber nicht mehr entschlüsselt und gelesen werden können. Nachrichten in solchen Messenger-Diensten kann die Polizei nur mithilfe staatlicher Spionagesoftware, dem sogenannten »Staatstrojaner«, mitlesen. Wenn der Staatstrojaner installiert ist (beispielsweise über eine infizierte E-Mail), werden die Nachrichten schon vor der Verschlüsselung abgegriffen und ausgeleitet. Die gesetzliche Grundlage der sogenannten Online-Durchsuchung in Deutschland ist § 100b StPO.

Mit ganz bestimmter Überwachungssoftware kann sogar in den Raum hineingehört werden, in dem sich das Gerät gerade befindet – auch ohne dass mit dem Handy gerade telefoniert werden muss. Ein Indiz für eine solche Software auf dem Handy soll angeblich sein, dass das Gerät ohne Grund deutlich wärmer, wenn nicht gar heiß wird. So manch ein Gangster nimmt deshalb stets den Akku aus dem Smartphone, bevor es verbal ans Eingemachte geht. Oder aber er bedient sich ganz bestimmter Abschirmhüllen.

Immer wenn die Strafverfolgungsbehörden auf der Stelle treten und nicht weiterkommen, wird vielfach zu Mitteln gegriffen, die äußerst fragwürdig erscheinen. Es stellt sich dabei immer die Frage, wo die erlaubte List endet und die verbotene Täuschung bei der Jagd auf Verbrecher beginnt. Vor zwei bis drei Jahren verdunkelte sich beispielsweise im Münsterland für das geübte Auge plötzlich der Himmel. Kleine Flugobjekte, sogenannte Drohnen, grasten förmlich das gesamte Münsterland einschließlich der dortigen Bauernschaften ab. Ausgestattet mit Wärmebildkameras, wurden auf diese Art und Weise zahlreiche illegale Marihuana-Plantagen entdeckt, angesiedelt in alten Scheunen, teilweise unterirdisch. Diese Drohnen waren technisch derart gut ausgerüstet, dass sie Cannabisprodukte förmlich riechen konnten. Der Grund für diesen ausgeklügelten Einsatz der Ermittler lag darin, dass sich im Rauschgiftgeschäft sozusagen die Faulheit breitgemacht hatte.

Wurden früher fast ausnahmslos Drogen aus dem Ausland, vor allem den Niederlanden, nach Deutschland eingeschmuggelt, was eine hohe Strafandrohung von mindestens zwei Jahren Haft pro Einfuhr mit sich bringt, so sagt man sich inzwischen hierzulande in Dealerkreisen: Warum in die Ferne schweifen, wenn das »Gute« liegt so nah. Das können wir doch auch selbst hier anbauen. Weniger Risiko, weniger Kosten.

Zu den alteingesessenen Ermittlungstricks gehört der Einsatz von V-Männern (Vertrauensmännern). Dabei erinnere ich mich besonders an den V-Mann »Carlos«, der hollywoodlike einer Rauschgiftbande das Leben eines Milliardärs auf einer Hochseejacht vorspiegelte und dabei einen ganzen kolumbianischen Kokainschmugglerring aushob. Kommt man damit auch nicht weiter, dann bieten sich mehrere »Fallen« an. Einmal kommt die sogenannte Hörfalle in Betracht. Eine Privatperson wird auf einen mutmaßlichen Beschuldigten angesetzt, um diesen auszuhorchen. Diese Methode ist zwar höchst umstritten, aber im Ergebnis vom höchsten deutschen Strafgericht, dem Bundesgerichtshof, abgesegnet worden. Eine andere Variante ist die sogenannte Venusfalle, in der in der Regel eine auf einen Beschuldigten angesetzte Zeugin ein Liebesverhältnis vorgaukelt. Eine weitere heiß diskutierte Methode waren auch fingierte Verkehrskontrollen mit einem zufällig anwesenden Drogenspürhund. Dies machte das Einholen eines vorherigen Durchsuchungsbeschlusses entbehrlich und ermöglichte auch ohne Gefahr in Verzug eine reibungslose Festnahme.

Wenn Ermittler Tatverdächtige verhören, dürfen sie dabei in aller Regel nicht zu ehrlich sein. Gerade zu Beginn der Befragung müssen sie oftmals taktieren, um den Verdächtigen zum Reden zu bringen. Insbesondere bei Vernehmungen mit noch unsicherer Beweislage wird gerne von Kriminalbeamten erst einmal eine sogenannte Wohlfühlatmosphäre geschaffen.

Das ist dann oftmals der Anfang der immer wieder wirksamen und in vielen Filmen dargestellten Verhandlungsmethode »Good cop, Bad cop« (Guter Bulle, Böser Bulle). Der Good Cop ist locker drauf, holt Essen, bietet Zigaretten an und verschafft Sonderkontakte zur familiären Außenwelt. Der Bad Cop setzt den zu Verhörenden aggressiv unter Druck, pöbelt, droht, schreit oder weist darauf hin, dass es eine erdrückende Beweislage gibt (die in Wirklichkeit so nicht vorhanden ist) und ein Geständnis nur Vorteile bringen würde (zumal »der Mittäter gerade im Nebenzimmer seine Aussagefreudigkeit unter Beweis stellt«).

Die Grenze für diese polizeilichen Handlungen ist der § 136a StPO, die sogenannten verbotenen Vernehmungsmethoden. List ist zulässig, Täuschung und Gewaltanwendungen sind verboten. Den amerikanischen Ermittlern ist es dagegen sogar ausdrücklich gestattet, schon vorliegende Beweise zu fingieren, also etwa wahrheitswidrig mitzuteilen, Fingerabdrücke am Tatort hätten ihn längst überführt, auch wenn das gar nicht der Fall ist.

Einer breiten Öffentlichkeit bekannt ist der Fall des Jakob von Metzler, wo Gewalt angewandt wurde, um ein vermeintlich noch lebendes Entführungsopfer retten zu können. In diesem Zusammenhang erinnere ich mich an einen Fall meiner Praxis, der sich vor etlichen Jahren in Recklinghausen abgespielt hat. Eine Frauenleiche wurde im Recklinghäuser Stadtpark gefunden. Nach zwei Wochen hatte man immer noch keinen Täter. Die 36-Stunden-Regel besagt, dass es nach Ablauf dieses Zeitraums fast unmöglich ist, den Täter zu finden, weil er danach nicht mehr unter dem massiven Eindruck des Tatgeschehens steht und planvoll seine Tat vertuschen wird. Die Polizei kam deshalb auf die Idee, nach alter Agatha-Christie-Manier (der Täter kommt stets wieder zum Tatort zurück) den Tatort zu observieren. Tatsächlich wurde eine

Person, die sich sehr auffällig benahm, in das Gebüsch, in dem zuvor die Leiche gefunden worden war, hineinkroch und ansonsten um den Tatort regelrecht herumschlich, damals auch vorläufig festgenommen. Im Rahmen der anschließenden Vernehmung als vermeintlicher Beschuldigter wurde der Mann ausfallend, verhöhnte das Opfer als Schlampe und beleidigte auch den Vernehmungsbeamten. Darauf rutschte diesem tatsächlich die Hand aus. Als Folge der Ohrfeige unterschrieb der Beschuldigte völlig überraschend ein Geständnis und kam in Untersuchungshaft. Zwei Wochen später wurde dann aber in einer Art Panikaktion der Haftbefehl wieder aufgehoben und die sofortige Entlassung des angeblich gefassten Frauenmörders angeordnet. Man hatte nämlich – glücklicherweise für den vermeintlichen Täter – Spermaspuren auswerten können, die den sicheren Beweis auf die Täterschaft eines schon bekannten Sexualstraftäters brachte.

14

WENN DER VERTEIDIGER ZUM BUHMANN WIRD

Der Strafverteidiger: Burkhard Benecken

»Seitdem ich achtzehn oder neunzehn war, werde ich ausgepfiffen, wenn ich den Ball habe«, erinnerte sich der fünffache Weltfußballer Christiano Ronaldo vor einiger Zeit in einem Interview mit der britischen Tageszeitung *The Times*. Dies sei aber kein Problem, sondern er schöpfe daraus eher zusätzliche Motivation. Wenn ihm Hass entgegenschlage, so der portugiesische Superstar, sporne ihn das viel mehr an, als dass es ihn nervös mache.

Obwohl ich auf meinem Spielfeld, dem Gerichtssaal, verteidige und Christiano Ronaldo auf seinem stürmt, ticken wir in diesem Punkt gleich: Als Strafverteidiger kann ich diese Einschätzung des vielfachen Rekordchampions nur teilen. Gar nicht selten werde auch ich vor, während oder nach einem Aufsehen erregenden Strafverfahren regelmäßig für die breite Öffentlichkeit zum Feindbild oder Blitzableiter. Manchmal ist womöglich auch eine Spur Neid dabei, überwiegend dominiert dabei aber schlichtweg eindimensionales Gerechtigkeitsempfinden. Teilweise durfte ich mir von Opferseite noch im Gerichtssaal massive Anschuldigungen anhören, und auch von den Angehörigen wurde ich schon des Öfteren auf eine Stufe mit dem mutmaßlichen Verbrecher gestellt.

Ein Anwalt, der in Strafsachen verteidigt, wird häufig zum Buhmann für das Publikum. Er wird zum Verbrecher gestempelt, nur weil er mutmaßliche Verbrecher verteidigt. Dies sind wir gewohnt und tatsächlich geht es mir ähnlich wie Christiano Ronaldo, wenn er im gegnerischen Stadion wieder gnadenlos ausgepfiffen und beleidigt wird: Das Ganze ist für mich zusätzliche Motivation. Es ist der Anreiz für mich, Zeugen noch bissiger, noch intensiver und noch diffiziler zu befragen, noch beharrlicher die Vernehmung des mutmaßlichen Opfers durchzuführen und gegebenenfalls auch beim Gericht zu intervenieren, Hetze, Stimmungsmache und Spott im Publikum mit Ordnungsgeld oder Ordnungshaft belegen und Unruhestifter notfalls auch des Saales verweisen zu lassen.

Solche Reaktionen vonseiten der mutmaßlichen Opfer und Angehörigen können tatsächlich Prozesse entscheidend wenden. Gerade wenn Zeugen als mutmaßliche Geschädigte völlig die Fassung verlieren, scheinen sie nicht mehr so seriös und zuverlässig von ihrer Aussagequalität her wie zuvor bei der Befragung durch das Gericht oder die Staatsanwaltschaft. Insofern setze ich mir in geeigneten Fällen regelrecht das Ziel, zum Buhmann zu werden. Wenn dies gelingt, habe ich für mich alles richtig gemacht – und meinem Mandanten kommt es in der Regel zugute. Tatsächlich nehme ich die oft sehr persönlichen Anfeindungen mir gegenüber gar nicht übel. Im Gegenteil: Sie motivieren mich dazu, mich noch tiefer in das Opfer »hinein zu fragen« und ihm die bezüglich seiner Glaubwürdigkeit vernichtende Frage zu stellen.

Wer als Strafverteidiger tätig ist, muss damit umgehen können, regelmäßig der Buhmann im Gerichtssaal zu sein. Er sollte wie einst Siegfried in der *Nibelungen*-Sage das Gefühl entwickeln, in Drachenblut gebadet zu haben und dadurch praktisch unverwundbar zu sein. Missgunst, Wut oder gar regelrechter Hass sollten an einem Strafverteidiger bestenfalls abperlen wie dicke Regentropfen von frisch gewachstem Autolack. Denn in die Buhmann-Kerbe schlagen nicht nur Opfer und Angehörige. Bei harten Befragungen lässt sich oftmals feststellen, dass sich auch Staatsanwaltschaft und Gericht erkennbar auf die Seite des mutmaßlichen Opfers schlagen und mit allen Mitteln versuchen, uns Verteidiger davon abzuhalten, symbolisch gesprochen »wie ein Pitbull in das Opfer mit Fragen hineinzubeißen«.

Es ist nicht selten ein Kampf einer gegen alle. Die Stimmungslage kippt oft bei solchen Befragungen im Gerichtssaal, und auch von Richtern und Staatsanwälten müssen wir Strafverteidiger uns teilweise Zurechtweisungen anhören nach dem Motto: »Tragen Sie doch bitte nicht zu einer solch aggressiven Atmosphäre hier bei, bisher lief der Prozess doch in ruhigen Bahnen.« Staatsanwaltschaften und Gerichte versuchen teilweise mit Monierungen der Frage das Opfer in Schutz zu nehmen, wie zum Beispiel: »Herr Verteidiger, ihre Frage ist unzulässig!«, oder: »Muss diese Frage wirklich sein?« In Extremfällen kann dies sogar dazu führen, dass Richter sogenanntes »Verteidiger-Bashing« (Abstrafen) vornehmen und spätestens in der Urteilsverkündung über uns als regelrechte »Advokaten des Bösen« herziehen.

Natürlich gibt es auch Fälle, wo man von vornherein ganz sicher weiß: Da wird Volkes Zorn aufkeimen, da wird die Luft brennen. So geschehen etwa, als ich vor Jahren die Verteidigung des berüchtigtsten türkischen Crime-Kids aller Zeiten übernommen habe, Muhlis Ari, besser bekannt durch seinen Boulevard-Namen »Mehmet«. Der seinerzeit in München lebende Teenager war in die Schlagzeilen geraten, weil er schon im Alter von dreizehn Jahren – er war also noch nicht strafmündig – über sechzig laufende Ermittlungsverfahren gegen sich zu verzeichnen hatte. Er wurde dann nach seiner ersten Verurteilung im Alter von vierzehn Jahren auf

Druck des damaligen bayerischen Innenministers in Begleitung von etwa sechzig Journalisten per Flugzeug in die Türkei abgeschoben. Als er nach Aufhebung der Ausweisungsentscheidung zurück in Deutschland war und die nächste Straftat beging und hierfür zu einer Freiheitsstrafe verurteilt wurde, flüchtete »Mehmet« vor der Inhaftierung in die Türkei. Von dort aus beauftragte er mich, ihn in einem türkischen Strafverfahren mit dem Vorwurf des schweren Raubes zu verteidigen und ihm die Wiedereinreise in die Bundesrepublik zu ermöglichen.

Bei der Mandatsannahme ahnte ich schon, dass mir nicht nur, aber insbesondere auch aus Bayern massiver Gegenwind entgegenwehen würde. Als dann öffentlich wurde, dass »Mehmet« seine Wiedereinreise bei der zuständigen Münchener Ausländerbehörde beantragt hatte, flog mir der Zorn der Öffentlichkeit in Form von Hunderten E-Mails entgegen: »Das kriminelle Türkenschwein soll bleiben, wo der Pfeffer wächst« oder »Herr Benecken, man sollte Sie auch gleich in die Türkei abschieben«, waren noch zwei der harmloseren Sorte. Die E-Mails und Zuschriften waren für mich mal wieder ein Faszinosum, wie gerne und unmittelbar Menschen den Anwalt mit dem aus ihrer Sicht zu verteufelnden Verbrecher gleichsetzen.

Im Fall von »Mehmet« hatte ich damit gerechnet. Ganz anders aber bei der Übernahme des Falls eines ebenfalls türkischen Mandanten, der 2009 als Drahtzieher der deutschen Wettmafia in die Geschichte einging. Als er mich beauftragte, rechnete ich zwar mit einem Mandat, das in der Öffentlichkeit wahrgenommen wurde. Ich rechnete allerdings offen gestanden überhaupt nicht damit, dass mir Volkes Zorn in ganz besonderem Maße entgegenschlagen würde. Im Nachhinein gesehen schon ein wenig naiv von mir, handelte es sich bei dem Opfer doch immerhin um »König Fußball«. Und in Herten, der Nachbarstadt unseres Kanzleisitzes Marl, lag damals sozusagen das Epizentrum des deutschen Wettskandals.

DER FALL: VERGIFTEN, FESSELN, VERPRÜGELN – DER WETTSKANDAL VON 2009

Auf der einen Seite wurde verschoben, verpfiffen und abkassiert – auf der anderen ahnten Tausende mitfiebernde Fußballfans lange überhaupt nicht, dass sie Zeitzeugen eines perfiden, abgekarteten Spiels waren: Die Fußball-Wettskandale aus den Jahren 2005 und 2009 gelten bis heute als wohl größte Betrugstaten im europäischen Fußball und brachten im Nachgang zahllose Fans an den Rand der Verzweiflung. Die Bochumer Staatsanwaltschaft ermittelte seinerzeit gegen mehr als 300 Verdächtige; schätzungsweise wurden fast tausend Spiele manipuliert. Zusammen mit dem bekannten Wirtschaftsstrafrechtler Dr. Martin Meinberg habe ich im zweiten Wettskandal-Komplex einen der führenden Köpfe neben dem namentlich wohl bekanntesten Wettbetrüger Ante S., dem einstigen Chef des Café King in Berlin, verteidigt.

Ausgangspunkt für die späteren Ermittlungen zu verschobenen Fußballspielen waren Geschehnisse im Rotlichtmilieu. Die Staatsanwaltschaft Dortmund hatte ein Verfahren gegen zwei Rotlicht-Größen wegen räuberischer Erpressung eingeleitet. Im Lauf dieser Ermittlungen wurden neben umfangreichen Erkenntnissen aus Telefonüberwachungsmaßnahmen auch Hinweise einer Vertrauensperson bekannt. Diese ließen erahnen, dass mein Mandant Ömer D. aus Herten Kopf einer im Ruhrgebiet ansässigen Bande war, die dank Schutzgelderpressungen, illegalem Glücksspiel und Privatkrediten mit sündhaft hohen Zinsen ein Leben im Luxus führte. Die Fahnder hatten bei der Telefonüberwachung aber auch bemerkt, dass Ömer am Telefon immer wieder über Wettbetrügereien beim Fußball plauderte. Daraufhin waren die ursprünglichen Rotlicht-Ermittlungen erst einmal unwichtig geworden; bei der für Wettmanipulationen zuständigen Staatsanwaltschaft Bochum konzentrierte sich im Folgenden alles auf den sportlichen (beziehungsweise unsportlichen) Bereich. Unter den fünfzehn Verdächtigen, die schließlich im November 2009 bei einer deutschlandweiten Großrazzia festgenommen wurden, befanden sich auch die Brüder Ante und Milan S. Ihnen wurde vorgeworfen, in Serie Fußballspiele manipuliert und mit den dazugehörigen Wetten etwa zehn Millionen Euro verdient zu haben. Auch Ömer zählte zu der Gruppe. Mehr als 300 Beamte hatten seinerzeit zeitgleich fünfzig Häuser durchsucht, sogar Scotland Yard war eingebunden gewesen. Die UEFA sprach vom »größten Betrugsskandal in der Geschichte«.

Bordellbetreiber Ömer war damals bereits seit vielen Jahren im sogenannten Zocker-Milieu zu Hause. Er spielte leidenschaftlich sämtliche Arten von Würfelspielen, insbesondere Backgammon, eine Mischung aus Strategie- und Glücksspiel. Mein Mandant hatte wohl eine besondere Begabung zum Würfeln und verfügte sozusagen über eine »magische Zauberhand«. Außerdem war er damals einer Zockerleidenschaft verfallen, vor allem auf Fußballspiele wettete er regelmäßig.

In den entsprechenden Kreisen war Ömer bundesweit als finanziell potenter Kreditgeber bekannt. Regelmäßig soll er Geld zu sündhaft teuren Zinsen verliehen haben. Im Juni 2008 soll er einem Zocker, dem er zuvor in einem Nürnberger Hotel mit gezinkten Würfelbechern und Würfeln 100 000 Euro Schulden ans Bein gebunden hatte, in seine Heimatstadt Herten verschleppt haben. Im Keller einer Hertener Teestube soll er sodann den säumigen Zahler stundenlang nackt an einen Stuhl gefesselt und brutal verprügeln haben lassen.

Ömer und Ante S. hatten sich nach den Ermittlungen der Strafverfolger seinerzeit mit mindestens vier weiteren Komplizen zusammengetan, um mithilfe von Spielern, Schiedsrichtern oder Offiziellen Fußballspiele in ganz Europa zu manipulieren. Ante S. war bereits 2005 vom Landgericht Berlin wegen Wettbetrügereien zu zwei Jahren und elf Monaten Haft verurteilt worden; seit Juli 2008 war er wieder auf freiem Fuß. Der kroatische Geschäftsmann war damals der sogenannte »Navigator« des ersten Skandals gewesen. Über einen Strohmann hatte S. auch den Bundesliga-Schiedsrichter Robert H. angelockt.

Vier Jahre später, 2009, sollen die Knoten des betrügerischen Wettbetrugsnetzes neben Berlin auch in Herten geknüpft worden sein. Bevorzugte »Beute« unter den zu manipulierenden Akteuren waren Torhüter und Schiedsrichter. Aber sogar Chefköche von Luxushotels sollen angesprochen worden sein mit dem Ziel, dass sie Giftstoffe in das Essen von Spielern mischen und so deren Spielfähigkeit beeinträchtigt wird. Außerdem soll versucht worden sein, den Mannschaftsarzt eines Teams mit Präparaten auszustatten, mit denen er dann die eigenen Spieler betäuben sollte.

Über Monate hatten die Fahnder damals die Telefone von Ömer überwacht. Dabei war ihnen aufgefallen, dass er regelmäßig mit einem Kroaten namens Mario aus Nürnberg telefoniert hatte. Mario war Spielerberater und ein weiterer Kopf des Wettkartells. Im Januar 2009 lieh Ömer Mario 150 000 Euro, damit dieser den belgischen Zweitligaclub UR Namur »kaufen« konnte. Gemeint ist kein Kaufen, wie es Investor Roman Abramowitsch beim FC Chelsea getan hat. Sondern Kaufen in Sinne eines Unterwanderns. Mario sollte »Manager« des Vereins werden, Geld mitbringen und das Sagen haben. Geplant war, dass man auf diese Weise Einfluss auf Mannschaften in Belgien, in der Türkei, in Österreich und in der Schweiz gewinnt – mit dem schlussendlichen Ziel, hohe Quoten, etwa von 100:1, zu erreichen, in ganz Europa und Asien eine Million Euro zu platzieren und dann fett abzusahnen. Die fantastische Vorstellung bestand darin, an einem einzigen Wochenende unter Umständen hundert Millionen Euro zu gewinnen.

Ömer gab Mario aber auch Geld, um Spieler zu bestechen. Bei zahlreichen Spielen des UR Namur hatte Mario dem Torwart Geld in Aussicht gestellt, wenn er das Spiel zu Ungunsten des eigenen Vereins drehen würde. Der Spieler war jedoch nicht zu einer direkten Manipulation bereit. Für eine Zahlung in Höhe von 5000 Euro war er aber einverstanden, sich für das erste Spiel krankzumelden, sodass der Ersatztorwart einspringen musste. Dieser wiederum war gegen eine Geldzahlung für eine Manipulation empfänglich. Beim ersten verschobenen Kick, UR Namur gegen Olympic Charleroi, strichen Mario und Ömer dann bei einem asiatischen Wettanbieter knapp 20000 Euro ein. Beim zweiten »Probelauf«, UR Namur gegen Oud-Heverlee Leuven, waren es fast 40000 Euro. Zahlreiche weitere Fußballspiele wurden später von Ömer & Co. nach diesem Strickmuster manipuliert. Zu Wetten in der geplanten Größenordnung kam es aber nicht. Bei einer Hausdurchsuchung hatte die Polizei unter anderem 1500 Euro konfisziert, die anscheinend als Bestechungsgeld bei einem Fußballspiel in der deutschen Regionalliga eingesetzt werden sollten. Das Bargeld war in einem getragenen Fußballschuh eines Bundesliga-Profis beschlagnahmt worden.

Deutschlands wohl berüchtigtster Wettbetrüger Ante S. und Spielerberater Mario wurden am Ende zu fünfeinhalb Jahren verurteilt. Ömer kassierte vier Jahre und elf Monate Haft (bei einem Urteil von über fünf Jahren hätte ihm wohl die Abschiebung in die Türkei gedroht). Alle Angeklagten waren weitestgehend geständig gewesen. Den angerichteten

Schaden bezifferte das Gericht auf fast fünf Millionen Euro. Nach Hinterlegung von 50 000 Euro Kaution und über achtzehn Monaten in Untersuchungshaft konnte Ömer das Gefängnis zeitgleich mit dem Urteil vom 26. Mai 2011 verlassen.

Als ich damals während des laufenden Wettskandal-Prozesses bei einem Bundesliga-Spiel des FC Schalke 04 in der Veltins-Arena war, wurde ich von anderen Schalke-Fans auf der Tribüne angesprochen und zum Buhmann erklärt: »Also das verstehen wir beim besten Willen nicht, wie du dieses Schwein verteidigen kannst, das unseren Sport hier verschiebt. Da hört der Spaß auf. Die Serienkiller und Vergewaltiger, das lassen wir noch durchgehen, aber hier ist unser Leben, nämlich Fußball, betroffen, das geht gar nicht.« Ganz ähnlich lauteten Dutzende E-Mails und Briefe, die ich seinerzeit erhalten habe.

Tatsächlich schienen die Fans das Ganze als wirklich schlimm zu erachten, weil sie hier persönlich betroffen waren. Gerade im Ruhrgebiet leben viele Fans nach dem Motto: Harte Arbeit, ehrlicher Lohn. Schalke 04 bedeutet für Tausende Menschen in der Region alles. Durch die damals täglich in der Presse kursierenden Nachrichten zum Wettskandal hatten viele Fans schlicht das Vertrauen in die Ehrlichkeit ihres geliebten Sports verloren. Ihnen wurden förmlich die Augen geöffnet, dass möglicherweise all das, was auf dem Stadionrasen abläuft, gar nicht echt und ehrlich, sondern nur eine Inszenierung, ein abgekartetes Spiel sein könnte. Und dafür machten sie mich – ihren Fan-Kumpel – zum Buhmann.

15

STRAFVERTEIDIGUNG SKURRIL

Der Strafverteidiger: Burkhard Benecken

Juristen und Ärzte scheinen nicht zu harmonieren, habe ich schon häufiger gehört. Die einen detailverliebt, die anderen lösungsorientiert. Die einen konziliant, die anderen beharrlich. Wenn es aber darum geht, wie sehr ein Beruf auf die Persönlichkeit abfärbt, erscheinen die Gemeinsamkeiten größer, als manch einer denkt. Als ich in Marburg an der Lahn Jura studiert habe, hatte ich einen Kommilitonen, seines Zeichens Medizinstudent, der immer betonte, dass es für einen Mediziner das Normalste von der Welt sei, mal eben so ein menschliches Gehirn durch die Gegend zu tragen. Wenn er in unserer Studenten-WG beim Abendessen seine morbiden Geschichten des Tages zum Besten gegeben hat, zum Beispiel welche verschluckten oder anderweitig ins Körperinnere eines Patienten geratenen Gegenstände sie heute wieder im OP hervorgeholt haben, habe ich die Ravioli aus der Dose auch gerne mal wieder kalt werden lassen. Aber auch seine kaltblütig anmutenden Sprüche wie »Heute sind auf der Station nur drei Patienten von uns gegangen, eine ganz gute Quote« werde ich nie vergessen. Genauso wie seine vier mit staubtrockenem Humor formulierten Regeln für eine Behandlungschance in der Notaufnahme: »Kommen Sie nur durch diese Tür, wenn etwas ab ist, was dran sein sollte. Etwas drin ist, was draußen sein sollte. Etwas sich bewegen lässt, was sich nicht bewegen lassen sollte. Oder: Wenn sich gar nichts mehr bewegt.«

Krass, aber auch irgendwie genial nüchtern, dachte ich damals als Student, auf welch ironisch-bodenständige Art und Weise diese Mediziner mit ihrem oft sehr verantwortungsvollen Beruf umgehen. Je mehr ich darüber nachdachte, desto klarer wurde mir, dass dies vielleicht auch ein notwendiges Mittel ist bei all den schweren und dramatischen Erlebnissen, die sie in ihrer Karriere sicherlich haben. Sie erleben zahlreiche tragische Schicksale, und da ist es wahrscheinlich normal, dass man hier und da etwas »Galgenhumor« pflegt und sich dadurch in gewisser Weise erdet.

Als ich dann selbst geraume Zeit später Strafverteidiger wurde, fiel mir auf, dass diese Art des Umgangs in bestimmten Situationen auch uns Strafverteidigern keinesfalls fremd ist. Es scheint mir ein geeignetes Ventil, um mit den ganzen Dramen und teils bizarren Akteninhalten umzugehen, hier und da ironisch flapsig zu werden. Ich habe das bei mir selbst auch festgestellt. Wenn ich bei meinem morgendlichen Gang zum Bäcker mit der sympathischen Angestellten ein paar Worte wechsele, fragt sie oft interessiert, was bei mir gerade ansteht. Gar nicht selten gebe ich dann Antworten wie: »Heute geht es nur um eine bedeutungslose Messerstecherei – nicht mal ein Toter.« Oder: »Dieses Mal haben wir einen Mini-Straßenraub. Ohne Messer. Ohne Taser. Kleinkram.«

Ich glaube kaum, dass es damit zusammenhängt, dass man ständig mit schwerem Unrecht zu tun hat und dadurch regelrecht abstumpft, sondern dass es einfach eine Möglichkeit von uns Strafverteidigern ist, die Tragik nicht übermächtig werden zu lassen und die positiven Seiten des Ganzen zu erkennen.

Genau wie damals mein Medizin-Kommilitone habe ich offenbar eine Art Strategie entwickelt, mit dem Ganzen etwas lockerer, leichter und teils auch ironisch-sarkastisch umzugehen. Womöglich ist diese Gewohnheit ein Pendant zu dem Mittel, das die Kriminologie bei Straftätern als sogenannte Neutralisierungs- und/oder Rechtfertigungstechnik beschreibt. Bei den Kriminellen heißt es dann beispielsweise: »Ach, das Einbruchsopfer ist doch eh versichert«, oder: »Das war eh ein menschliches Schwein, deshalb hatte er ein paar Hiebe verdient.« Vielleicht sind die ironisch-sarkastischen Ausdrücke und skurrilen Beschreibungen von Situationen unser Mittel des Umgangs mit dem Unrecht in unserem Beruf. Dabei gibt es bei all den erschreckenden, verstörenden und tragischen Begebenheiten auch viele kuriose und lockere Strafverteidiger-Anekdoten, die mir und meinem Kollegen Hans Reinhardt begegnet sind.

INSIDE 1: JACKE WIE HOSE

Der Strafverteidiger: Burkhard Benecken

Als ich 2007 einen jungen Mann verteidigt habe, der gemeinsam mit seinem Kumpel den Pop-Titanen und ehemaligen DSDS-Juror Dieter Bohlen in seiner Rosengartener Villa überfallen und um rund 30 000 Euro erleichtert hatte, war die Strategie zwischen meinem Mandanten und mir frühzeitig klar: Offenheit bei allen Vorgängen, kein Blatt vor den Mund nehmen und geständig sein.

Auf die Idee, Dieter Bohlen zu überfallen, waren die beiden achtzehn und neunzehn Jahre alten Freunde nach einer Fernsehsendung über Superreiche und anschließenden Internet-Recherchen gekommen. Vor der Tat hatten sie sich eine

Schreckschusspistole, Sturmhauben und Handschuhe gekauft. Doch schon beim Prozessauftakt drohte unsere Hosen-runter-Strategie ganz kurz ins Wanken zu geraten: Als mein Mandant danach gefragt wurde, wie er die teure Lederjacke finanziert habe, die er im Gerichtsprozess anhatte, hatte er ehrlich geantwortet: »Dieses schöne Stück habe ich aus der Tatbeute finanziert.« Gelächter bei Gericht, Gelächter bei der Staatsanwaltschaft, Gelächter bei uns Verteidigern. Gar nicht lustig aber fand es das Opfer Dieter Bohlen. Der Pop-Titan mokierte sich öffentlich darüber, wie dreist es sei, dass mein Mandant in dem Prozess auch noch eine Jacke tragen würde, die er mit aus dem Tresor gestohlenem Geld finanziert hatte. Zum Glück war nicht Dieter Bohlen Juror und Richter in dem Prozess, der meinem Mandanten hierfür sicherlich ein deutliches »Dreimal Nein« mit auf den Weg gegeben hätte. Die Richter würdigten die Ehrlichkeit und kamen meinem Mandanten mit einem milden Strafmaß von drei Jahren Jugendstrafe sehr entgegen.

Dieter Bohlen selbst war damals als Zeuge nicht gleich für den ersten Hauptverhandlungstag geladen. Als ich am Ende dieses Tages auf der Herrentoilette im Gerichtsgebäude in Recklinghausen war, schob sich plötzlich ein mir bekannter Boulevard-Reporter in Höhe der Waschbecken an mir vorbei und bat mich, zur Seite zu treten. Er nahm seinen Fotoapparat und knipste die Seife auf dem Waschbecken der Gerichtstoilette. Als ich ihn fragte, was das denn nun solle, sagte er: »Sie wissen doch, am nächsten Prozesstag erscheint Dieter Bohlen, und da interessiert es unsere Leser, wenn der große Pop-Titan in der Verhandlungspause mal pinkeln gehen muss, womit er sich auf der Gerichtstoilette die Hände wäscht.« Tatsächlich erschien ein Artikel, in dem der Seifenspender abgedruckt, die Duftrichtung und sogar der Discounterpreis angegeben waren. So ist es, wenn ein Promi zu Gericht kommt: Dann werden selbst Bagatellen zur Schlagzeile.

INSIDE 2: LIEBESGRÜSSE AUS DER STRAFKAMMER

Der Strafverteidiger: Hans Reinhardt

Es ist jetzt schon vierzehn Jahre her, die Situation bleibt aber unvergessen. Nach zahlreichen Verhandlungstagen in einer Wirtschaftsstrafsache wegen Steuerhinterziehung traf ich mich mit dem Mandanten, der gegen Kaution auf freien Fuß gesetzt worden war, zur Schlussbesprechung morgens um acht Uhr in der Kantine des Bochumer Landgerichts. Für diesen Tag waren die Plädoyers von Staatsanwaltschaft und Verteidigung geplant, und anschließend sollte der Angeklagte sein letztes Wort abgeben. Genau diese obligatorisch letzten Worte vor der Urteilsberatung, mit denen man als Angeklagter viel gewinnen, aber auch verlieren kann, wollte ich mit ihm besprechen.

Doch wir kamen nicht dazu: Verstohlen griff mein Mandant damals in seine Jackett-Innentasche und kramte ein zusammengefaltetes Blatt Papier hervor, das er mir wortlos, aber flankiert von zwei vielsagend hochgezogenen Augenbrauen über den Tisch schob. Es war ein handschriftlich verfasster Brief. Schon beim Vornamen der Absenderin, auf den ich zugegebenermaßen zuerst geschaut hatte, wusste ich Bescheid: Melitta. Das war der seltene Vorname einer der ehrenamtlichen Richter im laufenden Verfahren. Gespannt las ich, was genau die Schöffin der Strafkammer, die noch am selben Tag das Urteil sprechen sollte, meinem Mandanten, dem Angeklagten, mitzuteilen hatte: »Ich kann Ihr Handeln nachvollziehen und verstehen. Sie sind mir äußerst sympathisch.

Möglicherweise bringt dieser schöne Herbst bei Ihnen die Wende zum Besseren. Ich würde mich gerne auch einmal privat mit Ihnen treffen. Ich habe Sie während des gesamten Prozesses genau beobachtet.«

Das war natürlich eine Steilvorlage für einen Befangenheitsantrag. Natürlich wollte die Schöffin dem Angeklagten nicht schaden. Vielmehr wollte sie unter anderem ihrem Frust Luft machen, wie hässlich und unverschämt auf dem Richterzimmer über Angeklagte geredet würde.

Der Prozess platzte, und Frau Melitta K. zog den ganzen Zorn des Staatsanwalts auf sich, der versuchte, einen Weg zu finden, ihr die Prozesskosten aufzuerlegen, was allerdings nicht gelang. Der verhängnisvolle Brief mit Liebesgrüßen aus der Strafkammer war das Einzige, was alle interessierte. Das Gericht selbst erklärte die Schöffin für befangen. Der Prozess musste anschließend vollständig neu aufgerollt werden. Fünf Monate Beweisaufnahme, Zeugenvernehmungen, Untersuchungshaft und Aktenstudium für die Katz. Doch die Schöffin – intelligent und wehrhaft – schlug zurück. Sie schrieb später selbst ein kurzes Buch mit dem Titel *Ein Steuerhinterzieher im Paradies*, in dem sie auf skurril-groteske Art schwer ins Gericht mit dem Justizsystem ging.

INSIDE 3: SALAMI SEI DANK

Der Strafverteidiger: Burkhard Benecken

Vor Jahren hatte ich zum wiederholten Mal den »König der Kleinverbrecher« Wilhelm F. zu verteidigen. Verhandelt wurde beim örtlichen Amtsgericht. F. saß mal wieder in Haft. Er war jetzt Anfang sechzig und hatte schon über dreißig Jahre hinter Gittern verbracht. An sich immer nur wegen Kleinigkeiten: Beamtenbeleidigung im Suff, Körperverletzungen, Widerstand gegen Vollstreckungsbeamte, Beleidigung und Nötigung der Partnerin, kleinere Ladendiebstähle.

Als ich kurz vor dem Prozess zu ihm in die Zelle trat, fragte er mich: »Mensch Anwalt, was wird denn heute eigentlich gegen mich verhandelt?« Ich entgegnete ihm: »Es geht um den Salami-Fall. Sie sollen im Discounter eine 6,99 Euro teure Salamiwurst entwendet haben.« Der Mandant stockte einen Moment, schaute mich dann mit bösem Blick an und sagte: »Anwalt, das ist eine Frechheit!« Ich verstand zunächst nicht. Er setzte dann fort: »Es ist eine Frechheit von der Staatsanwaltschaft, dass man mich als Berufsverbrecher, der schon über dreißig Jahre abgebrummt hat und 63 Vorstrafen in seinem Bundeszentralregisterauszug aufweist, wegen des Diebstahls einer so popeligen Salamiwurst von 6,99 Euro anklagt. Was maßt sich der Staatsanwalt eigentlich an? Das ist doch eine Beleidigung meiner Verbrecherehre!«

Ich musste schmunzeln und fand das so kreativ, dass ich direkt die Haftzelle verließ und zu dem mir gut bekannten Richter in den Sitzungssaal ging. Noch vor Beginn der Verhandlung sagte ich zu ihm: »Mein Mandant fühlt sich in seiner Verbrecherehre beleidigt, weil ihm als Berufsverbrecher die Staatsanwaltschaft für so eine Bagatelle wie den Diebstahl einer 6,99 Euro teuren Salamiwurst anklagt.« Der Richter konnte kaum aufhören zu lachen und sagte: »Herr Benecken, das ist so was von kreativ, das habe ich noch nie gehört. Ich bin gerne bereit, wenn die Staatsanwaltschaft mitspielt, das Verfahren einzustellen.« So geschah es dann auch.

Der Richter gab mir jedoch eines mit: »Sagen Sie Ihrem Mandanten bitte auch, dass dieses kreative Einlassungsverhalten bei mir nur einmal zieht und beim nächsten Mal er damit nicht mehr durchkommt.« Wir mussten noch nicht mal mehr verhandeln, sondern der Mandant konnte in seiner Zelle verbleiben, während der Richter die Einstellung verfügte – Salami sei Dank.

INSIDE 4: SCHMUGGELNDE STÜRMER

Der Strafverteidiger: Burkhard Benecken

Ich saß mal wieder in einem Betäubungsmittelprozess. Eine ganze Bande war angeklagt, vier Personen sollten regelmäßig über die deutsch-niederländische Grenze gefahren sein und mindestens zwei Kilogramm, oft auch fünf Kilogramm Marihuana in guter Qualität (Haze) eingeschmuggelt haben. Einer der Angeklagten hatte sich aufgrund eines Anwalts, der normalerweise das Verkehrsrecht beackerte und kein Strafrechtler war, dazu entschieden, ein Lebensgeständnis abzulegen. Eine fürchterliche Katastrophe, auch für meinen Mandanten, da alle Taten, deren er angeklagt war, überhaupt nicht nachweisbar gewesen wären.

Eine Tat war strittig, und der »Judas« (so wurde der Verräter genannt) konnte sich nicht mehr genau erinnern, ob mein Mandant an dem mutmaßlichen Dienstagabend auch über die deutsch-niederländische Grenze gefahren war. Nur die Uhrzeit konnte genau angegeben werden. Die Strafverfolger hatten daraufhin die Geodaten des Handyfunkmastes an der Grenze eingeholt und geschaut, welche Handys zum Tatzeitpunkt in der näheren Umgebung eingeloggt gewesen sind. Tatsächlich war zur exakt angegebenen Uhrzeit nur ein einziges Handy eingeloggt, das die Grenze in diesem Bereich passierte. Diese Nummer war auf den damals beim Fußballbundesligisten FC Schalke 04 spielenden Stürmer

Klaas-Jan Huntelaar zugelassen. Großes Gelächter im Saal, als dieses Ergebnis verlesen wurde. Die Vorsitzende Richterin ließ es sich dann auch nicht nehmen, die allseits vorherrschende Meinung laut auszusprechen: »Lieber Herr Angeklagter, ihre belastenden Angaben sind ja bisher überwiegend als zutreffend verifiziert worden, in diesem Fall glauben wir allerdings nicht wirklich daran, dass die von Ihnen genannte Uhrzeit stimmt. Oder meinen Sie ernsthaft, dass der Stürmer des FC Schalke 04, Klaas-Jan Huntelaar, es bei seinem Gehalt nötig hat, zwei Kilo Haze mit einer Gewinnspanne von etwa 1500 Euro pro Kilo über die Grenze zu schmuggeln?«

Gelächter im Saal. Allein dem »Judas« verging am Ende übrigens das Lachen. Sein Verkehrsrechtsanwalt hatte ihm eine enorme Strafmilderung in Aussicht gestellt. Trotz seiner belastenden Aussagen bekam er am Ende aber drei Jahre und neun Monate Gefängnis (die übrigen Angeklagten bekamen zwischen vier und viereinhalb Jahren, also nur geringfügig mehr). Der Angeklagte fluchte und wollte auf seinen Anwalt losgehen. Verständlich.

INSIDE 5: STURM UND DRANG

Der Strafverteidiger: Hans Reinhardt

»Öffentliche Sitzung des Landgerichts Wuppertal.« Das simple Schild, das im Winter 2009 schwarz auf weiß eine Gerichtsverhandlung unter freiem Himmel anzeigte, hing an einem doppelt verknoteten Faden aus Paketband. Und der wiederum war einmal umschlungen um einen Seitenspiegel eines schwarzen Justiz-Pkws. Selbst für den erfahrenen Vorsitzenden der zuständigen ersten Strafkammer des Landgerichts

Wuppertal war der sogenannte Ortstermin* damals eine Premiere. Bei eisigem Wind und minus sechs Grad wollte sich das Gericht ein Bild von der Örtlichkeit machen. »Ich eröffne hiermit den fünften Hauptverhandlungstag«, begrüßte der Richter um kurz vor zehn Uhr auf dem verschneiten Bürgersteig die anwesenden Prozessbeteiligten und pustete dabei sichtbar seinen warmen Atem in die bitterkalte Luft.

Mein Mandant war damals als angeblicher Helfer eines filmreifen Raubüberfalls angeklagt. Am 1. Dezember 2008 befand sich ein Geldtransporter auf dem Weg zu einer Drogerie in Solingen. Weil die Natur ihr Recht verlangt hatte, hatte mein Mandant seinen Kollegen bedrängt, am Straßenrand kurz anzuhalten. Just in dem Moment, als sich der Beifahrer im Gebüsch erleichtern wollte, waren zwei bewaffnete Räuber hinter einem Bauwagen hervorgestürmt und hatten mit mehr als einem Dutzend Maschinengewehrsalven aus russischen AK 74 den Geldtransporter beschossen. Dem Fahrer war es noch gelungen, mit der offenen Beifahrertür davonzurasen. Glücklicherweise konnte während dieser Sekunden auch mein Mandant mit immer noch halb herunterhängender Hose auf ein gegenüberliegendes Feld fliehen.

Dass er im Nachhinein erst von seinem Arbeitgeber rausgeschmissen und dann auch noch wegen Beihilfe zum versuch-

* Auch bei Ortsterminen muss der Grundsatz der Öffentlichkeit gewahrt werden. Insofern muss das Gericht die Öffentlichkeit über Ort und Zeit der Verhandlung informieren. Bei einer Begehung eines Tatorts, einem Ortstermin bei einem Zeugen im Krankenhaus oder in einem Gefängnis kann die Zahl der Zuhörer durch den Vorsitzenden beschränkt werden. Zudem kann es zu weiteren Einschränkungen des Grundsatzes der Öffentlichkeit kommen. Dies ist etwa anzunehmen, wenn ein Ortstermin auf einem Privatgrundstück stattfindet. Der Hauseigentümer kann dann Zuschauern und der Presse den Zutritt zu seinem Haus verweigern, da Artikel 13 des Grundgesetzes sein Recht auf Wohnung schützt.

ten Raubüberfall angeklagt wurde, ließ meinen Mandanten verzweifeln. Seine außerplanmäßige Pinkelpause sei dringend nötig gewesen. Das wenige Hundert Meter entfernt gelegene Klo sei seit Langem unzumutbar verdreckt. Deshalb sei ein Pinkelstopp an dieser Stelle keinesfalls unüblich gewesen.

Anders als das Arbeitsgericht glaubte die Strafkammer nach dem Ortstermin am Ende seinen Angaben. Ob bei der Klassifizierung des Anhalteortes als ein typischer Ort zur Blasenerleichterung auch die damals deutlich sichtbare gelbe Pinkelstelle neben Stiefelabdrücken im Schnee inklusive des unverwechselbaren Geruchs geholfen hat, hat das Gericht zwar später direkt nicht bestätigt – geschadet hat die Urinspur aber im Ergebnis jedenfalls nicht. Offensichtlich hatten die Täter die Beliebtheit der wilden Toilette schon längere Zeit beobachtet und wollten sich dann diese atypische Wegunterbrechung bei einem Geldtransporter zunutze machen. Das Landgericht sprach meinen Mandanten am Ende des Prozesses von allen Vorwürfen frei – dieser ging sofort danach erleichtert zur: Toilette.

INSIDE 6: BLUTTAT NACH BERATUNG

Der Strafverteidiger: Burkhard Benecken

Der skurrilste Moment meiner bisherigen Anwaltskarriere war der, als ein gewisser Mandant bei mir ins Büro kam und mir mitteilte, dass er gerade seine Frau umgebracht habe. Ein solches Bekenntnis ist an sich nicht außergewöhnlich, es kommt bei uns in der Kanzlei durchaus ein- bis zweimal im Jahr vor. Teilweise kommen die Leute mit blutverschmierten Händen direkt vom Tatort, und es ist gut, dass sie erst mit uns reden, bevor sie mit der Polizei sprechen. In diesem Fall sollte aber alles anders sein. Ganz anders. Zunächst einmal lobte ich auch diesen Mandanten, dass er direkt zu uns gekommen war. Und wie immer bei solchen Fällen zog ich auch hier einen meiner Kollegen aus der Kanzlei hinzu. Eine Vorsichtsmaßnahme – nicht weil wir Angst um unser Leben hatten, sondern weil man nie weiß, was ein Mandant über eine Beratung später erzählt, und ich mich absichern wollte.

Der Kollege und ich lauschten also den Ausführungen des Mandanten. Dabei kristallisierte sich heraus, dass es ihm vor allem darum ging, zu erfahren, was er an Strafe zu erwarten habe. »Ich habe meiner Alten gerade mit einem Messer die Kehle aufgeschnitten, sie dann in einen Müllsack gepackt und im Kanal versenkt«, berichtete der Mandant mit trockener Stimme. Ich fragte ihn nach der Vorstrafenlage und nach den Tatumständen. Er erzählte nicht allzu viel, sondern wich immer wieder darauf aus, was er denn kriegen würde dafür, dass er seiner Frau die Kehle durchgeschnitten hätte. Ich erklärte ihm, dass man das so nicht punktgenau sagen könne, dass es bestimmte mildernde Umstände gäbe, und riet ihm stattdessen, jetzt in meiner Begleitung zur Polizei zu gehen, zu sagen, dass er möglicherweise etwas mit dem Tod seiner Frau zu tun haben könnte und sich dem Verfahren stellen wollte, und ansonsten zu schweigen. Hierzu war der Mandant aber partout nicht zu bewegen. »Auf gar keinen Fall mach ich das, Herr Anwalt. Es ist lieb von Ihnen gemeint, aber ich stelle mich nicht freiwillig. Wenn sie mich packen, packen sie mich. Ich danke Ihnen für Ihre Auskunft.« Sagte es und verschwand.

Mein Anwaltskollege und ich machten zur Absicherung noch eine Aktennotiz. Am nächsten Morgen saß ich dann im Gericht und erhielt einen aufgeregten Anruf von meinem Kollegen. Der Mandant von gestern Abend war am frühen Morgen festgenommen worden und sollte nun just in diesem

Moment dem Haftrichter vorgeführt werden. Der Polizeibeamte, der im Auftrag des Mandanten anrief, teilte meinem Kollegen am Telefon mit, dass der Mandant versucht habe, in der letzten Nacht seine Frau umzubringen, diese aber zum Glück überlebt habe. Mit einem Messer soll er versucht haben, ihr die Kehle aufzuschneiden. Man habe auch Utensilien in seinem Pkw gefunden, die darauf hindeuteten, dass er geplant habe, seine Frau später in einem Sack zu verpacken und sie irgendwo im Wasser zu versenken.

Wie jetzt? Überlebt? Versucht, die Frau umzubringen? Uns ging natürlich durch den Kopf, dass der Mandant bei mir im Büro gesagt hatte, dass seine Frau bereits tot sei. Dann fiel bei uns der Groschen: Die Bluttat war erst nach dem Gespräch in unserer Kanzlei passiert. Ich war sprachlos. Der Mandant hatte sich bei uns quasi beraten lassen und dafür den Mord erfunden. Nur um zu erfahren, welche Haftstrafe er zu erwarten hatte. Eiskalt und skurril.

INSIDE 7: DADDY COOL

Der Strafverteidiger: Hans Reinhardt

Mein Mandant Hans-Joachim W., vom Typ her ein Double von Blake Carrington aus der 1980er-Jahre-Kultserie *Der Denver Clan* und seines Zeichens ein unzähmbarer Las-Vegas-Zocker, hatte vor Jahren kurzzeitig mal eine Agentur der ganz besonderen Art betrieben. »Wollen Sie gerne mit Frau oder Herr Doktor angesprochen werden? Klingt das nicht verlockend? Kein Problem, denn bei mir können Sie in nur wenigen Tagen Ihren eigenen Doktortitel erhalten.« Mit diesen Slogans versprach W., stets braun gebrannt wie ein Roggenbrötchen und mit Goldschmuck behangen wie ein typischer Ami-Christbaum, die Vermittlung von ohne akademische Hürden zu erwerbende Doktortiteln, verliehen von US-amerikanischen Universitäten. Gegen Überweisung einer Einschreibe- und Studiengebühr von tausend Euro aufwärts wollte W. titelhungrigen Mitmenschen ein Dr. vor den vermeintlich zu schnöden Namen setzen. Zur Auswahl stand bei ihm ein breitgefächertes Angebot von Fachbereichen: von Astrologie bis Parapsychologie, von Aromatherapie bis Religion. »Sagen Sie mir, was Sie wünschen. Alles ist nur eine Frage der Zeit«, versprach W.

Die Idee zündete, das Geschäft boomte – doch dann wurde die Sache so richtig heiß: Nachdem sich binnen kürzester Zeit über dreißig Möchtegern-Doktoren bei ihm gemeldet, tausend Euro Gebühr gezahlt hatten und nun sehnsüchtig auf ihre Ernennungsurkunde samt Doktortitel warteten, war plötzlich auch die Staatsanwaltschaft auf Hans-Joachim W. aufmerksam geworden. Der Staatsanwalt wedelte bereits mit einem Haftbefehl.

Im Haftbefehlstermin am Amtsgericht verblüffte W. dann mit einer Aktion, auf die selbst ich so gar nicht vorbereitet war. Als der Haftrichter ihm gerade vorhielt, dass er mit seiner schäbigen Doktortitel-to-go-Masche die Geschädigten um mehr als 30 000 Euro geprellt habe und dass damit jetzt endlich Schluss sein müsse, passierte Folgendes: Hans-Joachim W. hob sachte seine rechte Hand von der Tischplatte, nestelte in seiner Hosentasche, zog eine speckige Geldscheinrolle hervor. Dann zählte er dem Richter nach und nach siebzig einzelne 500-Euro-Schein vor, 35 000 Euro in bar, schob das Häufchen wie auf einem Pokertisch mit dem Unterarm rüber auf die andere Tischseite und flüsterte: »Schaden ausgeglichen.« Und in der Tat: Der Haftbefehl wurde sofort außer Vollzug gesetzt, und mein Mandant begab sich flugs zum Flughafen, um in den darauffolgenden Jahren mit seiner Frau und seiner kleinen Tochter die Sonne in Kalifornien zu genießen.

INSIDE 8: UNTERGANG MIT WEHENDEN FAHNEN

Der Strafverteidiger: Burkhard Benecken

Vor Jahren habe ich eine Münchener Szenegröße vertreten, die mutmaßlich mit dem Luxusschlitten der Ehefrau einen Verkehrsunfall verursacht hat und geflüchtet ist. Das jedenfalls nahm die Staatsanwaltschaft an und hatte meinem Mandanten einen Strafbefehl wegen unerlaubten Entfernens vom Unfallort geschickt. Wir wiederum hatten dagegen Einspruch eingelegt. Es gab ein Gerichtsgutachten, wonach mein Mandant den Aufprall eindeutig bemerkt haben musste. Schon allein aufgrund der Spurenlage und Lautstärke des Knalls schien mein Mandant überführt. Da er allerdings durchaus über solvente Mittel verfügte, beauftragten wir eines der renommiertesten Sachverständigenbüros Deutschlands mit der Erstellung eines privaten Gegengutachtens. Und mein Mandant ließ den Gutachter zum Prozess nach München einfliegen. An Spesen wurde nicht gespart: Flug erster Klasse, Chauffeurservice zum Gericht – alles vom Feinsten. Am Gerichtstag folgte dann allerdings die Ernüchterung: Das Gegengutachten, das sich im Vorfeld wirklich gut las und im Ergebnis klar in Abrede stellte, dass mein Mandant den Unfall hätte wahrnehmen können, wurde vorgetragen.

Der Richter verzog die Augen und wirkte etwas wütend nach dem Motto: Das ist doch ein Gefälligkeitsgutachten. Er bat dann den Gutachter, der beinahe durchweg müde lächelte, nach vorn zum Richterpult. Dort sollte er den Unfallhergang mit Matchboxautos nachstellen. Als er die Miniatur-Pkws bewegte, zitterte er mit den Händen. Plötzlich rümpfte der Richter die Nase: »Es riecht aber ziemlich eindeutig hier, Herr Sachverständiger«, waren seine Worte. Tatsächlich nahmen auch mein Mandant und ich eine deutliche Alkoholfahne bei dem von uns beauftragten Gutachter wahr. Er war am Morgen mit dem Jet nach München eingeflogen und hatte nach eigenen Angaben im Flugzeug »doch nur zwei Gläschen Rotwein genossen«.

Mein Mandant und ich konnten es kaum fassen. Wir schämten uns offen gestanden in Grund und Boden für den von uns beauftragten, peinlich beschwipsten Gutachter. Der Vorsitzende Richter fragte lediglich noch: »Noch irgendwelche Fragen an diesen Gutachter?« Es gab keine Fragen mehr, und unsere Strategie war regelrecht »im Suff erstickt worden«. Da wir buchstäblich mit wehenden Fahnen untergegangen waren, zogen wir unseren Einspruch gegen den Strafbefehl zurück. Tatsächlich sandte der Gutachter nach dem Prozess noch eine Rechnung, auf der die zwei Gläschen Rotwein nicht ausgewiesen waren und die mein Mandant (zu Recht) auch nicht bezahlte. Auf die Rückzahlung des Vorschusses verzichtete mein Mandant allerdings, da er nach eigenen Angaben für nichts garantieren konnte, wenn er diesem Gutachter noch einmal über den Weg laufen würde.

INSIDE 9: DER MANN MIT DEM KOKS

Der Strafverteidiger: Burkhard Benecken

Der Anfang war business as usual, am Ende drängte der Gang zur Toilette: Es ist schon eine Weile her, als ein Mandant zu mir in die Kanzlei kam, der mir noch 2000 Euro Honorar schuldete. Er überreichte mir einen Umschlag und sagte dann noch: »Und ich habe noch ein schönes Geschenk für Sie.« Ich dachte mir nichts dabei, da Mandanten des Öfteren eine Flasche Wein oder Whiskey vorbeibringen. Da ich aber keine Flasche sah, nahm ich den Umschlag entgegen, und meine

Mitarbeiterin, die ich hinzugerufen hatte, begann das Geld zu zählen. Sie schrieb sodann eine Quittung und bat mich kurz vor die Tür. Dort teilte sie mir mit, dass in dem Umschlag noch etwas anderes gewesen sei – nämlich ein Beutelchen mit weißem Pulver. Unfassbar! Es gibt doch immer wieder Mandanten, die glauben, wir Strafverteidiger seien gewissen Substanzen gegenüber nicht abgeneigt, weil wir Zugang zu den entsprechenden Kreisen hätten. In der Regel heißt es, einem geschenkten Gaul schaut man nicht ins Maul. In diesem Fall haben sich meine Mitarbeiterin und ich nicht an diese Weisheit gehalten. Das »Geschenk« wurde umgehend entsorgt. In der Toilette.

INSIDE 10: DER FRIERENDE FLAMINGO

Der Strafverteidiger: Burkhard Benecken

Hamburg, klirrend kalte acht Grad minus, heftiger eisiger Wind. Die Wetterlage war typisch für diese Jahreszeit, als ich mit meiner neuen Winterjacke in der Hansestadt eingetroffen war. Ein holländischer Mandant, der 1,2 Millionen Euro in cash im Kofferraum gehabt hatte und von der Polizei zunächst laufen gelassen worden war, war zwischenzeitlich über die Niederlande nach Kolumbien ausgereist – und dort von Interpol aufgespürt worden. Nach kurzem Gefängnisaufenthalt in Südamerika wurde er über die Niederlande ohne weiteren Aufenthalt direkt nach Hamburg gebracht. Als er nun an jenem bitterkalten Tag neben mir bei der Haftrichterin saß, trug er Folgendes: eine kurze bunte Bermudashorts und ein flamingofarbenes T-Shirt. Selbst die Richterin konnte es kaum glauben. »Ist Ihnen nicht kalt?«, fragte sie meinen Mandanten und schnäuzte sich ihre errötete Nase.

Und auch ich fragte den braun gebrannten Mandanten, wie es denn zu seinem ungewöhnlich sommerlichen Outfit käme. »Als ich in Kolumbien festgenommen worden bin, war es so wunderbar warm«, sagte mein Mandant. Seitdem hätte er noch keine neuen Klamotten bekommen. Ihm wäre auch etwas kalt, doch wir sollten lieber schnell machen, schließlich käme er bei dem Vorwurf ja ohnehin nicht noch am selben Tag raus. So war es dann auch, und bis zur Gerichtsverhandlung war mein Mandant von seinen Freunden bestens ausgestattet worden. Seine niederländischen Kontaktleute hatten ihm feinste Garderobe ins Gefängnis schicken lassen, die er im Gerichtssaal tragen konnte. Er wurde dann wegen Geldwäsche zu zwei Jahren und sechs Monaten Haft verurteilt und direkt danach in die Niederlande überstellt und dort nach wenigen Wochen vorzeitig mit Bewährung aus der Strafhaft entlassen. Da war der Hamburger Winter wohl rasch wieder vergessen.

INSIDE 11: DER BEEINDRUCKENDE BETRÜGER

Der Strafverteidiger: Hans Reinhardt

Er spielte einen unter Hausarrest stehenden UN-Diplomaten, gab vor, der Nachlassverwalter von Saddam Hussein zu sein – und ergaunerte so Millionen: Ben M. war fraglos einer der coolsten und abgezocktesten Hochstapler, den ich je vertreten habe. Gäbe es eine Hitliste der besten Betrüger: Ben M. wäre mit großem Abstand der Spitzenreiter. Mit welch unfassbaren Storys und Kniffen sich dieser Mann über Jahre hinweg im Münsterland ein Luxusleben finanzierte, verdient, allein seinen Eifer und seine Hartnäckigkeit betrachtet, auf eine gewisse Art und Weise auch Anerkennung.

Der Nigerianer hatte in der Zeit nach dem Tod des irakischen Diktators Saddam Hussein am 30. Dezember 2006 begonnen, eine betrügerische Legende zu stricken, und seinen durchweg gutgläubigen Opfern vorgegaukelt, er verkaufe Anteile aus dem Nachlass von Saddam Hussein. Der Hochstapler, der schließlich im November 2008 festgenommen worden war, versprach Diplomatenpässe und weltweit gültige Führerscheine. In Telefonaten mimte er einen alten gebrechlichen Mann, gab sich gegenüber leichtgläubigen Amerikanern als Nachlassverwalter Saddam Husseins aus, behauptete, er säße fest und würde unter Hausarrest stehen. Doch das Nachlassvermögen des Diktators könne man leicht in einer »Mission Impossible« bergen. Immerhin handele es sich um vier Milliarden (!) Dollar. Dazu müsse man aber hochkarätige Jungs einsetzen, die diese Aktion durchführen würden. Da er selbst unter Hausarrest stünde, müssten zunächst seine Leute rechtzeitig aus verschiedenen Gefängnissen freigekauft werden. Durch dieses geschickte Verwirrspiel und eine Köpenickiade allererster Güte gelang es Ben M. tatsächlich, nach und nach Millionenbeträge aus New York und Orlando über Taiwan und Lagos bis nach Münster zu transferieren. Auch Geistliche aus den USA fielen auf seine falschen Versprechungen herein und überwiesen ihm rund 1,2 Millionen US-Dollar, um ihn aus einem angeblichen Hausarrest zu befreien. Das Zauberwort »Saddam Hussein« und die Aussicht auf eine wundersame Geldvermehrung reichten als Lockmittel aus, um ohne jegliches Risikobewusstsein bei zahlreichen amerikanischen Staatsbürgern die Millionen locker zu machen. Eingesammelt wurde dieses Geld unter anderem in Form einer Kollekte durch Reverents einer amerikanischen Freikirche.

Von dem Geld machte sich der gebürtige Nigerianer in seiner Villa in Münster ein Luxusleben, besaß unter anderem einen Porsche-Fuhrpark und trug sündhaft teure Designer-

Kleidung. Nach zwei Prozessen am Landgericht Münster kassierte M. im Jahr 2011 neun Jahre Haft. Worauf er nach sechs Jahren vorzeitig auf Bewährung entlassen wurde. Mittlerweile soll er Eigentümer eines gigantisch großen Anwesens in Los Angeles sein. Und als Spezialist in Sachen Kryptowährung (unter anderem Bitcoins) etabliert …

INSIDE 12: EIN GEILER SCHLAG

Der Strafverteidiger: Burkhard Benecken

Im Jahre 2009 verteidigte ich eine junge Französin, die Mitglied einer Mädchentruppe namens »Les Afghanes on tour« war und unter Verdacht stand, die Brüder Tom und Bill Kaulitz zu stalken. Es hieß, meine Mandantin hätte mit ihren Freundinnen eigens ein Apartment in einem Hamburger Wohnhaus angemietet, um ganz nah an den Kaulitz-Brüdern zu sein, die im gleichen Haus wohnten. Später soll es zu massiven Belästigungen der Mitglieder der Musikgruppe Tokio Hotel durch die Mädchentruppe gekommen sein. Während des laufenden Strafverfahrens wegen Nachstellung nach § 238 StGB betonte meine Mandantin mir gegenüber: »Ich bin absolut unschuldig und habe für die Musiker überhaupt nichts übrig.«

Solche Unschuldsbeteuerungen der eigenen Mandantschaft müssen wir Strafverteidiger nicht wirklich glauben. Uns gelang es gleichwohl, dass das Strafverfahren eingestellt wurde. Die junge Französin traf unterdessen an einer Hamburger Tankstelle angeblich zufällig auf Tom Kaulitz, der in einem Sportwagen saß und eine brennende Zigarette aus dem Fenster geschnippt haben soll. Meine Mandantin will diese Zigarette aufgehoben und am Fenster des Sportwagens ausgedrückt haben. Daraufhin soll der heutige Ehemann von

Heidi Klum zu einem wuchtig geführten Faustschlag in das Gesicht der mutmaßlichen Stalkerin angesetzt haben. Dies führte zu einem Strafverfahren gegen Kaulitz mit dem Vorwurf der Körperverletzung, das am Ende gegen Zahlung einer Geldauflage eingestellt wurde. Noch während dieses laufenden Strafverfahrens, in dem ich meine Mandantin als Geschädigte vertrat, gestand sie mir: »Irgendwie hat mich Toms Schlag in meine Fresse geil gemacht.« Für einen Moment dachte ich mir, dass dieses ungewöhnliche »Opfer«-Statement durchaus ein Indiz dafür sein könnte, dass die früheren Stalking-Vorwürfe gegen meine Mandantin nicht gänzlich unberechtigt gewesen sein können. Aber dann besann ich mich auf meine tief verinnerlichten Strafverteidiger-Tugenden und antwortete ihr: »Wie gut, dass du absolut unschuldig bist, für Kaulitz überhaupt nichts übrig hast und als Opfer eines mutmaßlichen Gewalttäters so schnell eine positive Bewältigungsstrategie für dich gefunden hast …«

NACHWORT

Spätsommer 2020. Ein ganz normaler Abend in unserer Kanzlei, sprich: Es wurde spät. Für 19 Uhr hatte sich kurzfristig ein Ehepaar zur Besprechung angekündigt. »Wir kommen mit unserem Sohn!«, hatte die Anruferin aufgeregt angekündigt und erklärt, dass wir beide bei dem Termin dabei sein sollten. »Unbedingt!«

Ein doppelter Beratungstermin kommt in unserer Kanzlei zwar nicht so oft vor, ist aber auch nicht ungewöhnlich. Und so nahmen wir beide kurz vor 19 Uhr im großen Besprechungsraum am Marmortisch Platz, öffneten zwei Fläschchen Selters und redeten ein wenig über das Tagesgeschehen. Um 19.04 Uhr ging die Tür auf, und drei Leute wurden hereingeführt: das besagte Ehepaar und dessen Sohn. Der Junior, knapp eins neunzig groß, schlaksig, mit Undercut und weißen Sneakers, wirkte, als stünde er neben sich. Er sagte kein Wort, sondern starrte nur zu Boden. Seine Eltern wiederum waren deutlich erregt. Die Mutter nahm noch im Stehen einen großen Schluck aus dem Selters-Glas, das wir ihr höflich hingestellt hatten, und trippelte aufgeregt auf der Stelle. »So, Johannes«, sprudelte sie dann los, »jetzt erzähl den Herren Anwälten alles. Und nimm bloß kein Blatt vor den Mund, was diese Schlampe mit ihren Lügen treibt. Unfassbar, was die da aufgetischt hat, unfassbar!« Endlich nahm sie Platz, strich mit der Handfläche über die spiegelglatte Oberfläche des Konferenztisches und nickte ihrem Sohn auffordernd zu. Doch bevor der Junge antworten konnte, kam von der anderen Seite, wo der Vater saß, ein verächtliches Schnaufen. »Und mach den Anwälten mal deutlich, was für ein Spiel diese falsche Schlange treibt.«

Die Eltern unterbrachen ihren Sohn noch viele Male (»Lüge, alles Lüge!« – »Schlampe!« – »Unser armes, unschuldiges Kind!«), doch nach einer Weile hatten wir die ganze Geschichte beieinander: Johannes, so hieß der siebzehnjährige Sohn des Ehepaars, hatte am Wochenende davor in der Vorstadtvilla der Familie eine wilde Party steigen lassen. Seine Eltern seien nicht da gewesen (»Da will man mal ein ruhiges Wochenende im Ferienhaus …« – »In Kampen auf Sylt, kennen Sie vielleicht …« – »Und dann das!«), und natürlich habe der Junior das ausgenützt und rund zwanzig Teenager zum Feiern eingeladen. »Sturmfreie Bude. Party. Alkohol. Der ein oder andere Joint. Was halt so unter Jugendlichen geht«, fasste Johannes den Abend in Stichworten zusammen. Am nächsten Morgen gab es den einen oder anderen Kater, einer hatte vor die Garage gekotzt, und jemand hatte gesehen, wie ein Mädchen, die siebzehnjährige Emily, schluchzend das Haus verließ. Wenige Stunden später dann der Knaller: Emily war mit ihren Eltern zur Polizei gegangen und hatte ihn, Johannes, angezeigt. Wegen Vergewaltigung.

Bei ihrer polizeilichen Vernehmung, das fanden wir später heraus, gab Emily an, dass Alkohol im Spiel gewesen sei. Sie habe zunächst freiwillig mit Johannes »rumgefummelt«, sei auch bereitwillig mit ihm ins elterliche Schlafzimmer gegangen – jedoch, wie sie sagte, nicht um Sex zu haben, sondern um sich gemeinsam schlafen zu legen. Auch in anderen Zimmern übernachteten Partygäste.

Dann, sie sei gerade am Einschlafen gewesen, habe Johannes ihr zwischen die Beine gegriffen. Und als sie »Nein«

sagte, habe er das ignoriert und sie eiskalt vergewaltigt. »Ja, und jetzt weiß ich auch nicht«, schloss der Junge lahm, ließ sich in seinem Stuhl zurückfallen und versank in Trübsinn. Seine Mutter war wieder aufgesprungen. »Können Sie sich das vorstellen? Unfassbar. Mein armer Junge, was der mitmacht!« Sie rang um Fassung, während ihr Mann den Kopf in den Händen vergrub.

Es ist keine Seltenheit, dass nahe Angehörige sich emotional mehr ereifern als der Betroffene selbst. Gerade wenn es um das eigene Kind geht, werden Eltern zu Löwen. Dass die Gegenseite verunglimpft wird, sind wir gewohnt. Die Einschätzung des angeblichen Vergewaltigungsopfers durch dieses Ehepaar überschritt das durchschnittliche Maß an Beschimpfungen, die wir uns in aller Regelmäßigkeit anhören dürfen, allerdings deutlich: »Dieses Flittchen gehört ins Gefängnis, nicht unser Sohn!«, schrillte die Stimme der Mutter durch die halbe Kanzlei. »Die hat es doch mit der halben Stufe getrieben, sag ihnen das, Johannes. Mein Sohn sieht so gut aus, der hat so was doch gar nicht nötig. Das Luder wollte es doch auch.« Ihr Mann fiel in die Tirade ein: »Die kommt aus ganz miesen Verhältnissen. Ist doch klar, worum es dieser jungen Dame geht. Die will Kohle machen.« Er schlug mit der Faust auf den Tisch. »Die wird mindestens hunderttausend verlangen, als Schmerzensgeld, oder was weiß ich …«

Es gelang uns schließlich, das Gespräch in eine sachliche Richtung zu lenken. Wir erklärten, dass wir kurzfristig Akteneinsicht bei der zuständigen Staatsanwaltschaft beantragen und uns dann alle wiedersehen würden. Den immer noch aufgeregten Eltern gaben wir mit auf den Weg, nur ja nicht Kontakt zum mutmaßlichen Opfer oder etwaigen genannten Zeugen aufzunehmen. Die Mutter nickte widerwillig, dann sah sie mich scharf an. »Haben Sie beide uns gar nicht wiedererkannt?« Und sie redete sofort weiter: »Na, wir haben uns doch mal getroffen. Beim Grimmepreis, das muss zwei, drei Jahre her sein. Wir haben uns an Sie erinnert, deshalb sind wir jetzt da. Wir haben uns damals über Ihre Tätigkeit als Strafverteidiger ausgetauscht, wissen Sie noch?«

Nun dämmerte es uns: Das Ärzte-Ehepaar von der Aftershow-Party des Grimmepreises im Marler Rathaus, das uns so verächtlich abgekanzelt hatte! Wir konnten jedoch nicht weitersprechen, denn trotz der späten Stunde warteten noch andere Mandanten vor der Tür. Drei Tage später wurden wir wieder an das Mandat erinnert, als vom Eingangsbereich her eine zeternde Stimme erklang: »Wir müssen mit Herrn Benecken und Herrn Reinhardt sprechen. So-fort!«

Wutentbrannt erzählten die beiden, dass Johannes von der Polizei festgenommen und bereits dem zuständigen Haftrichter vorgeführt worden war. Der Haftbefehl lautete auf Vergewaltigung, als Haftgrund wurde Verdunkelungsgefahr genannt. Wieder dauerte es eine Weile (»Flittchen!« – »Schlampe!«), bis wir den Grund erfuhren: Johannes hatte offenbar nach dem Erstgespräch in unserer Kanzlei einen der Partygäste, einen Mitschüler aus der Oberstufe, aufgesucht und ihn dazu ermutigt, eine Zeugenaussage zur Tatnacht zu machen, die Johannes entlasten sollte. Der Mitschüler sollte aussagen, dass er den Schlafzimmer-Sex von Johannes und Emily heimlich beobachtet hätte und das Mädchen nicht den Eindruck gemacht habe, als würde sie gerade vergewaltigt. Und dann sollte er noch angeben, gehört zu haben, wie Johannes am nächsten Morgen zu Emily sagte, das Ganze sei nur ein One-Night-Stand gewesen und aus der von ihr gewünschten Beziehung würde nichts. Doch der designierte Entlastungszeuge hatte ein schlechtes Gewissen bekommen und sich seinen Eltern anvertraut, die ihn wiederum ins Auto gesetzt und zur Polizeidienststelle gebracht hätten. Dort habe er alles geradegerückt. Und auch hinzugefügt, dass Johannes nicht allein mit ihm gesprochen hätte, sondern dass dessen Eltern ebenfalls dabei gewesen wären. Johannes' Vater habe dann zwei 500-Euro-Scheine aus seinem Portemonnaie genommen und mit einem Augenzwinkern auf den Tisch gelegt. Und die Mutter habe gesagt: »Wir verlassen uns auf dich. Du kriegst natürlich noch mal was, und deutlich mehr, wenn alles funktioniert.«

Diesen Teil der Aussage nahm die Staatsanwaltschaft nunmehr zum Anlass, auch gegen die Eltern des Verdächtigen ein strafrechtliches Ermittlungsverfahren einzuleiten – wegen des Verdachts der Anstiftung zur Falschaussage. »Können Sie uns da raushelfen?«, fragte der Mann verzweifelt. »Wir sind beide bereits für Ihren Sohn zuständig. Wir werden zwei weitere Strafverteidiger unserer Kanzlei für Sie engagieren.« – »Danke, ich danke Ihnen, so ein Schlamassel ... Ich wollte doch nur meinem Sohn helfen. Das kann man einem Vater doch nicht vorwerfen ...« Die Sache war ernst, das war dem Mann klar. Im Fall einer Verurteilung drohte der Verlust der ärztlichen Konzession.

Das Verfahren nahm jedoch für Johannes und seine bis zu dieser Sache unbescholtenen Eltern einen günstigen Verlauf: Nach zwei Wochen kam Johannes nach der Haftprüfung auf freien Fuß. Offen räumte er ein, den Schulkameraden zu einer Falschaussage gedrängt zu haben, und gelobte, von nun an alles richtig zu machen. Er wolle bitte nur zur Schule gehen dürfen, um nicht zu viel zu verpassen, und er würde ab nun das Verfahren nicht mehr zu beeinflussen versuchen.

Im späteren Gerichtsverfahren wurde Johannes schließlich von dem Vorwurf der Vergewaltigung freigesprochen. Die Zeugin Emily konnte sich nicht mehr an die Abfolge der angeblichen sexuellen Handlungen erinnern. Sie konnte dem Richter auch nicht einleuchtend erklären, warum sie nicht um Hilfe gerufen hätte und noch die ganze Nacht in der Villa verbracht hatte. Johannes hatte Glück – so manch anderer Richter hätte ihn trotzdem verurteilt. Ein Urteil gab es jedoch nur wegen Anstiftung zur Falschaussage: Johannes bekam eine Verwarnung und Sozialstunden nach Jugendstrafrecht aufgebrummt. Unsere beiden Kanzleikollegen wiederum schafften es, dass das Strafverfahren gegen die Eltern von Johannes gegen Auflage einer Zahlung von jeweils 25 000 Euro an eine gemeinnützige Einrichtung eingestellt wurde. Als sie noch einmal in die Kanzlei kamen, eine Flasche Champagner im Geschenkkarton überreichten, hatten beide Tränen in den Augen. »Ich danke Ihnen«, sagte der Mann mit belegter Stimme. »Diese Sache hätte unsere Existenz vernichten können.«

»Was kümmert mich mein Geschwätz von gestern.« Das Ärztepaar hielt es offenbar mit dem ehemaligen Bundeskanzler Konrad Adenauer. Wie hatten sich beide noch bei unserer ersten Begegnung über »diese Kriminellen« echauffiert, für die wir Strafverteidiger den »Steigbügelhalter« machten. Jetzt, da sie selbst Verfehlungen begangen und erlebt hatten, wie der Rechtsstaat diese ahndet, sahen sie unsere Arbeit, ihr eigenes Verhalten und das mutmaßliche Opfer mit anderen Augen. Da war das Mädchen plötzlich eine »Schlampe«, der eigene Sohn ein Unschuldslamm und sie selbst waren nicht etwa Straftäter, die einen Zeugen bestachen. Nein, sie sahen sich bloß als liebende Eltern, die ihren Sprössling vor der Vernichtung retten wollten, da heilige der Zweck eben die Mittel. Dass ihr Sohn aus Mangel an Beweisen freigesprochen worden war – und nicht etwa, weil der Richter dem Mädchen nicht glaubte –, das blendeten sie ebenfalls aus.

Dieser Fall zeigt, wie nahe Verurteilung und Freispruch, Schuld und Unschuld beieinanderliegen. Der Rechtsstaat sieht vor, dass im Zweifel lieber ein Schuldiger freigesprochen wird, als dass ein Unschuldiger hinter Gittern landet. Wenn dies trotzdem vorkommt – in Deutschland leider öfter, als man denkt –, so wiegt die Reaktion des Umfelds doppelt schwer.

Die Reaktionen auf einen Urteilsspruch liegen weit auseinander. Bei einem Schuldspruch heißt es: »Verbrecher!« Im Falle eines Freispruchs hingegen gilt: »Völlig unschuldig!« Dabei, das hoffen wir mit der Schilderung unserer Arbeit gezeigt zu haben, werden Urteile mitunter erst nach langwierigen Prozessen gefällt, und oftmals entscheiden nur Nuancen. Wir wünschen uns, dass dieses Buch einen Beitrag dazu leisten kann, die Vielschichtigkeit eines Strafprozesses deutlich zu machen und den Blick der Menschen auf Gerichtsurteile gewissermaßen zu weiten.

Auch hoffen wir, dass die Leser die Arbeit des Strafverteidigers nun besser verstehen und die Rolle, die er in einem Rechtsstaat einnimmt, besser einschätzen können. Das Bild vom »Advokaten des Bösen« dreht sich in dem Moment, in dem ein Mensch selbst zum Beschuldigten wird. Da sieht er plötzlich die Verpflichtung des Strafverteidigers, für seinen Mandanten die bestmöglichen Bedingungen zu erwirken, ganz anders. Und erkennt hoffentlich, dass effektive Strafverteidigung im Interesse des Einzelnen wie der Gesellschaft liegt.

Wir wünschen uns nicht, dass Menschen wie das beschriebene Ärztepaar erst in eine so missliche Situation geraten müssen, um ihre Haltung zu überdenken. Wir wünschen uns, dass dieses Buch nicht nur einen Blick in die Welt der »Advokaten des Bösen« ermöglicht, sondern anschaulich macht, warum unser Rechtssystem ein gutes ist. Dass die Mitglieder dieses Systems ihre Rolle bestmöglich ausfüllen. Denn erst das Zusammenwirken aller macht unser Rechtssystem zu dem hervorragenden Instrument einer zivilisierten Gesellschaft, das es ist.

Jeder Beschuldigte, selbst wenn er sich selber als schuldig ansieht, möchte fair behandelt werden und alle Möglichkeiten der Verteidigung ausgeschöpft wissen. Gerade wenn man in seinem bisherigen Leben völlig unbescholten war und erst durch eine Verkettung widriger Umstände und einen Moment menschlicher Schwäche auf der Anklagebank gelandet ist.

Und wenn dieses Buch auch noch den Blick für die Wichtigkeit der Unschuldsvermutung als rechtsstaatliche Notwendigkeit geschärft hat, so haben wir unser Hauptanliegen erreicht. Strafverteidigung ist eine der wichtigsten Säulen des Rechtsstaates und nebenbei eine unglaublich spannende Welt, die es verdient, differenziert betrachtet zu werden. Denn man weiß nie, ob oder wann man sich selbst darin wiederfindet.